Couverture inférieure manquante.

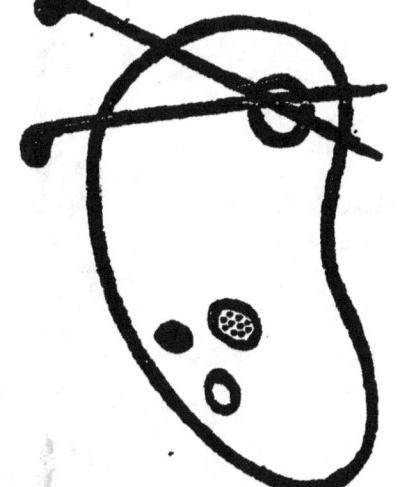

Original en couleur
NF Z 43-120-8

ITALIE
1859-1862

Feuillets Militaires

SOUVENIRS
NOTES ET CORRESPONDANCES

DU

GÉNÉRAL DE BAILLIENCOURT

PARIS
LIBRAIRIE DE FIRMIN-DIDOT ET Cⁱᵉ
IMPRIMEURS DE L'INSTITUT, RUE JACOB, 56

1894

8° K
2525
L
L*

ITALIE

1859-1862

Feuillets Militaires

TYPOGRAPHIE FIRMIN-DIDOT ET C⁰⁶. — MESNIL (EURE).

Droits de reproduction et de traduction réservés pour tous les pays, y compris la Suède et la Norvége.

ITALIE
1852-1862

Feuillets Militaires

SOUVENIRS
NOTES ET CORRESPONDANCES

DU

GÉNÉRAL DE BAILLIENCOURT

PARIS
LIBRAIRIE DE FIRMIN-DIDOT ET Cie
IMPRIMEURS DE L'INSTITUT, RUE JACOB, 56

1894

CE LIVRE EST DÉDIÉ

AU

GÉNÉRAL BARON DE CHARETTE

Nul, mieux que lui,
ne peut apprécier ces notes d'un soldat
dévoué aux mêmes causes
et dont la vie
a tenu entre deux inséparables principes :
DIEU — PATRIE

AVANT-PROPOS

> « Les dieux s'esbattent de nous à la pelote et nous agitent à toutes mains. »
> « Enim vero dii nos homines quasi pilas habent. »
> « Les astres ont fatalement destiné l'estat de Rome pour exemplaire de ce qu'ils peuvent en ce genre. »
> (MONTAIGNE.
> *Essais.* — Livre III, ch. IX.)

Vieille de plus de trois siècles, cette formule ne pourrait-elle servir de nos jours? N'avons-nous pas vu, depuis cent ans, se produire d'étonnants changements dans la fortune de la Ville éternelle? La France n'a-t-elle pas été, dès le moyen-âge, mêlée à toutes les agitations italiennes, et les guerres, que nous avons faites ou subies dans la Péninsule, n'ont-elles pas eu sur les États de Rome un contre-coup trop certain?

Restaurateurs de la Papauté en 1849, nous l'entraînons plus tard dans notre chute.

La campagne victorieuse de 1859, en visant ostensiblement l'Autriche, atteignait déjà Rome en plein cœur et nous laissait cruellement blessés nous-mêmes. Les esprits le plus prévenus alors n'osent le nier aujourd'hui.

Ce qui peut intéresser, cependant, c'est de voir, qu'au nombre de ceux qui partaient gaiement à la conquête du Milanais, il en était, qui, ne s'abusant pas sur les suites de cette aventure, découvraient le serpent caché sous les roses, dont on chargeait leurs armes victorieuses, et, dans l'allié d'hier, devinaient l'adversaire du lendemain.

* *
*

De ce nombre, fut le général comte de Bailliencourt. Arrivé trop tard pour prendre part aux foudroyantes victoires qui amenèrent la paix de Villafranca, déçu dans ses visées de gloire, sentant frémir sa main qui ne peut brandir l'épée, il ne veut pas la laisser inactive; saisissant la plume, il note ce qu'il voit, ce qu'il entend. Il n'a ni plan, ni but précis. Connaissant les Italiens pour les avoir pratiqués pendant un long séjour à Rome, il s'attache parfois à leur côté charmeur, sans oublier l'autre face de l'« *Éternel Janus* », et leurs plus aimables cajoleries arrivent rarement à le tromper.

Dévoué loyalement à la personne de Napoléon III, bien que né sous d'autres cieux politiques, croyant à son génie, aussi bien qu'à sa fortune, ébloui en un mot par les débuts du règne et l'éclat de la nouvelle Épopée, il se ressaisit dès qu'il envisage les suites de la guerre. Il sent le piège, il voit la faute; il crie : « Gare! » à haute voix.

Dans cette sorte de post-scriptum, défilent les anecdotes de tous temps et de tous lieux, sans autre enchaînement que la fantaisie de sa mémoire. Les unes sont sérieuses, d'autres légères; c'est un soldat et un soldat français qui parle. Il aime sa patrie, son armée, son empereur, sa garde, les griseries de la gloire, les adulations féminines, cette Italie enchantée et enchanteresse,

Rome, dont le souvenir le hantera toujours; mais il s'est attaché par-dessus tout à la grande idée de la papauté souveraine et à son auguste représentant. Pie IX, seul, fait vibrer véritablement son cœur. Il craint pour lui nos victoires, sans savoir au juste sur quoi repose sa crainte. Il prévoit un lendemain à *Solferino*, et saura seulement plus tard que ce lendemain se nomme *Castelfidardo*.

Quand il croise à la frontière un jeune homme au nom sonore, il s'étonne, il s'inquiète. Celui-là aussi marche à l'Étoile! Mais il ne sait pas que cet enfant de la France va reprendre au Vatican la garde que lui-même y a montée pendant sept années, et que Charette aura l'honneur de rougir de son sang cette terre sacrée qui vient de refuser impitoyablement le sien.

Descendant d'une vieille famille, dont le nom est mêlé à l'histoire des Flandres,

Jérôme-Benoît de Bailliencourt et Courcol entre à Saint-Cyr, le 19 novembre 1826, à l'âge de dix-sept ans; son caractère aventureux l'entraîne bientôt dans une échauffourée, qui compromet sa carrière et retarde son avancement. Camarade de promotion des Mac-Mahon et des Canrobert, il commande en 1852 à Rome un régiment de l'armée d'occupation.

Sur la route d'Italie, un beau jour, il fait la rencontre d'*Edmond About*, voyageant comme lui, mais dans un autre esprit et avec un but tout opposé.

La controverse n'altère pas les relations et cette connaissance fortuite nous vaut un portrait qui, émanant d'une plume sceptique autant que spirituelle, a certainement le mérite de l'impartialité.

Voici une page détachée de *Rome contemporaine*[1] :

— « Je pourrais vous donner le portrait
« et l'histoire de mes compagnons de tra-

---

1. *Rome contemporaine*, page 54.

« versée; mais je n'aurais que du bien à
« vous en dire; et d'ailleurs, comme ils ne
« sont pas des hommes publics, leurs affai-
« res ne vous regardent pas.

« Il en est un cependant que je me rap-
« pelle avec trop de plaisir, pour n'en pas
« dire quelques mots : c'est M. de Baillien-
« court, colonel du 40me de ligne, et l'un
« des hommes les plus aimables, les plus
« ronds, les plus ouverts que j'aie rencon-
« trés en aucun pays.

« J'ai toujours aimé les soldats; singu-
« lier goût, dira-t-on, chez un auteur qui se
« pique de philosophie. Parbleu! je sais
« comme vous que l'homme n'est pas sur
« cette terre pour tuer les autres hommes.
« L'activité, le courage et l'intelligence ont
« mille emplois plus utiles et plus élevés; je
« ne prétends pas engager de discussion là-
« dessus. Mais j'aime les soldats et c'est
« plus fort que moi. Je les aime avec leurs
« qualités et leurs défauts, leur instruction
« et leur ignorance, leur grandeur d'âme et
« leurs travers, et surtout avec cette éter-

« nelle jeunesse de cœur qui les distingue
« de nous. Ce qui plaît aux bonnes d'enfants,
« aux grisettes, et quelquefois aux grandes
« dames, c'est l'uniforme. Ce qui me séduit
« dans le soldat, quel que soit son grade,
« c'est un certain degré de naïveté honnête,
« une généreuse ignorance du mal, une
« demi-virginité de l'âme, qui se conserve
« sous l'uniforme jusque dans un âge assez
« avancé.

« Mon honorable compagnon de voyage
« est encore jeune; je crois qu'il est sorti
« de Saint-Cyr en même temps que M. le
« maréchal Canrobert. Et pourtant, c'est
« déjà un vieux soldat. Il aime l'armée
« comme une patrie, le régiment comme
« une famille, le drapeau comme un clo-
« cher. Un numéro inscrit sur les boutons
« d'une tunique lui fait battre le cœur. En
« débarquant à Cività-Vecchia, il a poussé
« un cri de joie, en reconnaissant un homme
« de son régiment. Il me raconte, en cares-
« sant sa moustache avec une joie atten-
« drissante, qu'on viendra demain matin,

« musique en tête, lui rapporter le drapeau.

« Cet homme bien né, cet homme du
« monde, a demandé un congé d'un mois
« pour revoir sa famille, après une absence
« de plusieurs années. Il revient au régiment
« avant l'expiration de son congé : la nos-
« talgie du drapeau l'avait pris. »

*
* *

M. Taine a dit quelque part : « Qu'il faut
« imprimer surtout ce qui n'est pas fait
« pour l'être. »

Avons-nous eu tort de penser comme lui? Aujourd'hui que l'enthousiasme pour la nation « sœur » est bien calmé ; aujourd'hui que de toutes parts les yeux se tournent vers cette Papauté, que l'on commence à reconnaître indispensable à l'équilibre européen; au lendemain du jubilé pontifical, quand la *Sedia Gestatoria* est passée, une fois encore majestueuse, sur la tête des peuples et des ambassadeurs, n'est-ce pas le moment de rappeler les fautes pour l'enseignement de l'avenir?

Mais, diront quelques timorés « pourquoi revenir sur un fait accompli? Ne vaut-il pas mieux recommencer une politique nouvelle pour amener à de meilleurs sentiments, par notre platitude, le cœur ingrat de nos anciens obligés? »

Tel ne saurait être notre avis.

L'unité italienne est faite et se maintient par la force de l'unité allemande.... Soit!

Combien de temps l'empire d'Alexandre et celui de Charlemagne ont-ils donc survécu à leurs fondateurs, sans parler de l'exemple plus récent de Napoléon?

Aux grandes conquêtes l'histoire fait vite succéder les petits partages. N'y a-t-il dans le nouveau bloc aucune fissure qui ne se puisse pacifiquement élargir? Ne serait-ce pas un patriotique travail que de s'y essayer[1].

Les empires naissent dans la guerre, ils

---

[1] On se demande, en effet, ce que peut faire l'Autriche dans la Triple Alliance, si ce n'est de payer pour la troisième fois les frais d'une guerre.

ne se développent que dans la paix. L'Allemagne le sent; mais l'Italie se meurt.

Le socialisme à Berlin, la question religieuse à Rome, voilà deux grosses épines, plantées au cœur de l'une et de l'autre unité.

A l'ère de résistance armée, que ses ennemis n'ont pas craint de reprocher au pontife Pie IX, succède la résistance énergique mais purement diplomatique de Léon XIII. La révolution lâche-t-elle sa proie? L'Église et la Papauté gagnent-elle une liberté, et les Nations chrétiennes ne commencent-elles pas à envisager avec inquiétude le moment où l'Italie, pressant peut-être sur les décisions d'un nouveau conclave, voudrait essayer de dicter ses lois au monde catholique.

Rome, elle-même, étouffe dans sa livrée sarde.

Rome n'a qu'une raison d'être : métropole du catholicisme, comme elle était jadis métropole du paganisme.

Rome capitale italienne! c'est un contresens historique, un étiolement, un effondrement. La prédiction de Montalembert s'accomplit; Rome bientôt ne sera plus qu'un musée cosmopolite, qui, malgré ses lois, passera pièce à pièce aux mains de l'Angleterre [1] et de l'Amérique.

Où est sa royauté? Que sont devenues son influence et sa domination?

Les efforts les plus intéressés ont-ils galvanisé ce cadavre, lorsque, tout récemment, au feu d'un enthousiasme factice, on a voulu ressouder la Triple Alliance, déjà menacée, paraît-il? Et, dans ce palais Doria, où l'attendait courbée la société romaine, et où il entrait moins en hôte qu'en maître, le Kaiser allemand n'aurait-il pas haussé dédaigneusement ses larges épaules, si le Sénat de Rome, rééditant un mot superbe, eût osé lui dire, comme jadis à son aïeul Frédéric Barberousse :

« Tu étais un étranger, et nous avons
« fait de toi un citoyen. »

Mais la Providence veille. Le temps n'est

---

1. Il a oublié la franc-maçonnerie, qui a établi ses assises au palais Borghèse!

rien pour elle; les empires passeront; l'Église restera[1]. Montaigne l'a dit lui-même, abdiquant enfin dans les murs de la Ville éternelle son cher scepticisme.

« Tout ce qui bransle ne tumbe pas. La
« contexture d'un si grand corps tient à plus
« d'un clou; il tient mesme par son anti-
« quité : comme les vieux bâstiments aux-
« quels l'aage a desrobbé le pied, sans crouste
« et sans ciment, qui pourtant vivent et se
« soubtiennent en leur propre poids[2]. »

---

1. Il n'entre pas dans notre pensée que le courant actuel puisse être remonté complètement ou que les États du Saint-Siège puissent retrouver exactement leurs anciennes limites; mais il serait utile à l'Italie de comprendre enfin, que sa vitalité et son existence seront à la merci d'une aventure, aussi longtemps qu'elle sera en guerre avec le monde catholique et qu'elle n'aura pas rendu au pape l'indépendance et la liberté.

2. Essais de Montaigne, liv. III, ch. IX.

FEUILLETS MILITAIRES

ITALIE (1852-1862)

PREMIÈRE PARTIE

LA GUERRE. — LA LOMBARDIE.

CHAPITRE PREMIER

Napoléon à Valence. — Départ pour la guerre d'Italie. — Passage du Mont-Cenis. — Champ de bataille de Magenta. — Le général Espinasse. — Le général Giulay. — Récit de la bataille. — Héroïsme du général Regnaud de Saint-Jean-d'Angely et de la garde impériale. — Mouvement décisif du général de Mac-Mahon. — Magenta est enlevé. — Retour offensif des Autrichiens. — Succès définitif. — Le maréchal Canrobert. — Le général de Mac-Mahon est fait maréchal de France. — Le général Regnaud de Saint-Jean-d'Angely reçoit aussi le bâton de maréchal. — Entrée dans la Lombardie.

Au temps où je commandais le département de la Drôme, l'empereur Napoléon III, passant à Valence pour rejoindre l'armée d'Italie, voulut bien causer longuement avec moi, et lorsque, prenant congé, j'osai lui faire remarquer combien pouvait être brillant et désintéressé, le rôle que la Providence semblait lui destiner, il me répondit, avec un accent indéfinissable comme son caractère :

« *L'homme fait ce qu'il peut, Dieu le conduit.* »

Ces mots furent prononcés le 11 mai 1859.

Peut-être le souverain se rendait-il compte que la force éternelle est dominante en toutes choses et se sert des mortels, comme d'un levier humain, pour accomplir ses desseins de miséricorde ou de justice.

La réflexion, venant à la suite de ces paroles, qui me donnèrent de si grandes illusions, aurait dû faire comprendre à l'Empereur que la partie engagée se jouait aux dépens de la France. S'il avait médité l'histoire, il eût évité la faute commise par Napoléon Ier, lorsqu'il réduisit le nombre des petits États allemands, espérant se faire des alliés de ceux dont il augmentait le territoire.

Cette politique, qui n'était pas celle des rois de la vieille race, devint la cause des revers que subit la grande armée.

L'expérience de l'oncle ne servait point au neveu!...

Cette guerre sentimentale, néfaste, fut bientôt un fait accompli.

Les victoires de Magenta et de Solferino avaient suffi pour renverser la puissance autrichienne en Italie et aussi pour obtenir ce résultat malheureux : mettre à nos frontières un royaume agrandi, désormais menaçant pour notre repos. Une campagne victorieuse devenait funeste et nous donnait des voisins turbulents, dangereux.

L'Empereur désirait prouver au monde, que le génie de la guerre est un don traditionnel de famille. Comme Napoléon Ier, il voulait cueillir des lauriers dans le pays où le prestige du conquérant avait reçu sa consécration.

Enivré d'un brillant début, il voyait arriver le moment de commencer une nouvelle série d'opérations et de pénétrer dans ce fameux quadrilatère, boulevard de la puissance autrichienne.

Tous les moyens d'attaque avaient été accumulés à la hâte pour une guerre de siège par terre et par eau, car il fallait enlever : Peschiera, Mantoue, Vérone, Venise, etc. Des renforts étaient devenus nécessaires. Les vides de Solferino n'étaient pas comblés.

Allions-nous donc être appelés ? Jusqu'alors le ministre de la guerre n'avait pas voulu démenbrer le corps d'armée de Lyon défendant la frontière. Notre impatience s'augmentait des nouvelles glorieuses. L'oreille tendue du côté des Alpes, nous passions de l'anxiété aux regrets.

Nos désirs devaient se réaliser.

∴

Le samedi 2 juillet 1859, la 2me division de l'armée de Lyon, sous le commandement du général d'Hugues, reçut l'ordre de rejoindre l'armée d'Italie et de se mettre en route le dimanche 3 juillet ; elle était ainsi composée :

Général de division, d'Hugues. Chef d'état-major, commandant Hazard.

Capitaine aide de camp, M. Dutheil.

Capitaine d'état-major, M. Bossens.

Officier d'ordonnance, vicomte de Cramayel.

1re brigade, général de brigade, de Bailliencourt-Courcol ; officier d'ordonnance, baron de Bourgoin[1]. 12me bataillon de chasseurs, commandant, M. de Brossard ; 12me de ligne, colonel de Brauer ; 22me de ligne, colonel Mattat.

---

[1]. Remplacé le 1er août 1859 par M. Saint-Marc, lieutenant au 19me de ligne.

2ᵐᵉ brigade, général de brigade, Suau; officier d'ordonnance, M. Pereire[1]. 24ᵐᵉ de ligne, colonel de Roméjou; 50ᵐᵉ de ligne, baron Nicolas.

La nouvelle du départ fut accueillie avec enthousiasme, car la religion du drapeau est greffée dans l'âme du soldat français, si ouverte à toutes les poésies du dévouement, à toutes les énergies du courage, à ce rêve d'exaltation sauvage, mais élevé, que la guerre inspire.

La gloire a tant d'attraits!... le grade à conquérir, une croix convoitée, l'aventure possible d'une action d'éclat, toutes ces pensées montent au cœur et gagnent de proche en proche, jusqu'au soldat qui regarde dans sa giberne s'il n'y voit pas l'ombre d'une épaulette.

Pauvres petits soldats! martyrs ignorés du devoir, que de fois je vous ai admirés, marchant dispos et résolus dans le beau feu de votre jeunesse insouciante...

. . . .

Le 3 juillet, au matin, nous fîmes nos adieux au maréchal de Castellane, gouverneur de Lyon; il nous exprima, les larmes aux yeux, son regret de ne pas pouvoir nous conduire à l'ennemi,

---

[1]. M. Fontaine, capitaine aide de camp rejoignit en Italie.

et nous lut une lettre admirable, par laquelle son Excellence, dans le style le plus élevé, demandait à l'Empereur de marcher, ne fût-ce qu'à la tête d'une seule division..

. . . .

Nos brigades, fractionnées en convois de quinze à dix-huit cents hommes, prirent, dans la soirée, le chemin de fer de Culoz et arrivèrent le lundi 4 juillet, à 9 heures du matin, à Saint-Jean-de-Maurienne (Piémont).

Les défilés de la Savoie qui suivent le cours de l'Isère, après Chambéry, Montmélian, Aiguebelle, sont riants et ombragés de magnifiques noyers. Puis ils revêtent un caractère sauvage, et sévère en s'enfonçant, sur les rives de l'Arche, dans la chaîne des grands monts.

Le 4 juillet, nous arrivâmes à Modane. La chaleur était accablante, un grenadier du 19mo de ligne, frappé d'insolation, mourut dans la nuit.

A Saint-André, l'on montre sur la pointe d'un roc les ruines d'un château attribué aux Carthaginois. Nous visitâmes les travaux du gigantesque tunnel, il aura 12,595 mètres.

Le 5, nous sommes à Lanslebourg, nous franchissons le Mont-Cenis et arrivons à Suze, le 6.

Cette portion de la Savoie, que nous venons de traverser, est bien une terre française par la topographie des lieux, l'esprit, le langage de ses habitants, et il est à regretter que notre frontière ne soit pas reculée à ce nœud des Alpes.

Le 7 juillet, à 6 heures du matin, le chemin de fer Victor-Emmanuel emporte notre brigade vers les étapes de nos gloires militaires.

Turin, Chivasso, Santhia, Verceil, Novare nous acclament, comme les frères des vainqueurs de Magenta et Solferino; à 2 heures, nous entrons dans cette grande plaine qui a pour limite le Tessin.

Des cuisines de bivouac, des débris, des traces de campement nous rappellent que nos régiments sont partis de là pour traverser le fleuve en présence de l'armée autrichienne. Après une halte obligatoire de 2 heures (le chemin de fer n'ayant qu'une seule voie), nous franchissons à 4 heures le pont de Magenta.

A droite, un pont de bateaux gardé par nos troupes [1].

A gauche, une batterie française.

1. Le pont du Tessin a été indifféremment appelé, pont de Magenta, pont de Buffalora, pont de San-Martino; ce dernier nom serait le plus vrai.

Le pont du chemin de fer, que la mine autrichienne n'a détruit qu'en partie, est encore assez solide, nous passons sur ses ruines.

Entre deux digues élevées, nous trouvons le Naviglio [1]; grâce aux exigences de l'administration lombarde du chemin de fer, nous sommes une seconde fois arrêtés pendant plus d'une heure sur le champ de bataille même de Magenta, facile à visiter, car il n'a au plus que 2 kilomètres de développement.

L'imagination est toujours avide des fortes émotions qu'excitent les grands drames, plus particulièrement chez l'homme de guerre; aussi recherchons-nous les ruines, ces vestiges qui accusent les péripéties violentes d'une lutte acharnée.

Nous sommes surpris de ne retrouver que de faibles indices, le paysan a saisi sa proie, il la croyait sans doute acquise, comme compensation aux maux qu'il avait soufferts.

Pourtant, sur le terrain où les engagements avaient eu lieu, plus spécialement meurtriers, vingt mille fusils autrichiens étaient tombés aux mains de l'armée française avec une masse d'objets d'équipement.

1. Le Naviglio est un canal latéral au Tessin et situé à trois kilomètres du fleuve.

Dès le début de l'action, le 2me zouaves avait enlevé un drapeau à un régiment ennemi.

Ce précieux trophée fut porté à l'Empereur, par son ordre, et le drapeau du régiment décoré[1]. Quelques débris gisaient çà et là... des lambeaux d'étoffe, des éclats de fer et d'acier..., de gros tertres recouvrent les corps de nos soldats.

Deux morceaux de bois en croix, arrachés aux barrières brisées de la gare, portent cette inscription, tracée d'une main inhabile ou tremblante : « M. Allavoine, capitaine, 2me régiment étranger. »

Les Autrichiens, dispersés dans la bataille, pouvaient espérer la fraternité d'une tombe commune. Ils n'eurent pas même la faveur de cette réunion et furent enterrés séparément au loin dans les champs cultivés où ils tombèrent...

Ces dépouilles trouveront peut-être le repos, grâce à leur isolement.

Nos soldats, ensevelis dans un déblai de chemin de fer, au milieu d'un sable mouvant, seront un jour certainement déplacés par une de ces combinaisons industrielles contre lesquelles toute résistance est inutile, et qui ne s'arrêtent ni devant le sentiment, ni devant le respect.

1. Voir le procès-verbal aux pièces justificatives. Note A.

Les habitants de Magenta, d'autant plus loquaces que l'orage était passé, nous racontèrent, avec la faconde italienne, mille détails sur cette victoire. Ils nous firent remarquer l'endroit où le général Espinasse fut frappé d'une balle mortelle partie d'une fenêtre, au moment où, cherchant à forcer l'entrée d'une rue, il entraînait sa troupe par l'exemple.

Son officier d'ordonnance, M. de Froidefont, tomba aussi victime de sa valeur, percé de balles presque à ses côtés[1].

De toutes parts, du clocher lui-même, les projectiles pleuvaient, mais rien n'arrêta l'élan des troupes. Une autre perte non moins cruelle fut celle du général Cler. Sa vie en Afrique, comme en Crimée, n'avait été qu'une suite d'actions héroïques; nous nous sommes inclinés sur la place où il fut tué.

Journée glorieuse, mais chèrement achetée!

Comme les surprises, la guerre comporte aussi les méprises. D'une part, au milieu de notre triomphe, nous perdions une pièce de l'artillerie de la

1. Lorsqu'on releva les blessés après le combat, le général et son aide de camp respirant encore, se reconnurent au moment où leurs brancards vinrent à se croiser et échangèrent de la main un suprême adieu. (Papiers inédits du maréchal Regnaud de Saint-Jean-d'Angely.)

garde par la maladresse d'un adjudant, qui n'exécuta pas l'ordre de son capitaine ; d'autre part, dans le feu de la bataille, quinze habitants réfugiés dans les caves étaient fusillés comme des lapins par nos soldats les prenant malheureusement pour des ennemis. Sur les lieux, nous pûmes nous rendre compte du mouvement décisif du 2ᵐᵉ corps contre la droite autrichienne, tournant cette position formidable de Magenta, qui devait donner au général comte de Mac-Mahon une gloire immortelle, et que le général Giulay[1] avait dû cependant choisir et étudier de longue main.

Traversant Paris quelques jours avant mon départ pour la campagne d'Italie, j'avais aperçu de tous côtés la caricature de notre adversaire, représenté comme un grotesque énorme et ridicule. J'avoue que je fus impressionné tristement par cette débauche d'esprit malsain, du reste en usage dans tous les pays. Un ennemi a toujours droit au respect, surtout lorsqu'il est vaincu. Déprécier les chefs des armées étrangères, c'est

---

1. Issu d'une famille magyare de Transylvanie, le général autrichien sortait d'une lignée militaire, qui avait donné plusieurs personnages distingués à l'Autriche ; entr'autres le comte Giulay, feld-maréchal en 1813.

diminuer sa propre gloire! La politesse devant la mort a une double saveur!

Il n'est pas dans mes usages de raconter ce que je n'ai point vu ou entendu, ni de parler d'événements auxquels je n'ai point été mêlé. Toutefois, je ne crois pas possible de quitter ce champ de bataille sans rappeler la gloire immortelle que nos troupes y ont acquise, et en particulier cette garde impériale à laquelle je suis fier d'appartenir aujourd'hui[1]. Nombre de notes et de récits d'amis recueillis avec soin m'en fournissent le moyen. J'ai aussi un puissant motif; saisir l'occasion qui se présente de payer une dette d'affection et de reconnaissance aux principaux héros de cette journée fameuse. Pourquoi oublier, en effet, que j'ai eu l'honneur d'entrer dans la carrière militaire aux côtés des maréchaux de Mac-Mahon et Canrobert, et que, placé depuis sous les ordres du maréchal Regnaud de Saint-Jean-d'Angely, je n'ai cessé d'éprouver les effets de sa généreuse protection et d'une confiance toute particulière. J'en suis d'autant plus fier qu'il ne les prodiguait pas[2].

---

1. En 1867, le général de Bailliencourt commandait une brigade d'infanterie de la garde.
2. Mme la comtesse Davilliers, continuant la confiance que le

Voici donc ce que j'appris sur cette journée du 4 juin qui restera célèbre dans notre histoire.

Jusqu'alors les différents corps français et sardes avaient marché individuellement vers un point de concentration qui, dans la pensée de l'Empereur, devait se trouver proche des rives du Tessin. L'armée autrichienne, après des retards incompréhensibles (quand une invasion du Piémont aurait été si facile au début), avait enfin dessiné un mouvement en avant sur Alexandrie et Cazal; ce mouvement fut déjoué par l'habileté stratégique de Canrobert, qui, se jetant résolument entre ces deux places, fit croire aux ennemis qu'il disposait de forces plus importantes. Giulay laissa donc notre concentration se continuer et retira ses troupes sur le Tessin, ne nous opposant que de fortes têtes de colonnes sur lesquelles les alliés rempor-

---

maréchal Regnaud de Saint-Jean-d'Angely avait bien voulu accorder au général de Baillencourt, nous a fait l'inappréciable faveur de mettre à notre entière disposition les lettres intimes et souvenirs de son illustre père, servant à éclairer et compléter le récit du général sur la brillante conduite du commandant de la garde impériale.

Le lecteur trouvera donc aux notes et pièces justificatives de cet ouvrage un intérêt de premier ordre; la plus grande partie de ces emprunts ayant été faits aux papiers inédits du maréchal dont la modestie n'avait d'égale que la vaillance.

tèrent successivement les brillants succès de Montebello, Palestro, Turbigo.

L'Empereur pensait-il que l'ennemi voulût lui disputer le passage du Tessin, il est permis d'en douter. On suppose même qu'il espérait entrer à Milan sans effort, prévoyant que les Autrichiens ne livreraient pas une bataille décisive, si loin de leur fameux quadrilatère, en plein pays hostile.

Il était en droit de croire que le général autrichien se contenterait de l'inquiéter dans ce terrain coupé de canaux, de rizières, de champs de maïs, de vignes entrelacées, où les pampres se rejoignent, appuyant leurs festons aux longs bras des mûriers, pour l'attendre alors de pied ferme dans les rases campagnes de la Lombardie. Là enfin les deux armées pourraient librement se déployer.

Le général de Mac-Mahon franchissant le Tessin à Turbigo devait, dit-on, se replier avec le 2mo corps à la gauche du fleuve, sur les hauteurs de Magenta[1]; Canrobert et Niel, passant le fleuve à Buffalora, occuperaient la droite et le centre.

L'Empereur, sans inquiétude, traversait lui-

---

1. Voir aux pièces justificatives les ordres, instructions et lettres du général Regnaud de Saint-Jean-d'Angely. Note B.

même, le premier, vers 2 heures, le pont du Tessin que l'ennemi avait négligé de faire entièrement sauter, et s'avançait précédé d'une simple division de la garde sous les ordres du général Regnaud de Saint-Jean-d'Angely.

Il occupait sans coup férir l'espace situé entre le fleuve et le Naviglio, où de longues chaussées traversent un terrain fort coupé. A ce moment, une fusillade nourrie, sur la gauche vers Buffalora, faisait croire à la proximité du corps de Mac-Mahon, et la brigade Mellinet, non contente d'occuper le Ponte-Nuovo di Magenta, se lançait avec une ardeur irrésistible, et peut-être même contre les désirs du général Regnaud, à l'attaque des mamelons de la rive gauche du Naviglio, ignorant que l'armée ennemie entière couvrait ces hauteurs, et que cinq mille hommes de la garde allaient s'y heurter, dès le début, à plus de 20,000 Autrichiens. Le premier choc fut terrible, bien que favorable à nos armes; toutefois, malgré des prodiges de valeur, il fallut battre en retraite et se replier sur les solides maisons situées à la tête du Pont[1].

1. Les maisons ne furent jamais réoccupées par l'ennemi. (Voir aux pièces justificatives. Note C.)

Pendant ce temps, le feu a cessé sur la gauche. Mac-Mahon menacé d'être coupé, a dû suspendre son mouvement. Canrobert et Niel, arrêtés par les chaussées encombrées de convois, pataugent sur place dans les rizières, de l'autre côté du fleuve. Le général Regnaud de Saint-Jean-d'Angely, a replié la garde sur les ponts du Naviglio. Il voit qu'il va être débordé, rejeté, que l'armée sera coupée en deux tronçons; il sait que l'Empereur est derrière lui, il demande instamment des renforts. L'Empereur fait répondre qu'il n'en a pas, mais ordonne « *qu'on tienne, qu'on tienne quand même.* »

Les zouaves ont fait des prodiges de valeur, le général Cler est tombé glorieusement à leur tête. Tortel, son aide de camp, est frappé en annonçant la mort de son chef. Le feu plongeant des Autrichiens balaie les étroites chaussées et tranchées du chemin de fer. Mellinet a 2 chevaux tués; mais il faut garder le pont à tout prix.

Le général Regnaud le comprend, et il en fera s'il le faut son tombeau et celui de son état-major. Campé sur son cheval, immobile au milieu du Ponte-Nuovo, ayant fait derrière lui planter le drapeau, assisté du général Mellinet, des colonels Raoult, de Tanlay, Robinet, et de tous ses officiers, il tiendra jusqu'à la mort avec ses braves grenadiers. Wimpffen en fera autant à Ponte-Vecchio.

Sur l'autre rive, Canrobert, prévenu, déclare qu'il faut passer « *coûte que coûte* ». Le général Picart réussit à secourir Wimpffen. Le maréchal passe, lui-même, à 4 heures et se jette sur la droite; Niel parvient aussi à engager Vinoy et ses têtes de colonne en avant de Buffalora. La garde tient toujours. Que Giulay ait l'idée de concentrer tous ses efforts sur ce point et l'armée, dont une moitié n'a pas passé le fleuve, est coupée, irrémissiblement compromise! Sept fois les Autrichiens attaquent les ponts, sept fois ils sont repoussés et les secours n'arrivent pas, le canon de Mac-Mahon n'a point encore tonné. Que se passe-t-il donc! Menacé, par un fort parti ennemi, d'être débordé et séparé de la division Espinasse [1], impatient, songeant que la partie se joue et que de sa promptitude dépend le succès, le général de Mac-Mahon s'est lancé seul à la découverte, avec son escorte; il a franchi canaux et talus, traversant les vignes, se heurtant aux lianes et aux fils de fer, chargeant les éclaireurs ennemis.

1. Voir les instructions de l'Empereur. Pièces justificatives. Note D.

Enfin il a rejoint Espinasse et soudé ses divisions. Pendant 4 lieues, il combat la colonne ennemie, la refoulant sur Magenta.

Pied à pied, il gravit les hauteurs, malgré les feux épouvantables du village. Les maisons sont emportées à la baïonnette. Espinasse, descendu de son cheval qui glissait dans le sang, tombe les reins brisés aux premières portes.

La garde est sauvée! Elle a même repris l'offensive; ne voulant pas se contenter d'une héroïque défense, elle marche en avant et contribue à la victoire. A sept heures et demie, Magenta est à nous.

L'ennemi ne voulant pas s'avouer vaincu, essaye de tourner notre droite et se faufile le long du fleuve; mais Canrobert est là. Des tirailleurs ennemis cherchant à masquer ce mouvement, le maréchal veut se rendre compte par lui-même et voir de plus près. Il se heurte aux hussards hongrois et les charge avec son escorte, sabre au clair et cheveux au vent avec l'impétuosité d'un sous-lieutenant.

C'est bien ce même Canrobert qui, dix ans plus tôt à l'attaque de Zaatcha, commandant ces zouaves qui vient de s'illustrer à Magenta, réunit une poignée d'officiers et d'hommes résolus,

puis leur tint ce discours : « Poussez-moi, ti-
« rez-moi, jetez-moi par-dessus le fossé, dé-
« brouillez-vous comme vous voudrez, mais je
« veux être le premier sur la brèche! » Il y
fut.

Tel il était alors, tel on le retrouve aujourd'hui.
Heureusement les troupes ont vu le danger couru
par le maréchal. Le colonel Bellecourt est renversé, foulé aux pieds. Le colonel de Senneville
accourt et tombe aussi, victime glorieuse, mais le
sacrifice n'est pas inutile, le maréchal est dégagé,
la colonne ennemie arrêtée.

La victoire nous reste définitive et l'armée autrichienne, malgré une velléité de résistance, re-
prendra le lendemain son mouvement de retraite
en attendant que nos vaillantes troupes lui portent à Solferino le coup décisif.

*
* *

La circulation étant enfin rétablie, nous quittâmes non sans émotion la place qui donna son
nom au comte de Mac-Mahon, consacrant ainsi le
souvenir de sa vaillance. Le bâton de maréchal y
fut noblement acquis par lui et aussi par l'intré-

pide commandant en chef de la garde[1] qui le
reçut le lendemain. On dit que ce retard provint
chez l'Empereur de la crainte de mécontenter

[1]. Voici l'admirable lettre écrite à sa femme par le général
Regnaud, le lendemain de Magenta :

Rive du Tessin-Buffalora, le 6 juin 1859.

Je t'ai écrit hier à la hâte sur la pointe de mon genou, après une nuit de quasi insomnie, quoique je fusse resté la veille onze heures à cheval sur le brave Ganimède qui a bien fait son devoir. Ma lettre a dû être passablement griffonnée, mal suivie et peu intelligible; celle-ci, écrite en de meilleures conditions lui servira de correctif. Avant aucune de nos communications personnelles, le télégraphe vous aura dit que nous avions eu le 4 une affaire très sérieuse dont Mac-Mahon et moi avions été les acteurs principaux. Mac-Mahon, avec des forces beaucoup plus considérables que les miennes, augmentées encore par la plus forte de mes divisions, celle de Camou, que l'Empereur avait détachée près de lui la veille pour appuyer son mouvement tournant, a eu une affaire magnifique et d'un immense résultat.

Au moment de notre réunion de l'autre côté du Tessin, réunion projetée, mais qui ne s'est pas réalisée avant la nuit et la défaite complète de l'ennemi, Mac-Mahon et son corps devaient passer sous mon commandement, mais nous nous sommes trouvés séparés sur les hauteurs de Magenta par un corps autrichien de 70 à 80,000 hommes, et il a fallu que nous l'attaquions dans de formidables positions et que nous le missions en déroute pour nous rejoindre et débarrasser la route de Milan qu'il gardait. Mac-Mahon, avec 20,000 hommes, l'a attaqué sur son flanc droit, moi avec 5,000 grenadiers et zouaves, je l'ai attaqué de front en franchissant un canal large et profond et en escaladant des hauteurs escarpées, garnies d'un ennemi quintuple en forces; la besogne a été dure, mais j'avais de braves gens avec moi, tous dél'armée en paraissant favoriser trop sa garde, mais l'opinion publique dissipa vite ce scrupule.

. . . .

Au moment où le train reprenait sa route,

terminés à prouver que la garde était digne de son nom. Le pauvre Cler, Mellinet, Wimpffen se sont conduits avec une rare énergie; vers les quatre heures, presque toutes nos cartouches étaient épuisées, mes dernières réserves employées, l'ennemi redoublait d'efforts avec des masses fraîches et sans cesse renouvelées pour reprendre les positions que le matin je lui avais enlevées. Rompre d'une semelle et tout était perdu! Nous nous sommes maintenus jusqu'à l'arrivée tardive, mais très heureuse de la division Vinoy et d'autres forces. La garde ou plutôt la division de grenadiers, seule engagée, a laissé le cinquième de son monde sur le carreau! Le lendemain, quand j'ai revu l'Empereur presque à la place où je t'écris, il m'a pris............

J'ai été interrompu là par le passage de l'Empereur qui traversait mon camp pour se rendre à Magenta; je voulais lui montrer moi-même les positions enlevées l'avant-veille par sa garde, et j'ai sauté à cheval pour le rejoindre et lui expliquer sur le terrain ce que ses soldats avaient eu à vaincre de difficultés. Il en a été stupéfait, émerveillé et, je puis le dire, tout son état-major a partagé son étonnement; chacun m'entourait, me félicitait, me pressait la main et me disait que désormais on ne pourrait plus parler à la garde que *chapeau bas!* — Je reviens à la partie de ma lettre interrompue............... Il m'a pris les deux mains dans les siennes et m'a dit : « *Mon cher général, vous avez sauvé l'armée par votre énergie; sans vous, Dieu sait ce qui serait advenu.* »

Je vois tes yeux se mouiller... Les miens en font autant, il y a des paroles qui valent mieux que toutes les récompenses quand la conscience dit qu'elles sont méritées. Il y a des choses que j'ignorais et que je viens d'apprendre de la bouche j'avais le cœur saisi par de graves réflexions et l'esprit étonné de trouver sur le champ de carnage la belle et riche végétation, caractère spécial de cette Lombardie que l'on se dispute avec raison depuis des siècles, car c'est bien le plus beau pays du monde.

même de l'Empereur. Giulay était là devant nous avec deux cent mille hommes; si j'avais quitté les positions que j'avais eu tant de peine à prendre, nous étions refoulés sur le Tessin à trois kilomètres derrière nous, et toute cette armée tombait sur Mac-Mahon et l'exterminait. Le bonheur a voulu qu'il en fût autrement. J'ai occupé la moitié de cette armée, qui, à toute force, voulait m'enlever avec mes pauvres 5,000 hommes; Mac-Mahon a battu l'autre; nous avons 12 à 15,000 prisonniers, autant de tués dans les rangs ennemis et Milan nous ouvre ses portes; nous y entrons demain sans coup férir. L'armée autrichienne est battue et démoralisée; le succès dépasse toutes nos espérances. — Mac-Mahon est maréchal. Quand je suis entré à Magenta dans le cabinet de l'Empereur, j'ai entendu le maréchal Vaillant qui le félicitait (à mi-voix); j'ai eu l'air de ne rien entendre et suis entré dans mes bivouacs prévenir ma garde qu'elle entrait demain à Milan, et que je lui recommandais d'avoir le bouquet sur l'oreille. — On s'attendait à voir deux maréchaux au lieu d'un; les regrets, l'étonnement que de toutes parts on m'exprime, seraient ma consolation, si j'avais besoin d'être consolé. Je suis, moi, suffisamment payé par les paroles que l'Empereur m'a dites, par les témoignages d'estime de mes soldats qui se proclament heureux et fiers de m'avoir pour leur chef; qu'importe le reste! J'aime mieux entendre l'armée dire : « Comment ne l'est-il pas? » que de lui voir dire : « Pourquoi l'est-il? »

Puis, Mac-Mahon est jeune, il a de l'avenir; moi, je touche

En admirant ce spectacle enchanteur, je pensais que les grands tumultes des peuples, les transformations des empires, les ambitions souverai-

à la fin de ma carrière, et je comprends que l'Empereur, en bon politique, songe plus à l'avenir qu'au passé.

Même jour, 4 heures.

P. S. Je rouvre ma lettre cachetée et prête à partir, pour vous demander la permission de vous embrasser sur les deux joues, *Madame la maréchale!*

Comprenez-vous bien ce que ces trois mots veulent dire ? En finissant la page qui précède et que je croyais la dernière, je remontais à cheval pour retourner à Magenta, où j'avais laissé le quartier général de l'Empereur et où j'allais prendre le mien à moitié route. J'ai rencontré Fleury et Edmond venant au-devant de moi avec des figures qui n'annonçaient pas de mauvaises nouvelles; ils venaient de la part de Sa Majesté m'apprendre que j'étais élevé à la dignité de maréchal et que l'Empereur m'attendait pour me le dire de sa bouche. Fleury, Edmond, Robinet, Haillot, Mauret de Villers, Raoult et bien d'autres qui m'entouraient, se sont jetés dans mes bras, les uns riant, les autres pleurant. Je n'étais pas le moins ému, tu peux le croire. Arrivé chez l'Empereur, toute sa maison militaire m'attendait sous la voûte d'entrée et les accolades ont recommencé avec une cordialité, une chaleur, qui sont peu à l'usage des cours, et puis je suis entré chez Sa Majesté, qui, à son tour, m'a chaudement embrassé en me disant tout ce qui pouvait rehausser le prix de cette haute faveur. Enfin, ce qui y met le comble, c'est que je conserve le commandement de *la*, je puis presque dire *ma* garde; je pourrais chanter : « Je l'ai plantée, je l'ai vue naître. » Mais depuis la journée du 4, les liens qui nous unissaient, se sont étroitement resserrés; il y a un baptême de feu dont il faut la communauté entre un chef et sa troupe et quand cette action commune, accompagnée d'un véritable danger, nes, les appétits des générations qui se poussent et se succèdent, ont peu de prise sur la grande nature qui continue son œuvre dans sa paix, sa force et sa beauté, sous l'œil du Créateur qui lui accorde la puissance d'un rajeunissement perpétuel.

Le convoi nous emportait rapide vers des destinées inconnues, traversant en triomphateur ces plaines conquises au milieu des groupes de paysans arrachés à leurs travaux par le besoin de venir nous saluer de leurs vivats.

Foule gaie, agitée, bariolée, se pressant et s'agitant sous un soleil de feu, et dont l'enthousiasme nouveau nous grisait comme un vin trop généreux.

---

est suivie d'un succès qui passe toutes les prévisions, oh! alors le mariage est complet. C'est là où nous en sommes. Wimpffen est général de division, j'espère obtenir le grand cordon pour Mellinet et les étoiles pour Raoult.

Je suis bien heureux d'avoir à te donner un beau titre à porter, mon Angélique; des comtés, des marquisats, c'est le hazard qui les donne, et l'ivraie se mêle trop souvent au bon grain; le titre que tu vas porter est tout autre : il faut une longue vie d'épreuves et de sacrifices pour l'obtenir. Cette vie dont je ne t'ai malheureusement donné que la fin, jettera un reflet sur la tienne, et personne plus que toi n'en était digne.

(Voir aux pièces justificatives la première lettre du maréchal Regnaud de Saint-Jean-d'Angely. Note E.)

CHAPITRE II

Arrivée à Milan. — Aspect de la ville, la population. — État d'esprit des Lombards. — Villafranca, la paix. — Proclamation de l'Empereur, comment elle est accueillie. — Les Barabbi. — Entrée du roi Victor-Emmanuel à Milan. — Réception royale. — Portrait du roi. — Conversation singulière. — Impressions des généraux français. — Comparaison, rapport du maréchal Regnaud de Saint-Jean-d'Angely. — Le comte de Cavour traverse Milan. — Son entrevue avec le roi après Villafranca.

Le 7 juillet, à sept heures du soir, le train entrait en gare de Milan. Nous trouvâmes un encombrement de projectiles de pièces d'artillerie d'un calibre énorme et d'une forme toute nouvelle pour nous.

C'était le matériel de siège de l'armée sarde, il devait être expédié sans retard sur Brescia et Peschiera. Les ordres étant formels, malgré notre désir ardent d'arriver le jour même en présence de l'ennemi, nous dûmes établir notre bivouac sur les terrains qui avoisinent la gare de

Brescia, attendant de nouvelles instructions.

Le général de Béville, aide de camp de l'Empereur, commandant supérieur à Milan, nous annonça, le lendemain 8 juillet, que, par dépêche du quartier général, la division d'Hugues resterait à Milan jusqu'à nouvel ordre. Encore une fois nous étions arrêtés, au moment de toucher au but. Vivement contrariés, nous eussions murmuré, si la théorie de l'obéissance passive n'était pas admise comme une loi.

Les diverses colonnes arrivèrent à l'intervalle d'un ou deux jours et le 11, la division entière se trouva réunie et campée sur les boulevards extérieurs, près des portes Neuve et Orientale.

Milan est une ville admirable! Je fus émerveillé des proportions de la cathédrale. La puissance du sentiment le plus élevé a certainement inspiré les artistes chrétiens du moyen-âge, dont le talent s'est doublé de poésie, mais je pense, comme l'illustre Chateaubriand, que l'architecture gothique, cette cristallisation des pays froids, n'est pas d'un heureux effet dans la chaude Italie. Des rues larges, de belles promenades, de somptueux palais, donnent à cette ville cette physionomie distinguée qui est le cachet des cités italiennes, constituent la principale séduction de la capitale lombarde. Tout est riant!... tout chante!... de toutes parts des souvenirs artistiques! jusque sur la gare du chemin de fer où je retrouve d'exquises sculptures.

Les femmes sont jolies, vives, animées, peu sévères.

Le troupier français, vert-galant, connaisseur, s'en apercevait terriblement.

Nous avions bien de la peine à protéger les longues épingles, placées en guirlande ou formant aigrette, attachant le voile des Milanaises, rejeté en arrière, coiffure charmante, encadrant des visages pleins d'attraits, des yeux expressifs, brillants, qui parlaient autant que les lèvres.

Tout a été dit, comme descriptions et impressions par des plumes plus habiles que la mienne, dont ce n'est pas le métier. Je veux seulement noter et retracer les émotions de cette population mobile, ardente, spirituelle comme celle de Rome que j'ai connue et étudiée, lorsque je fis partie de l'armée d'occupation en qualité de colonel du 40me de ligne. Je retrouve cette nature changeante, intelligente, désireuse de liberté, sans donner un sens précis à ce mot si dangereusement interprété.

Toujours imbu, pénétré des grandes choses

que l'histoire lui a léguées, avec une fierté, qui n'est trop souvent que de la vanité, l'Italien s'illusionne, comme tous les caractères faibles et sensibles; il se figure qu'il ne serait pas impossible de refaire un royaume homogène avec les éléments épars d'une nationalité éteinte.

Les bonnes institutions font les grands peuples. L'esprit guerrier vient avec elles.

La valeur des Piémontais est légendaire, la brigade de Savoie était composée de héros.

Mais plus on avance dans le centre de l'Italie, moins le patriotisme se ravive, on ne le retrouve passionné que chez la femme.

L'enthousiame de l'Italien s'évapore en fumée, sa faconde est une soupape de sûreté personnelle! des phrases, des exclamations, des menaces... mais pas d'actions... une volonté fugitive, lorsque le moment est venu de la prouver par des actes.

Un seul trait suffira pour en témoigner : les cadres de la légion étrangère ne se sont pas remplis dans le pays que nous défendions [1].

[1]. Le général de La Marmora avait refusé d'incorporer des volontaires dans l'armée sarde; mais les cadres de notre légion étrangère restaient ouverts à dessein aux Italiens du centre et des provinces conquises. Ils préférèrent l'abstention. En dehors de l'armée sarde, il n'y eut sous les drapeaux que les Garibaldiens (2,500 hommes de toutes provenances) et, 10,000 hommes de l'armée toscane.

Un pouvoir despotique, absolu, réunissant le Piémont et la Lombardie, respectant toutefois les duchés, le royaume de Naples et surtout le pouvoir temporel du pape, pourrait peut-être créer une sorte d'unité.

Mais à condition que la puissance soit entre les mains d'un homme qui n'en userait que pour l'honneur de ce pays.

La réalité de ce rêve pourrait seule ramener ces esprits dévoyés par la politique intéressée des étrangers, établie sur le vieil adage, éternellement jeune : « Diviser pour régner. »

L'Italien a trop d'esprit pour ne pas comprendre la situation ; mais il possède au plus haut degré le scepticisme en matière d'avenir, une absence d'énergie, fatale à ses intérêts. En face d'un problème difficile à résoudre, il sourit, ses yeux expressifs semblent annoncer une résolution, une promesse, qu'il tient rarement, c'est la girouette morale à perpétuité.

…

Le 9 juillet 1859, un bruit circule, vague encore, dans la grande ville ; on vient nous consulter, chercher près de nous des détails que nous ignorons. Pourtant les intentions impériales semblent contredire la nouvelle... Napoléon a, dit-on, signé une suspension d'armes. Bientôt la dépêche officielle, affichée sur les murs, nous l'annonce effectivement.

Un ordre du jour à l'armée la confirme, et le général de Béville nous lit les détails d'une convention arrêtée entre les deux souverains. La population se groupe à tous les carrefours, elle est triste, inquiète. Elle n'a plus d'espoir que dans l'échéance du 15 août, terme de l'armistice, et se rattache à cette perspective. Les événements, rapides comme la pensée qui les dicte, nous remplissent d'étonnement et de regrets. Ce ne sont plus les voies lentes de la diplomatie, qui défait le lendemain, ce qu'elle a fait la veille.

Une entrevue de quelques minutes des deux empereurs, au village de Villafranca, suffit, et les destinées de l'Europe viennent d'être réglées, dans les lignes suivantes, affichées aux quatre coins de Milan, en italien, je traduis[1] :

[1] « Proclama.

La pace è sottoscritta fra S. M. l'imperatore d'Austria e me.

« Le basi della pace sono di formare una confederazione italiana sotto la presidenza onoraria del papa.

« L'imperatore d'Austria cede subito i suoi diritti sulla Lom-

« La paix est souscrite entre Sa Majesté l'empe-
« reur d'Autriche et moi.

« Les bases de la paix sont de former une con-
« fédération sous la présidence honoraire du
« pape.

« L'empereur d'Autriche cède, dès à présent,
« tous ses droits sur la Lombardie à l'Empereur
« des Français, qui les transmet au roi de Sar-
« daigne.

« L'empereur d'Autriche conserve la Vénétie,
« mais elle reste partie intégrante de la confédé-
« ration. Amnistie générale.

« Valeggio, 12 juillet 1859. »

Les victoires de Montebello, Palestro, Turbigo, Magenta, Melegnano, Solferino avaient mis fin à cette guerre, solution dont l'humanité est heureuse.

Il faut le reconnaître, l'Empereur, maître de soi, ce qui est la suprême sagesse, sut lutter contre les entraînements enivrants du succès, envisageant l'intérêt du peuple, trop rarement pris en considération.

bardia all'imperatore dei francesi, che li transmette al re di Sardegna.

« L'imperatore d'Austria conserva la Venezia, ma essa fa parte integrante della confederazione.

« Amnistia generale. Valeggio, 12 luglio. »

Le fondateur de la dynastie napoléonienne, dont le grand génie ne se peut contester, n'avait pas su résister aux fumées de cette ivresse. Il en fut la victime et en trouva, sur le rocher de Sainte-Hélène, la trop cruelle expiation.

Une impression, plus forte que l'étonnement, pénètre la masse de la population milanaise en lisant cette proclamation!... Elle vit depuis si longtemps d'espérance et de déception!

L'abattement est général et le scepticisme politique, soulevant un coin du rideau, laisse entrevoir le retour d'un joug détesté. Des groupes houleux se forment, et nous apprenons que les clubs révolutionnaires sont fort agités.

On sent que malgré l'asservissement des consciences, règne encore au fond du cœur un peu de ce patriotisme, qui, malheureusement, ne sait jamais adopter d'autre forme que celle de la révolution et de la conspiration.

Milan n'est-elle pas la patrie de cette variété de carbonari, que, sous le règne de Charles-Albert, on désignait du nom de Barabbi? Prêts à tout, en temps de guerre et de désordre, ils se maintenaient pendant la paix dans le sentiment de la résistance en s'abstenant de fumer, pour ne pas apporter ainsi une contribution de plus au fisc autrichien, qui tirait un gros bénfice de ce monopole.

Enfin l'ordre n'est pas troublé, mais le calme n'est qu'à la surface. Les gens qui désirent la liberté s'aperçoivent, peut-être déjà, qu'ils ne font que changer de maître.

.·.

Le 13 juillet, vers cinq heures du soir, le roi Victor-Emmanuel fit son entrée dans sa bonne ville de Milan, par la porte Orientale et le Corso.

Le 19ᵐᵉ de ligne, régiment appartenant à ma brigade, formait la haie sur la place de la cathédrale, appuyant ses ailes au palais royal.

Le nouvel ordre de choses séduisait-il pleinement les aspirations de ce peuple élégant, aux mœurs disciplinées par l'Autriche! Ce serait une illusion de le croire? Le Milanais a vécu trop longtemps, aspirant le souffle de la race germaine, s'imprégnant de ses habitudes si différentes de celles de la race latine, pour l'oublier si tôt. Les classes élevées de la société lombarde ont conservé des principes de morale et de religion.

Ces causes, qui ne s'analysent qu'à la réflexion, ont un résultat qui n'échappe à personne.

Tous sont impressionnés, refroidis par les allures excentriques et les habitudes, au moins légères, d'un souverain poussé par le ministre le plus habile, mais le plus révolutionnaire de l'époque, et qui a dû forcément, pour rendre son règne possible, se mettre lui-même à la tête de la révolution.

Le roi fut donc accueilli sans enthousiasme. Entré dans le palais, il nous fit l'honneur de nous recevoir.

Mon rôle de conteur devient ici difficile; comment dépeindre cette physionomie de soldat si personnelle, mais dont l'excentricité, voulue, plus encore que naturelle, vise ostensiblement à la singularité.

Certes, Victor-Emmanuel est un cœur vaillant; il a fait preuve, au dire de tous, sur les champs de bataille, d'un courage allant jusqu'à la témérité.

Pourquoi oublier alors que la modestie sied au vainqueur?

Le roi a trente-neuf ans, on lui en donnerait quarante-cinq; il est pourtant robuste et carré; sa santé et son tempérament semblent être hors d'atteinte des fatigues du camp et de celles du boudoir!... deux choses également aimées, dit-on.

Ses yeux, excessivement petits, brillent malgré cela d'un véritable éclat et impressionnent par leur vivacité puissante.

La race se révèle dans le regard; l'orbite semble perforé; le nez est court; la moustache, joignant les favoris prend des proportions immenses. L'ensemble forme un singulier mélange qui n'est ni italien, ni français, plutôt allemand croisé de russe, mais de russe d'une espèce peu distinguée.

Au moment de citer les termes de notre conversation, je crois devoir prendre des témoins, sans cela on pourrait vraiment hésiter à me croire.

Étaient présents :

Le général d'Hugues, le général de Béville, aide de camp de l'Empereur. Le général Suau et M. Hazard, chef d'état major.

Le roi, encore couvert d'une noble poussière, dans une tenue fort négligée, affectait les poses d'un capitaine de hussards du premier Empire, c'est du moins l'effet qu'il me produisit; mon souvenir eut comme une réminiscence de ce type si souvent décrit, qui tend à disparaître, mais que Sa Majesté se plaît à ressusciter.

Donc, jetant les yeux au plafond, relevant la tête outre mesure, le roi nous dit :

« Eh bien! messieurs, je ne suis pas content,

« vous ne devez pas l'être non plus, car vous ne
« faites qu'arriver, et la paix vous enlève l'espoir
« d'assister à des victoires, comme celles que
« nous avons remportées ! Votre armée nous a
« rendu de grands services... la vôtre et la mienne
« ont combattu comme deux sœurs... je ne suis
« qu'un soldat... je n'aime pas les avocats.

« Je tiens peu à un royaume, je ne veux que
« des batailles.

« J'avais bâti des châteaux en Espagne, je
« croyais faire la guerre pendant deux ans, on
« ne me la laisse faire que pendant deux mois,
« j'espérais faire le tour du monde avec les sol-
« dats français.

« J'aurais voulu avoir quelques côtes cassées,
« à la condition de pouvoir continuer à combat-
« tre...

« Cette guerre a été un véritable carnage... les
« Autrichiens ont certainement perdu 50.000 hom-
« mes... Pour ma part, j'ai perdu 7.000 hommes
« à San-Martino, et avec 20.000 hommes, j'ai
« lutté contre 80.000.

« Votre empereur m'a demandé du secours ; en
« l'espace de dix kilomètres, j'ai conduit moi-
« même deux divisions sur Solferino.

« Cette importante position ayant été enlevée,

« avant mon arrivée par vos intrépides soldats, je
« revins sur mes pas, je pris les Autrichiens en
« flanc, des positions furent prises et reprises
« cinq fois, et c'est moi, qui ai fait tirer les der-
« niers coups de canon de la journée, avec trente-
« huit pièces en batterie.

« L'armée autrichienne est complètement dé-
« moralisée, trois généraux ont refusé de mar-
« cher, je ne puis me rappeler leurs noms... ces
« noms sont si baroques !... deux ont marché en
« arrière, le troisième n'a pas marché du tout...
« ils ont été destitués.

« Que faire avec des b... comme cela ?...

« Je n'aime pas les avocats, et vous, général ?... »

« — Votre Majesté a raison, les avocats sont les hommes de la décadence, » répondit le général d'Hugues.

« — Et cependant, reprit le roi, je vais de
« nouveau avoir affaire... à eux... C'est égal, je
« saurai les mettre à leur place...

« Ce Cavour, comblé par moi, arrive de Bre-
« scia, pour me remettre sa démission, je l'ai fort
« mal reçu... Il fait mieux, il va tenir des pro-
« pos dans un café, dans le but d'augmenter sa
« popularité...

« Que voulez-vous que je fasse d'un avocat de
« cette trempe?...

« C'est égal, qu'il prenne garde à lui, j'aurai
« l'œil ouvert!...

Le général de Béville, interrompant alors Sa
Majesté, ajouta : « — Il a passé hier dans la nuit;
« le gouverneur de Milan fut le complimenter
« au chemin de fer et le trouva profondément en-
« dormi. »

« — Il n'était donc pas si malade? » dit le roi.

« — Que Votre Majesté ne m'a-t-elle envoyé
« une dépêche, je l'aurais *coffré*. »

« — Il ne perdra rien pour attendre, » s'écria
Victor-Emmanuel, « je lui ménage quelque
chose. »

« — Sire, » ajoutai-je, « il faut à tout prix
« clouer la bouche aux avocats et enrayer la ré-
« volution!... »

« — Vous avez bien raison, général! »

Nous sortîmes, ne pouvant en croire ni nos
yeux, ni nos oreilles.

Les secrets du roi, de son ministre, toute cette
politique de casse-cou était à découvert.

Je pris note immédiatement, pour moi seul,
mes camarades en firent autant, désirant garder exact le souvenir de cette entrevue si origi-

nale, et en conserver scrupuleusement la physionomie.

Pour bien comprendre l'impression produite sur nous, par cette audience, il est nécessaire de se rendre compte, que, pour la première fois, nous nous trouvions en présence du roi de Sardaigne, et que sa figure et son caractère n'étaient point alors devenus légendaires. Il se présentait aux soldats français, avec l'auréole de la victoire. Le souvenir encore chaud de la bataille de Palestro (où il avait chargé à la tête de nos troupes, avec une si grande audace que les zouaves l'avaient, par acclamation, nommé leur caporal), nous le faisait regarder comme un chevalier des temps passés, joignant à la fierté du vieux sang de Savoie, quelque chose de ce je ne sais quoi qui portait au délire l'enthousiasme des rudes soldats du Petit Caporal.

Quelle chute! quelle désillusion, et comme le contraste devenait frappant lorsqu'on comparait cette jactance italienne à la tenue correcte et à la modestie des chefs de notre armée qui venaient de remporter, pour lui, ces merveilleuses victoires de Magenta et de Solferino.

Je n'en veux pour exemple que le remarquable rapport du maréchal Regnaud de Saint-Jean-d'Angely, après son héroïque défense du pont de Magenta.

A la suite des détails techniques, destinés à déterminer la situation des troupes, il n'y avait sur le rôle personnel qui lui était échu que cette seule phrase :

« — Votre Majesté ordonna de défendre le « poste avec la plus grande énergie, en attendant « l'arrivée des renforts. Les ordres de Votre Ma- « jesté furent exécutés. »

Voilà comment parlaient les vieux soldats de l'empire, qui avaient vu les grands événements du commencement de ce siècle, et se connaissaient en véritables héros[1]. Ce qui ajoutait aussi pour nous, à l'excentricité des paroles du roi, c'est, qu'arrivés de la veille, nous n'étions nullement au courant des événements qui venaient de se succéder avec une foudrayante rapidité. A peine savions-nous que Cavour, furieux de la conclusion d'une paix hâtive, qui semblait couper court à ses projets d'avenir et renverser tout l'échafaudage si péniblement édifié de sa future politique, avait été pris d'un accès formidable de colère, et que, brisé par toutes ces émotions, il

---

1. Voir aux pièces justificatives les états de services du maréchal Regnaud de Saint-Jean-d'Angely. Note F.

venait de traverser Milan, en chemin de fer, dans un état d'écrasement tel, que le gouverneur Vigliani n'osa pas interrompre son sommeil. Il quittait alors Villafranca !

Surpris en pleine confiance par l'armistice, Cavour était parti comme une bombe pour trouver l'Empereur, le roi, et s'efforcer de les faire revenir sur leurs intentions. Débarqué au quartier général piémontais, il n'obtint rien du roi qui lui dit : « La paix s'est faite sans moi ; je ne suis « pas le plus fort. Rien à tenter : laissez-moi tran- « quille. » Il court chez l'Empereur sans plus de succès et tombe enfin chez le prince Napoléon.

A bout de patience et au comble de l'exaspération, il se laissa aller, dit-on, à traiter le gendre du roi avec une désinvolture et des termes dont rien ne peut donner l'idée. Une seconde fois, il força la porte du roi. C'est à la suite de cette nouvelle entrevue (dont je raconterai plus tard les extraordinaires détails), que dégoûté de tout et de tous, il donna brusquement sa démission et partit.

Plût au Ciel qu'il ne fût jamais revenu !

Le jour où commença pour le ministre sarde ce pitoyable voyage était le 7 juillet, précisément celui de notre arrivée dans la capitale conquise.

Il y avait six mois à peine que j'avais quitté Rome et la Péninsule. Je me figurais y revenir pour assister à de terribles batailles. Je croyais voir se jouer sous mes yeux un drame grandiose d'indépendance avec des acteurs sérieux. J'avais encore présente à la mémoire la noble et vénérable figure du saint pontife Pie IX bénissant ses chers Français, je ne pensais pas, je l'avoue, devoir si tôt être témoin d'un de ces bizarres « opera-buffa, » dont les Italiens sont les premiers inventeurs et dont ils conserveront éternellement le secret!

CHAPITRE III

Proclamation de l'Empereur. — Le colonel de Cambriels et les habitants de Brescia. — Les Bonaparte. — Napoléon à Ham. — Son caractère, ses aspirations. — La perte d'un aigle. — Enfance du prince Louis. — Le cachot du Capucin. — L'évasion. — Mes relations avec Badinguet. — Napoléon III à Milan. — Entrée triomphale. — Physionomie de l'Empereur. — Le baron Larrey à Solferino. — Le commandant Ragon et le 5ᵐᵉ corps. — Comment les Italiens comprennent une guerre d'indépendance. — Revirement de l'Angleterre. — Aimables procédés des Lombards.

Le 3 juillet, nous trouvâmes la proclamation suivante affichée en français et en italien sur tous les murs de Milan :

« SOLDATS,

« Les bases de la paix sont établies avec l'empereur d'Autriche.

1. Proclama,
    SOLDATI,
Le basi della pace sono stabilite coll' imperatore d'Austria;

« Le but principal de la guerre est accompli. Pour la première fois, l'Italie devient une nation, une confédération de tous les États d'Italie sous la présidence d'honneur du Saint-Père.

lo scopo (le but) principale della guerra è raggiunto; per la prima volta l'Italia sta per diventare una nazione, una confederazione di tutti gli Stati d'Italia sotto la presidenza d'onore del Santo Padre, riunira in un sol corpo le membra di una medesima famiglia; la Venezia rimane è vero, sotto lo scettro dell'Austria, ma sarà una provincia italiana che formara parte della confederazione; la reunione della Lombardia all' Piemonte ci crea, da questa parte delle Alpi, un potente alleato che ci sarà debitore della sua indipendenza

I governi rimasti fuori del movimento, o rintegrati nei loro domini, comprenderranno la necessità di salutari riforme, un' amnistia generale sarra scomparire le tracce delle civili discordie. L'Italia, signora omai (désormais) delle sue sorti, non avrà più che a incolpare se medesima, se non avanza gradatamente nell' ordine e nella libertà.

Voi tornerete fra breve in Francia; la patria riconoscente accoglierà con giubilo quei soldati che levarono si alto la gloria delle nostre armi a Montebello, a Palestro, a Turbigo, a Magenta, a Melegnano, a Solferino; che in due mesi hanno affrancato Piemonte et Lombardia e non hanno fatto sosta (ne se sont arrêtés), se non perchè la lotta stava per pigliare porporzioni, le quali non corrispondevano più agli interessi che la Francia aveva in questa guerra formidabile.

Andate dunque superbi de'vostri lieti successi, superbi dei risultati ottenuti, superbi sopratutto di essere i figli prediletti di quella Francia che sarà sempre la gran nazione, finchè avrà un cuore per comprendere le nobili cause e uomini come voi per difender le!

Del quartiere imperiale di Valeggio, il 12 luglio 1859.

NAPOLEONE.

« Elle réunira en un seul corps les membres de la même famille.

« La Vénétie demeure, il est vrai, sous le sceptre de l'Autriche, mais ce sera une province italienne, qui fera partie de la confédération; la réunion de la Lombardie au Piémont crée de ce côté-ci des Alpes une puissance importante, qui lui devra son indépendance.

« Les gouvernements restés en dehors du mouvement ou réintégrés dans leurs domaines comprendront la nécessité de salutaires réformes.

« Une amnistie générale fera disparaître toutes les traces de désordes civils.

« L'Italie, maîtresse désormais de son sort, n'aura plus qu'à s'accuser elle-même, si elle ne marche pas progressivement dans la voie de la liberté.

« Vous, soldats, vous allez retourner prochainement en France.

« La patrie reconnaissante accueillera avec joie, les soldats qui ont élevé si haut la gloire de nos armes.

« A Montebello, Palestro, Turbigo, Magenta, Melegnano Solferino, ils ont, en deux mois, affranchi le Piémont, la Lombardie et ne se sont arrêtés, que parce que le but de cette guerre n'était pas de prendre des proportions qui ne correspondaient plus aux intérêts que la France avait dans cette guerre formidable. Partez donc fiers de vos succès, fiers des résultats obtenus.

« Fiers surtout d'être les fils privilégiés de cette France qui sera toujours la grande nation et qui aura toujours un cœur pour s'emparer des nobles causes, et des hommes comme vous pour les défendre.

« Du quartier impérial de Valeggio, le 12 juillet 1859. »

NAPOLÉON.

Ces paroles n'étaient que la confirmation des événements que nous connaissions déjà.

Si elles ne furent pas comprises par les Italiens, elles le furent par les soldats de Magenta et de Solferino. Ils s'aperçurent qu'ils venaient de verser leur sang pour un peuple ignorant la gratitude, et que le sentiment de l'indépendance et de la liberté ne poussait point aux armes.

Nos troupes, qui avaient combattu vaillamment, accueillirent, sans regrets, l'espoir du retour dans la patrie. On avait pu voir, non sans indignation, les habitants de Brescia remplacer notre drapeau par le drapeau ennemi, sur un faux bruit d'un retour offensif; puis, tournant comme des girouettes, obéir aux insinuations frappantes du colonel de Cambriels, les obligeant à coups de canne à l'arborer de nouveau.

La joie des régiments qui avaient marché à l'ennemi ne fut pas partagée par la division d'Hugues; elle regrettait de ne s'être pas trouvée, au moins une fois, à la moisson des lauriers coupés.

J'ai raconté les détails de notre entrevue avec Sa Majesté Victor-Emmanuel; je veux oublier cette journée par respect pour la royauté, ne penser qu'au brillant courage du souverain et, sans parallèle, parler de l'empereur des Français que nous allions recevoir.

Pourquoi le cacher? J'aime l'Empereur!...

Bien qu'élevé sous d'autres horizons politiques, par ma nature de soldat je m'attache à ce nom de Bonaparte, pour son côté glorieux [1].

---

[1]. La famille de Bailliencourt a payé sa dette à la France sous le premier Empire. Louis de Bailliencourt, lieutenant-colonel des carabiniers sauva le maréchal Macdonald à la bataille de Leipsik en lui faisant traverser l'Elster sur la croupe de son cheval. Il fut tué à Hanau. Son frère Charles, colonel du même régiment, se distingua à la Moskowa et reçut de la main de l'Empereur deux grades dans la même journée.

Ayant repris du service en 1823, il mourut pendant la campagne d'Espagne, enlevé jeune à la plus brillante carrière.

Il s'est imposé à l'histoire par de merveilleux triomphes.

Avide de renommée, ambitieux, présomptueux peut-être, Napoléon Ier a voulu gravir les sommets les plus élevés de la gloire. Cette pensée a été l'aiguillon persistant, impérieux qui a rendu sa vie de conquérant digne des temps héroïques.

Il a promené une armée de géants autour du monde. Nul ne peut lui refuser l'auréole du génie, le courage du lion. Comme une sorte de météore qui étonne et bouleverse, il a peut-être été le fléau de Dieu. Mais quelle épopée!...

Je trouve au moins une ressemblance entre l'oncle et le neveu : tous deux nous ont délivrés de la république, une première fois sanglante, la seconde ridicule. A défaut de la Restauration désirée jadis, mais aujourd'hui impossible, nous avons à notre tête un nom célèbre dans les fastes militaires.

Napoléon III n'a pas le physique du soldat, mais il a au suprême degré la bonté qui captive.

Cette physionomie sans regard, qui tout à coup s'éclaire, m'intéresse.

Énigme vivante, il est l'homme des chimères, poursuivant éternellement un rêve; on le pressent sans l'analyser. Tel je l'avais jugé lorsqu'il fut enfermé au fort de Ham, après la double tentative de Strasbourg et de Boulogne en 1840.

J'étais alors capitaine adjudant-major au 17me de ligne, et mon bataillon gardait le vieux donjon de la Somme, si extraordinaire par son élévation qui mesure trente-trois mètres. C'était bien la prison d'État rêvée, par son aspect renfrogné, rébarbatif. Du reste, elle n'en était pas à son coup d'essai; Louis-Philippe y avait envoyé les ministres de Charles X en 1830.

Je voyais passer sur le préau ce visage de sphinx, sans me douter des hautes destinées réservées à ce prince aventureux qui avait si ferme confiance en son étoile. Extraordinairement fataliste, il semblait avoir adopté la devise des Orientaux :

« Ce qui doit arriver arrivera. »

Très superstitieux, suivant la pente naturelle de son esprit, il avait été désagréablement impressionné par un fait bizarre, qu'il contait volontiers et qui fut, disait-il, un présage de nos échecs.

Napoléon III possédait un aigle apprivoisé, superbe d'envergure.

En débarquant à Boulogne, l'oiseau symbolique, par un caprice que sa fidélité semblait rendre impossible, s'était envolé, étonnant les populations de la plaine, par l'ampleur de ses ailes.

Il arriva jusqu'à Compiègne; un châtelain des environs l'aperçut, le tua, le fit empailler et mettre chez lui à une place d'honneur[1].

Ce ne fut que beaucoup plus tard qu'il connut la provenance de ce royal coup de fusil.

L'oisiveté est lourde, lorsqu'on porte le nom de Bonaparte. Le prince disait souvent au gouverneur que toute son ambition aurait été de servir son pays et de gagner ses grades sur le champ de bataille. Son éducation, cependant, n'avait pas été celle d'un soldat. La reine Hortense ayant perdu un enfant du croup, entourait celui-ci des soins les plus exagérés, jusqu'à faire remplir d'eau chaude les arrosoirs de son jardinet[2].

Les fleurs se fanaient, la fraîcheur leur étant inconnue; l'enfant s'étiolait et ces soins paraissaient déjà exagérés à son naïf bon sens. Deux

---

[1]. Nous avons appris depuis que le châtelain n'était autre que M. du P***.

[2]. Bien que le prince Louis ne fut pas l'aîné, cette préférence s'explique. Son frère (qui mourut de la rougeole à Forli) avait été enlevé à sa mère par l'Empereur et ne fut rendu qu'en 1815 après arrêt des tribunaux.

choses excitaient, outre mesure, sa jeune imagination et ses désirs. *Voir la France!... entendre Talma!*. . . . .

.•.

Napoléon avait de l'esprit et l'on était surpris d'entendre sortir de ses lèvres de rêveur silencieux, un mot d'un tour léger. De ses yeux ternes, le plus souvent sans lumière, jaillissait tout à coup une expression violente ou sympathique, parfois même grivoise.

Le prisonnier de Ham se plaignait de l'absence de l'élément féminin. A ce propos, il émaillait ses conversations, avec le gouverneur, de calembours, de réparties prouvant qu'il n'était nullement insensible aux péchés mignons de la galanterie.

Sa prison même lui servait de prétexte à plaisanteries. Voici en quelle occasion :

Dans la grosse tour, dite du Connétable, qui rappelle le titre du comte de Saint-Pol, son fondateur, se trouve un obscur cachot où l'on voit un énorme bloc de pierre, seul oreiller du malheureux condamné.

Un capucin, dit la légende, y aurait été enfermé

pendant des années si longues, que son oreille aurait eu le temps de s'incruster dans le granit et d'y laisser sa forme. Toujours est-il que la chose passe dans le pays à l'état de croyance populaire, la jeune fille qui aura mis son oreille sur la place de celle du moine, sera sûre de trouver dans l'année un mari à sa convenance. Une chanson picarde en fait foi ; j'en ai oublié la moitié, ne me souvenant que de ce naïf refrain :

> « Ayez figure vermeille,
> « Bonne dot et soyez certain
> « Que vous bénirez l'oreille,
> « L'oreille du capucin ».

Entre quatre murs, on ne choisit pas ses sujets. Le prince n'avait garde d'oublier cette occasion de rire et de s'informer du nombre de miracles opérés, avec mille commentaires, dont je n'ai pas pris note, on le comprendra.

Ses boutades, à ce propos, laissaient parfois son interlocuteur bouche béante et faisaient le tour de la garnison où les occasions de gaieté étaient assez rares.

Tout le monde sait que le prince Louis Bonaparte s'évada de Ham, grâce au dévouement de son trésorier M. Thélin et du D' Conneau. Ils profitèrent de quelques réparations faites à l'intérieur de la forteresse pour gagner les maçons.

L'un d'eux, nommé Badinguet, à peu près de la même taille que le prisonnier, lui céda ses vêtements. Le prince passa sous ce déguisement, portant sur son épaule des débris de planches, qui lui cachaient la moitié du visage; puis il franchit la frontière belge et s'embarqua pour l'Amérique.

Le nom de Badinguet est resté à Napoléon comme un sobriquet familier à ses ennemis; il le savait et en plaisantait. J'avais connu le vrai Badinguet dans une circonstance puérile où ses sentiments me furent révélés.

C'était un ouvrier élevé dans le fanatisme de la légende. Son père, un vieux grognard des grenadiers de la grande armée, lui avait transmis l'ardeur de ses opinions.

Dans ma modeste chambre de capitaine, des souris vinrent troubler mon repos, trottinant,... grignotant,... agaçantes. Je fis venir un maçon pour boucher les trous par lesquels s'introduisaient les importunes; on m'amena Badinguet.

Lorsque le travail fut fait :

« — Est-ce tout. » Lui dis-je? »

« — Oui, elles sont en prison, les coquines, re-

« gardez... vous devez vous y connaître, vous
« qui gardez les innocents... Môssieur... »

L'ouvrier termina sa phrase en grossissant la voix, roulant de gros yeux. Je le trouvai insolent et le mis à la porte assez rudement.

Depuis cette époque, la roue de la fortune a tourné...

L'Empereur m'a témoigné en toute occasion une bonne grâce et une amabilité parfaites. A-t-il reconnu en moi son gardien d'autrefois? Bien entendu, je n'ai jamais osé faire, à ce passé lointain, une allusion qui n'est point venue de lui, et le masque impassible de son visage m'a toujours laissé dans le doute.

* *

Les souvenirs de jeunesse ont pour tous un charme si entraînant que l'on me pardonnera de m'y être oublié.

Je reviens vite à Milan et aux préparatifs faits pour recevoir le souverain qui vient de rendre l'indépendance à la Lombardie.

Toute la population est en fête ce 14 juillet 1859. Les rues pavoisées regorgent de monde; je voudrais pouvoir donner une idée de cette foule bigarrée, bariolée, affrontant bravement les ardeurs d'un soleil de plomb.

Les femmes parées, coquettes sous *l'ombrella*, se pressent aux fenêtres, sur les balcons chargés à rompre; on me montre la ravissante duchesse L****...., son sourire vaudrait la Lombardie toute entière!...

Ce ne sont que guirlandes, bouquets, verdures, tous ces parfums semblent sortir d'un encensoir naturel.

On s'empresse jusque sous les pieds des chevaux au risque de se faire écraser. Mais le délire ne calcule rien, et c'est bien vraiment du délire que ces cris, ces bravos, ces applaudissements frénétiques. Nous marchons sur les fleurs, le sol en est jonché!...

Qui peut se défendre contre l'entraînement d'une pareille scène? Je ne puis y songer sans avoir les larmes aux yeux, car c'est l'armée française, mon drapeau que j'aime comme une patrie, que l'on glorifie ainsi!...

Bien fou pourtant celui qui se fierait à l'ivresse enthousiaste des peuples, pas plus d'un côté que de l'autre des Alpes.

La division d'Hugues reçoit l'ordre de s'échelonner faisant la haie sur le passage de l'Empereur.

Le 12ᵐᵉ bataillon est établi à la gare du chemin de fer de Brescia, porte orientale, où le 13ᵐᵉ de ligne étend ses colonnes; enfin la gauche de la division est au palais royal.

Sa Majesté arrive exactement à cinq heures.

La tenue de Napoléon, ses traits brunis par un soleil brûlant, témoignent des fatigues de la campagne. Pourtant sa santé est excellente, et de tous les personnages qui l'entourent, il paraît le moins éprouvé.

L'Empereur est accompagné du roi Victor-Emmanuel qui l'attendait à la gare du chemin de fer suivi de vingt voitures, escorté des généraux de Béville, Borgella et moi.

Il me serait difficile de peindre l'enthousiasme saisissant, indescriptible excité par la personnalité sympathique de Napoléon[1].

Les acclamations retentissent bruyantes, au

---

1. C'était la seconde fois que l'Empereur entrait à Milan. Une spirituelle lettre inédite du maréchal Regnaud de Saint-Jean-d'Angely nous laissera deviner ce que fut la première réception : « Pobiena, 7 juin 1859. »

« J'ai quitté ce matin notre champ de bataille de Magenta pour porter mon quartier général à Pobiena à trois kilomètres de Milan, je suis établi dans une grosse ferme. L'Empereur, à dix minutes de moi, dans un grand château qui m'était destiné d'abord, mais il a eu la préférence, et je ne l'ai pas trouvé mauvais. Les femmes, si grande qu'en soit point de faire cabrer le cheval arabe que monte l'Empereur. Celui qui en est l'objet paraît calme, et je me plais à retrouver sur sa physionomie une sorte de cachet poétique qui lui est propre.

J'ai une confiance qui s'obstine, et pourtant je suis inquiet,... je voudrais des déclarations fermes et claires, moins d'emphase dans les promesses, jamais d'ambiguïté; plus de précision, et surtout l'oubli absolu des souvenirs du passé qui ne peuvent qu'entraver les résolutions généreuses, les aspirations élevées.

L'Empereur descendit au palais royal et oc-

leur consommation, n'ont pas le monopole exclusif de la coquetterie, il en reste un peu pour le soldat, et l'Empereur a trouvé que par cette excessive chaleur et cette poussière, indicible, des régiments seraient trop peu à leur avantage, s'ils entraient à Milan après six heures de marche. Demain, le bouquet sur l'oreille, frais comme des roses-pompons, nous ferons notre entrée ayant Sa Majesté à notre tête.

« En arrivant ici ce matin, j'ai détaché Haillot à Milan pour y préparer mon installation; il y a couru un véritable danger, il a failli être écharpé, taillé en lanières; toutes les femmes en voulaient un morceau!... Les unes le tiraient par l'habit, les autres par les aiguillettes qui ne se sont pas dénouées, Dieu merci; d'autres l'asphyxiaient sous un déluge de fleurs, enfin, ce n'est pas sans peine, ni péril qu'il a échappé à cette ovation. Je veux le ramener en France avec un bout de ruban rouge à la boutonnière; je veux que tout ce qui m'entoure, se ressente un peu de la faveur que l'Empereur m'a accordée. »

cupa ces somptueux appartements décorés avec le luxe italien que l'Autriche savait si bien exploiter. Sa Majesté reçut immédiatement les généraux qui venaient de former son escorte. S'adressant au plus ancien, elle exprima le regret de nous avoir appelés aussi tard, nous promettant de penser à nous, à la première campagne.

Nous crûmes démêler dans cette physionomie, toujours si maîtresse d'elle-même, une pensée secrète qui peut se traduire ainsi :

« Ceux qui m'ont arrêté au milieu de mes victoires auront un jour à compter avec moi. »

Nous exprimâmes à l'Empereur notre admiration pour ses triomphes. Il nous répondit avec un accent de tristesse profonde :

« Mais que de pertes!... que de sang répandu! »

Je le répète, Napoléon est foncièrement bon, trop même, en certaines circonstances.

Je l'ai vu à l'œuvre, souvent obligeant des ingrats, donnant à profusion, payant les dettes de ceux qui savaient l'attendrir, circonvenir sa pitié, encourageant ainsi des défaillances morales qui m'ont toujours choqué.

Il est si facile de payer ses folies en économisant sur certains traitements.

Passons!... Il me suffit de constater que l'Empereur est doué en tout d'une grande sensibilité ; toujours maître de soi ; il est difficile de deviner cette nature concentrée chez laquelle les sentiments sont d'autant plus vifs qu'ils sont moins exprimés. En tout, Napoléon a l'âme douce et sans angles, beaucoup de vague dans l'esprit ; sans être perfide, il est dissimulé, comme tous les hommes ayant passé leur jeunesse dans les complots ; mais la dissimulation est pour lui plutôt une nécessité de la situation qu'une forme du caractère.

L'effusion du sang, les tableaux de bataille, dans lesquels l'Empereur fut constamment en scène comme acteur ou spectateur, lui étaient souvent pénibles : A Solferino, le cheval du docteur Larrey fut grièvement blessé ; il perdait beaucoup de sang, souffrait visiblement. Sa Majesté voulut qu'on éloignât de ses yeux ce spectacle douloureux.

Je tiens ces détails et l'appréciation qui précède, du baron Larrey lui-même ; je l'avais rencontré à Rome, ensuite à Valence, lors du passage de l'Empereur. Puis enfin, le 14 juillet, je fus heureux de revoir cet homme de cœur et de science, héritier d'un nom qui a conquis son illustration si noblement.

Avant la soirée, j'avais longuement causé avec le commandant Ragon, un des héros de Malakoff, aujourd'hui aide de camp du prince Napoléon. Le 5me corps, qu'on avait nommé « la cinquième roue du char de la victoire, » n'avait pas été appelé à l'honneur de combattre.

Dans cette conversation, allant du plaisant au sévère, M. Ragon me conta, avec infiniment d'esprit, les désastres de quelques hauts estomacs militaires, dont le sybaritisme ne s'accommodait point de la cuisine de la Toscane et des duchés de Parme et de Modène.

Il me donna des détails intéressants sur sa course à Vérone où il accompagnait le cousin de l'Empereur, portant la ratification des préliminaires de la paix de Villafranca.

Vérone, connue surtout par son magnifique amphithéâtre, le mieux conservé de tous ceux qui existent en ce genre, possède des fortifications considérables. La ville eût été très difficile à enlever sans un siège long et meurtrier.

Formant un des angles du fameux quadrilatère, elle n'était pas la seule place à investir.

Cette raison, comme beaucoup d'autres[1], con-

---

[1]. Du côté de l'empereur d'Autriche, les raisons qui vinrent se joindre à la question d'humanité, furent les suivantes :

tribua à déterminer la signature du traité, qui valut tant d'injures à Napoléon, de la part de ceux qu'il venait de protéger.

Étrange inconséquence des cœurs !...

L'Angleterre, dont la politique avait été jusque-là autrichienne, se retournait vers le soleil levant de l'indépendance italienne qui devenait aussitôt l'objet de ses affections.

Nos voisins d'Outre-Manche, essentiellement pratiques, dans cette nouvelle orientation, acceptaient surtout dans les idées révolutionnaires ce qui convenait au fanatisme protestant.

Nous autres Français catholiques qui venions de faire cette nation italienne, grande et forte, on nous vouait à la haine; nous étions désormais certains de ne jamais trouver d'auxiliaires dans ces voisins inconstants.

Du reste, le mouvement du 5me corps dans les duchés, aurait dû faire prévoir ce qu'il en était du patriotisme italien : les 100,000 hommes promis aux cadres ne s'étaient point engagés... Pourtant on eut été en droit d'attendre ce ren-

---

Jonction de l'armée française : 1º avec les 30,000 hommes du prince Napoléeon; 2ᵉ avec les 20,000 du général Cialdini; 3º avec 9,000 hommes de la division d'Hugues, qui était annoncée. (Papiers inédits du maréchal Regnaud de Saint-Jean-d'Angely.)

fort, poids réel dans la balance, surtout au point de vue de l'effet moral.

La Toscane, Parme, Modène devaient fournir une armée pour applaudir l'Empereur aux rives du Mincio et, par cette manifestation triomphale, prouver leur adhésion aux principes d'indépendance que le Piémont avait soutenus dans cette guerre; 10,000 hommes, recrutés à grande peine, représentaient un chiffre dérisoire pour témoigner de l'ardeur patriotique du peuple.

Sept années de séjour à Rome et une longue étude du caractère italien m'avaient autorisé à préjuger ce que serait cette guerre. Je tiens pour une peinture exacte de la situation, cette phrase écrite avant l'entrée en campagne à Napoléon III par le duc de Gramont.

« — Que Votre Majesté veuille ne pas oublier,
« que les Italiens ne pardonneront jamais à l'Em-
« pereur de les obliger à se battre. »

« — Ils veulent bien de la liberté, mais au prix
« du sang et de l'argent des autres, » ajoutait un autre diplomate.

Cette pensée était partagée par le prince de la Tour-d'Auvergne, ministre à Turin; le prince, jugeant sainement les choses et voyant l'élément révolutionnaire prédominer dans ce choc formidable, a lutté plusieurs années contre le projet de la guerre.

Le 16 juillet suivant, l'ambassadeur me donna plus de détails encore sur ses appréhensions; j'y reviendrai en temps utile.

Un fait, qui me fut conté ce même jour, montrera comment se comprennent en Italie les lois de l'hospitalité.

Les prairies de la Lombardie sont entremêlées de rizières; des canaux habilement creusés amènent l'eau, entretenant la fraîcheur, produisant ainsi les magnifiques récoltes qui sont la grande richesse de ce pays [1].

Nos troupes, sans méfiance, établissaient parfois le campement autour de ces cours d'eau et s'éveillaient, au milieu de la nuit, leurs bagages submergés, eux-mêmes baignés dans une inondation inattendue.

On porta plainte; les paysans lombards répondirent avec force soupirs, exclamations de pitié; levant les bras au ciel :

« — *È un caso* [2]!... » s'écriaient-ils.

---

[1]. Dans certains endroits, on fait jusqu'à sept coupes de foin. Le service des irrigations est admirablement organisé.
[2]. « C'est un accident. »

La chose se renouvelant, on fit établir une active surveillance.

Cette méchante plaisanterie était due aux municipalités.

Pris sur le fait, convaincus, les bons Lombards durent renoncer à cet étalage hypocrite de commisération.

Eux-mêmes avaient levé sciemment les écluses.

CHAPITRE IV

Banquet des souverains. — Le marquis de Lajatico et la révolution de Florence. — Andryane, son passé, sa situation. — Froide réception qu'il reçoit de l'Empereur. — Souvenirs du maréchal de Castellane, sa carrière, son caractère, comment il gouvernait la ville de Lyon. — Anecdotes. — Illuminations de Milan. — Le palais Gonfalonieri. — Un martyr du patriotisme. — Rencontre imprévue, changement de direction. — Ordre de départ. — Un mystérieux portrait.

Dans l'admirable et somptueuse galerie du palais royal de Milan, cadre merveilleux qui eût absorbé toute mon attention (si elle n'eût été attirée ailleurs par une étude de mœurs fort intéressante), une table de cent couverts était dressée.

Placé presque en face de Sa Majesté l'Empereur, je ne perdais pas un mouvement des principaux acteurs du grand drame qui venait de se jouer. Napoléon III avait à sa droite le roi Victor-Emmanuel, à sa gauche le prince Jérôme Napoléon, son cousin.

Je pus donc à loisir, pendant le dîner, qui se

passa comme tous ceux de ce genre, étudier les impressions diverses et certainement contraires des deux souverains.

L'Empereur paraissait visiblement préoccupé. Le roi toujours expansif, pétulant, regrettait hautement les deux années de campagne qui lui avaient été promises. Pour lui, la guerre est un goût personnel au même titre que la chasse; il oublie volontiers le point de vue du monarque qui doit regarder plus haut et plus loin en mesurant les conséquences!

Sur les lèvres du prince Napoléon, un léger sourire ironique errait... Paix ou guerre, que lui importe! ne fait-on pas les affaires de la révolution.

A cette même table se trouvait le marquis de Lajatico, des princes Corsini, frère de l'ancien ministre du grand-duc de Toscane, rencontré jadis à Rome et qui avait été plein d'amabilité pour moi.

Certes, les deux frères ne se ressemblaient pas. Celui que je voyais pour la première fois, après avoir accepté de former un ministère libéral, resta au-dessous de sa tâche et, dès le début des affaires d'Italie, signifia au grand-duc qu'il devait se résoudre à abdiquer.

Ce personnage laissait voir clairement qu'il appartenait au clan des mécontents. Son air morose ne l'embellissait pas; sa position pourrait devenir fort délicate vis-à-vis du souverain dont il a été le ministre et qu'il a contribué à précipiter du trône où son aîné, le prince Corsini, l'avait si longtemps soutenu de son dévouement.

Je me fis un malin plaisir de demander au marquis des nouvelles de son frère. Il me répondit d'une façon très brève qu'il était à Londres. J'insistai, au grand désespoir de mon interlocuteur. Je savais déjà que les frères ne suivaient pas la même voie politique, j'en eus ainsi une nouvelle preuve.

Je regrettai moins encore mon indiscrète ténacité, en apprenant peu de jours après que le marquis de Lajatico, non content de s'entendre avec l'envoyé sarde pour précipiter la chute du grand-duc, n'avait même pas montré à son ancien maître les égards dus à sa situation et à son rang. Cette triste conduite avait provoqué entre eux une altercation fort vive, à la suite de laquelle, le prince avait pris le chemin de l'Angleterre pour se soustraire aux responsabilités du moment.

Le gouverneur Vigliani, représentant du roi

Victor-Emmanuel à Milan, était au nombre des convives. C'est un homme encore jeune. Tout dans sa physionomie accuse l'intelligence et la capacité.

Le sculpteur Clésinger mêlait les questions d'art aux causeries politiques... heureux intermède ! Il arrivait de Rome et venait offrir à l'Empereur quelques-unes de ses plus belles œuvres. Cet artiste, dont la réputation est si méritée, a un autre genre de notoriété... il est le gendre de George Sand.

Ce fut lui qui m'annonça le changement du général de Goyon, remplacé, disait-il, par le général Forey[1]. Je ne crus pas à cette nouvelle ; le vigoureux soldat de Montebello n'est pas, malgré son réel mérite, l'officier général qui conviendrait à Rome, où le comte de Goyon vient de remplir avec bonheur une mission importante et délicate. Je sais, en outre, que l'Empereur, poussé par un sentiment de reconnaissance envers le chef de l'armée d'occupation, lui a envoyé deux de ses aides de camp, le commandant de la Tour-d'Auvergne et le lieutenant-colonel de Menneval, porteurs de ses félicitations.

---

1. Voir aux pièces justificatives la lettre du maréchal Regnaud de Saint-Jean-d'Angely sur le combat de Montebello. Note F.

J'ai hasardé une question indiscrète auprès du général Fleury, qui n'ignore rien des secrets des dieux. Sa réponse, tournée de façon à me laisser croire possible cette nouvelle extraordinaire, n'a cependant pas dissipé mes doutes.

Ce fut le maréchal Vaillant qui donna le signal de la retraite; il avait été pour nous ce soir-là d'une amabilité d'autant plus remarquable que nous y étions moins accoutumés. C'était par excellence le type du bourru bienfaisant. A Paris, même dans les plus grandes réceptions, il était accompagné d'un énorme chien qui, couché à côté de son maître, ne le quittait ni jour ni nuit et faisait, d'un air rébarbatif, les honneurs de son salon.

Était-ce regret de son inséparable compagnon, ou toute autre cause, mais les traits du maréchal accusaient à Milan une véritable lassitude; il se plaignait beaucoup des fatigues de la campagne qui, disait-il, n'étaient plus de son âge.

M. Andryane, l'ami de Silvio Pellico, vint le soir présenter ses hommages à Leurs Majestés. Je l'avais rencontré plusieurs fois dans la société du général de Béville; il avait cherché à nous faire entendre qu'il avait à Milan et dans toute la Lombardie les pouvoirs d'un commissaire très écouté de l'Empereur.

Dans sa jeunesse, Andryane, d'origine française, avait été reçu carbonaro par le vieux Michel-Ange Buonaretti. Compromis dans les sociétés secrètes d'Italie et reconnu ennemi déclaré de l'Autriche, il fut condamné à mort en 1824, gracié par « *summa clemencia di Sua Maestà* », il fut toutefois envoyé au Spielberg pour y subir la détention perpétuelle. Sa sœur fit preuve, pour le tirer de la redoutable forteresse, d'un dévouement sans bornes. Très hâbleur, il racontait sur sa détention des épisodes qui n'étaient pas à la gloire de l'Autriche, mais qu'il était difficile de contrôler.

Par un de ces retours fréquents dans la vie politique d'un homme actif et intelligent, Andryane aurait pu obtenir une situation considérable... Il cherchait à le faire croire.

L'incident vint nous prouver qu'il était loin d'avoir la confiance de l'Empereur, qui affecta de ne pas le reconnaître, lorsqu'il l'aperçut dans l'angle d'une fenêtre, soulignant, par sa raideur, cette attitude voulue.

J'appris dans la suite le motif de cette réception plus que froide. M. Andryane avait été, en effet, nommé à l'important emploi de commissaire général des provinces lombardes. Des appointements généreux étaient attachés à cette place. Sans se rendre un compte bien exact de la politique et des intentions du souverain, il parlait trop, promettait encore davantage : c'était un homme à double face. Aux partisans du Piémont, il disait que la Lombardie serait cédée, qu'il en faisait son affaire; à la noblesse, il tenait un autre langage, affirmant que Napoléon conservait cette province pour en faire un État indépendant sous la protection de la France. Ce rôle de roué déplut à Sa Majesté, qui ne voulut plus entendre parler du commissaire général, et finalement lui tourna le dos.

L'Empereur, s'adressant directement à nous, s'informa, avec un grand intérêt, des nouvelles de M. le maréchal de Castellane, nous citant plusieurs passages de l'admirable lettre qu'il en avait reçue, pour lui demander de marcher avec n'importe quel commandement.

*
* *

Qu'il me soit permis d'esquisser ici ce type de grand seigneur et de vaillant soldat, dont la physionomie intéressante et originale mériterait mieux qu'une étude de surface [1].

Juste autant que sévère, mais inflexible devant la consigne, ne laissant rien à l'aventure, absorbant dans la sienne la volonté des autres, tout en s'occupant des moindres détails, il était né chef avec les qualités de sa grande race.

Remarquablement énergique, il avait rétabli l'ordre à Rouen en 1848.

La population lyonnaise, assez turbulente en général, savait à qui elle aurait affaire, et jamais la moindre révolte ne vint sous son autorité troubler la paix de la grande cité manufacturière. La crainte est le dernier mot de la sagesse !

Toutefois, la sévérité du maréchal était tempérée par une extrême impartialité. Accessible à tous, il manifestait pour la santé de ceux qui étaient sous ses ordres, une préoccupation vraiment touchante et dont j'ai eu mille preuves.

---

1. Né en 1788, le comte de Castellane parcourut tous les grades subalternes de 1804 à 1815. C'est donc à quinze ans qu'il commença sa vie de soldat suivant les étapes resplendissantes des campagnes de Napoléon Ier, alors que la France était à l'apogée de ses victoires.

En 1823, il fit comme maréchal de camp la campagne d'Espagne, et prit part ensuite au siège d'Anvers, où il se fit remarquer. Enfin, la dignité de maréchal de France fut le couronnement de cette magnifique carrière.

Il y a peu d'officiers, et surtout de soldats, qui n'aient reçu des marques de sa bienveillance.

Sa vie était extrêmement active; toujours au galop sur son cheval blanc resté légendaire, il traversait en tous sens les rues de la ville, voulant tout surveiller, tout voir de ses propres yeux.

Quoiqu'il soit d'une taille élevée, le maréchal est très voûté; ses adversaires se plaisent à exagérer en caricatures ou chansons cette défectuosité, mais il est le premier à en rire. Il a fait ses preuves de bravoure et pourrait répondre comme un illustre général aux ennemis de la France : « Bossu, qu'en savent-ils, je ne leur ai jamais tourné le dos. »

Malgré sa sévérité redoutée, il était loin d'être impopulaire, une grande générosité lui étant naturelle [1]; peut-être rentrait-elle dans son système

---

[1]. La foule se pressait pour le voir passer, lorsqu'il se promenait à pied sur la place Bellecour; une bande de gamins suivait l'escorte espérant avoir part aux largesses, et ne se trompait pas, car les vastes poches de Son Excellence étaient pleines de friandises qu'il distribuait à larges poignées.

Tous les dimanches, il allait à la messe de neuf heures à l'église de Saint-François de Sales; un fauteuil l'attendait dans le chœur; il franchissait à pied, sans escorte, la faible distance qui en séparait son hôtel, passant au plus court, de gouvernement humain, et n'était-elle qu'une conséquence de l'axiome qu'il avait sans cesse à la bouche.

« Il faut prendre, » disait-il, « les femmes par « la douceur, les hommes par le sentiment de « l'honneur, les enfants par l'émulation et les « dragées, les imbéciles par la vanité et les bru- « tes par la crainte. »

Il avait du reste le mot incisif et railleur, une pointe spirituelle sortait vive et acérée d'une phrase très courte, déroutant les importuns ou les flatteurs.

Sur un seul article, celui de la tenue, le maréchal était inflexible; il estimait qu'un militaire doit se distinguer toute sa vie aussi bien par le costume que par le cœur.

Jamais il ne quittait l'uniforme, donnant ainsi l'exemple d'une consigne sur laquelle il ne transigeait pas.

Le gouverneur de Lyon arrivait toujours à l'improviste au camp de Sathonay où les régiments passaient six mois tour à tour.

Tout à coup on entendait l'appel des tambours,

par les petites ruelles, au milieu d'une nuée de mendiants faisant la haie, une vraie cour des miracles dont sa générosité l'avait fait roi.

des clairons ; vite nous accourions, n'ayant pas le loisir de rectifier le moindre accroc dans la correction de la tenue.

Un jour, me promenant dans la campagne, une badine à la main, décapitant bleuets et coquelicots comme un simple rural, je vis arriver le grand coupé du maréchal. Aimablement il fit arrêter, en m'apercevant, me priant de monter avec lui. Je m'approche ; mais soudain sa figure change, son regard perçant fait le tour de ma personne, puis me fixant d'un œil sévère :

« Général, » me dit-il, « vous ne pouvez monter, vous avez oublié votre ceinture d'ordonnance ; » et du doigt tendu il désignait l'humble ceinturon de cuir qui retenait mon épée.

Le cas n'était pas bien grave ; aussi, réprimant soigneusement un léger sourire :

— « Monsieur le maréchal, » répondis-je, « je
« vous fais toutes mes excuses ; je vais m'em-
« presser de réparer cet oubli, espérant qu'au re-
« bours du proverbe je ne perdrai pas pour cela,
« près de vous, ma bonne renommée. »

Et comme un gamin, pris en faute, je m'esquivai au plus vite pour revêtir la maudite ceinture et rejoindre mon chef.

Moins heureux fut un capitaine dont l'aventure

faillit tourner au tragique et amener la perte d'une intéressante famille.

Le gouverneur, arrivant au camp dans le même équipage, aperçoit, en pleine campagne, un officier courant à perdre haleine à travers champs et guérets, le képi en arrière, franchissant haies et clôtures sans s'inquiéter d'une longue houppelande, de celles qu'on porte au coin du feu, et qui gonflait au vent d'une façon fort grotesque. Le maréchal devient blême de colère à ce spectacle inattendu, il ordonne que l'officier lui soit amené mort ou vif.

L'ordre est exécuté heureusement dans sa seconde partie et le capitaine rouge, essoufflé, débraillé, comparaît devant son terrible juge.

La fureur du maréchal ne laisse pas le loisir d'une explication, les invectives tombent comme grêle et le pauvre diable ahuri, affolé, perdant tout sang-froid, ne trouve comme réponse qu'un mot qui, fatalement, devait le mener en conseil de guerre.

L'événement connu, jette la consternation dans le camp; le code militaire est inflexible; c'est le déshonneur, la ruine pour un vieux soldat et pour tous les siens.

Il faut tenter une démarche immédiate. La

commission est ingrate; je me dévoue et j'aborde l'inexorable maréchal.

Je raconte les états de services du coupable, ses campagnes, ses blessures, sa situation intéressante, celle de sa nombreuse famille; il me laisse aller, écoutant froidement, pas un mot ne sort de ses lèvres serrées. Ma gorge se sèche, mais il faut raconter les causes de l'incident.

Le malheureux a une fille qu'il adore; l'enfant chétive, maladive, a pour unique jouet, unique distraction un oiseau qu'elle entoure de ses soins, de son affection. L'oiseau s'est échappé, l'officier s'est précipité à sa poursuite sans réfléchir à son étrange costume; le maréchal est survenu, et un vieux serviteur de la patrie va voir briser sa carrière parce qu'il a été bon père...

J'attends anxieux, le maréchal se promène toujours nerveusement sans paraître me voir. Tout à coup, il s'arrête devant moi d'un air terrible et d'une voix sèche : « Général, crie-t-il, vous porterez au capitaine X***, quinze jours d'arrêts de rigueur. »

C'était le salut : « Mais, Monsieur le Maréchal, « le motif de la punition? »

— « Ah! au fait, eh bien, général, vous mettrez... pour... *chasse en temps prohibé,* mais que le camp ignore cette aventure... allez. »

Au civil, le maréchal fut le même. Son apparence effrayante était un moyen de gouverner. Certes il eût tiré, sans pitié, sur de vrais émeutiers, mais il préférait intimider pour n'avoir pas à sévir[1].

Le maréchal de Castellane recevait chaque semaine, donnant des fêtes qui se terminaient invariablement à minuit; sourd aux sollicitations de la jeunesse, qui n'avait pas les goûts de Cendrillon, il n'accorda jamais le quart d'heure de grâce. Lorsque l'horloge sonnait les douze coups impitoyables, l'orchestre se taisait, les lustres

---

1. La lettre que le maréchal m'écrivait au moment du coup d'État, sera la preuve de ses sentiments de justice, de dévouement et d'humanité.

« Lyon, 17 décembre 1852.

« J'ai reçu, mon cher colonel, la lettre que vous m'avez fait l'honneur de m'écrire............. Je vous remercie des choses aimables que vous voulez bien me dire........

« Le président de la République m'avait appelé au commandement en chef de l'armée de Paris. Bien que cette offre eût pour moi des avantages personnels, j'ai cru devoir refuser dans la pensée que je rendrais plus de services à Lyon; aujourd'hui, je m'applaudis de ma résolution; car c'est un beau résultat que d'avoir vaincu sans combattre. C'est la première fois qu'il y a des troubles en France, sans que Lyon y ait pris part. Le calme règne dans tout mon gouvernement............. »
                                   CASTELLANE.

s'éteignaient; un salut circulaire dispersait les invités comme une volée de passereaux effarouchés.

Cependant il aimait la société; aimable surtout pour les jeunes filles qu'il comblait de gâteries. Parfois, il avait l'air d'un homme cherchant à se reposer d'un militarisme poussé à outrance.

Le soir, il nous lisait des fragments fort intéressants de son journal; j'aime à croire qu'il sera publié quelque jour. Souvent, au cours de cette lecture, sa pensée semblait passer par-dessus le livre et quelque réflexion philosophique venait, après un silence, couper le récit d'aventures qui n'étaient pas uniquement épiques, la galanterie n'ayant pas perdu ses droits.

L'au-delà le préoccupait sans l'effrayer, et cette maxime sortait souvent de ses lèvres dédaigneusement plissées : « La vie n'est qu'une halte entre deux mystères[1]. » . . . .
. . . .

---

[1]. Il avait d'ailleurs voulu préparer de son vivant cette dernière étape. Son tombeau fut édifié sous sa surveillance, aux flancs de la colline où court une route en lacets conduisant au camp de Sathonay. La place funèbre est admirablement choisie, surplombant la Saône, l'île Barbe et Lyon dans le lointain.

Le maréchal repose, en effet, dans ce tombeau sur lequel on a gravé ces quatre mots : « Ci-gît un soldat. »

Plusieurs fois, au cours de ma carrière, j'ai eu l'honneur de servir sous les ordres de Monsieur le maréchal de Castellane; c'est donc en toute connaissance que je lui ai voué une affectueuse et respectueuse estime.

Il avait eu l'espoir déçu d'être appelé à conduire en Italie son corps d'armée, si bien préparé de longue main.

C'était un grand caractère, une personnalité très soulignée, devant laquelle on me permettra de ne pas passer sans m'incliner.

∴

Avant de quitter la salle du palais royal de Milan, l'Empereur nous demanda notre opinion sur la conduite des hommes rentrant des congés renouvelables; nous en avions été assez satisfaits. Tel n'était pas l'avis de Sa Majesté, qui conclut de façon à me laisser supposer que ce mode de recrutement allait être changé.

Nous sortîmes vers huit heures et demie. La ville était splendide; les maisons illuminées, des milliers de lanternes multicolores agitées par la brise, produisaient le plus magique effet.

La cité semblait en feu; çà et là quelques fantastiques ombres faisaient ressortir plus encore la beauté du spectacle. Nous passons devant le palais Belgiojoso étincelant de feux coloriés et le plus éblouissant entre tous. Les spectateurs deviennent eux-mêmes la partie intéressante de cette mise en scène inoubliable. La joie de ce peuple soumis hier au despotisme est indicible; une foule curieuse, énorme, encombre la place par laquelle nous passons; il y a des mouvements d'oscillations. On s'empresse autour de nous; impossible de se frayer un chemin au milieu des groupes animés; les enfants s'attachent aux pans de nos tuniques, les femmes se cramponnent à nos bras, baisent nos mains, tandis que les hommes veulent nous porter en triomphe. Pour ce peuple exalté, les vainqueurs de Magenta et de Solferino sont bien les véritables libérateurs de la Lombardie.

La reconnaissance, ce sentiment mobile comme tous ceux qui traversent le cœur humain, n'est pas encore effacé.

Notre émotion est grande. J'y participe sans contrainte, et pourtant je ne me fais nulle illusion sur la constance de cette exaltation si ardemment exprimée. L'homme est ainsi fait, c'est un perpétuel flotteur, qui se laissera toujours emporter au gré d'un courant sympathique.

Jamais je n'ai mieux apprécié les beautés d'une nuit italienne; cet air chaud et parfumé nous grisait comme les acclamations.

Déjà, le 7 juin, les Milanais avaient fait une ovation magnifique au maréchal de Mac-Mahon et au général Lebrun : ce fut un vrai délire.

Les autorités locales firent enlever les chaînes de fer enserrant la voûte de l'arc de triomphe, voulant ainsi inaugurer ce passage jusque-là interdit à tous, par une ordonnance strictement observée.

D'ailleurs, ce monument grandiose sur lequel plane l'aigle impériale n'a-t-il pas été élevé en l'honneur de l'armée française lorsque Napoléon Ier constituait le royaume d'Italie dont Milan devenait la capitale?

Pour ma part, je souhaite à la Lombardie tout le bonheur qui peut être son partage[1]. Dieu lui a donné déjà les biens les plus précieux : un ciel bleu, un sol fécond, pays d'exception où l'on

---

1. Il est juste de remarquer que les Lombards ont cherché à témoigner en toute occasion leur reconnaissance aux soldats de Magenta et de Solférino; mais l'attitude d'une province peut-elle faire oublier celle du reste de l'Italie, caractérisée tout récemment encore par la visite à Metz du prince de Naples.

moissonne les fleurs, les lauriers, l'enthousiasme, l'amour, pour le soldat, hélas! sans lendemain!

..

Passant, lorsque je rentrai chez moi, devant le palais Trivulce où habitait le brave général Douai, blessé au pied à Solferino, j'eus un moment l'idée d'entrer pour le voir. Puis réfléchissant que je pourrais le déranger à cette heure tardive, je me décidai à poursuivre ma route jusqu'au palais Gonfalonieri que j'habite, avec les généraux d'Hugues et Suau, depuis mon arrivée à Milan.

Ce palais magnifique appartient au comte Gonfalonieri, parent de celui du même nom, qui demeura si longtemps dans les cachots de l'Autriche, compagnon d'infortune d'Andryane et du célèbre Silvio Pellico.

Son histoire me fut racontée. Enlevé presque mourant par la police autrichienne, on lui fit faire une halte à Vienne.

Il crut tout d'abord que c'était par commisération pour son état de santé que ce repos lui était accordé, après la commutation de la condamnation à mort prononcée contre lui et ses collègues en conspiration. Il se trompait.

Le prince de Metternich, alors chancelier de l'Empire, voulait obtenir le nom de tous les agitateurs, désirant par un coup double habile étouffer les complots présents et à venir, en y compromettant le nom du prince de Carignan, devenu plus tard Charles-Albert[1].

Le comte déjoua ces plans, en se bornant à répondre : « J'accepte mon sort et ne me plains de « personne. Je n'ai pour complices que ceux qui « désirent la liberté de leur patrie. L'Empereur « avait le droit de prendre ma vie. Je suis pro- « fondément touché de sa clémence, mais je n'ai « rien de plus à ajouter. »

Il dut prendre le chemin de la terrible citadelle du Spielberg, qui commande la ville de Brünn, laissant une femme adorée, la comtesse Theresa, qu'il ne devait jamais revoir. En effet, celle-ci ne cessa de joindre ses efforts à ceux de la sœur d'Andryane pour obtenir l'élargissement des prisonniers.

Mais lorsqu'après douze années d'une cruelle détention, le comte fut enfin rendu à la liberté,

1. Dans la vie de Charles-Albert, par M. le marquis Costa de Beauregard, cette histoire est mentionnée.

la comtesse Theresa venait de mourir, et lui-même était réduit à l'état de débile vieillard. Il végéta quelques années encore, et la ville de Milan toute entière se pressa aux obsèques de cette victime d'un patriotisme qui force toujours le respect.

Le comte actuel, plus réservé dans l'expression de ses sympathies, a vécu en fort bons termes avec les dominateurs du pays.

Il avait quitté Milan dès le début de la guerre, je fus donc privé du plaisir de faire sa connaissance; mais le palais était habité par son fils et sa belle-fille, qui nous firent avec une grâce parfaite les honneurs de cette somptueuse demeure.

La jeune comtesse, extrêmement vive, animée, spirituelle et gaie, parlait avec une franchise, qui ne laissait nullement dans l'ombre des sentiments fort éclectiques en politique. Elle paraissait assez indifférente à son nouveau roi, mais elle avait voué, prétendait-elle, une admiration sans bornes et un vrai culte à l'empereur Napoléon; ce qui ne l'empêchait pas d'être très sympathique à la personne et au loyal caractère de François-Joseph. Heureux mélange!

Je fus bien inspiré de rentrer au palais Gonfalonieri alors que tous les Milanais étaient encore dans la rue, ce jeudi soir 14 juillet. Mon étonnement fut grand en trouvant installé à mon bureau le général de Béville, aide de camp de l'Empereur, et le capitaine Darguesse attaché à la personne de Sa Majesté.

« — Qu'y a-t-il donc de nouveau, mon général ? » fut ma première parole.

« — Une minute, s'il vous plaît, mon ami; je
« comprends votre étonnement; mais je rédige
« un ordre qui vous concerne et suis ensuite tout
« à vous. »

J'attendis l'explication, fort intrigué.

Bientôt j'appris qu'une dépêche de Turin était arrivée dans la soirée, annonçant que l'esprit turbulent de la population se montrait hostile à l'Empereur. Des manifestations indignes avaient eu lieu... Les portraits de Sa Majesté avaient été arrachés par la foule qui leur avait substitué ceux de Mazzini, d'Orsini, etc...

Fragilité des cœurs humains! Je ne pouvais m'empêcher, en écoutant ce récit, de faire un retour sur le délire enthousiaste de cette autre population qui venait de nous acclamer.

J'en fis la réflexion à mon interlocuteur ; il me répondit avec plus de désintéressement et d'illusion que je n'en pouvais conserver :

« Soyons généreux, oublions ; peut-être ne
« sont-ce après tout que quelques trahisons su-
« balternes. »

Toujours est-il, que Napoléon III, informé de ce détail, donna lui-même au général de Béville l'ordre de faire partir ma brigade pour Turin, afin de protéger son passage.

Mes régiments, prévenus, durent faire à la hâte leurs préparatifs de départ, pour se conformer aux instructions qui s'écrivaient sous mes yeux.

⁂

Lorsque tout se trouva prêt et qu'il ne me resta plus qu'à quitter ce palais hospitalier, je voulus jeter un dernier regard sur un tableau superbe qui ornait un des panneaux de ma chambre et avait, dès la première minute, captivé mon attention.

C'était le portrait en pied, grandeur naturelle, d'une jeune et adorable femme, dont le costume de cour indiquait clairement qu'elle avait dû vivre au temps du roi Louis XIII.

Dans un angle, je déchiffrai l'inscription suivante : « Madeleine Bilia, femme de Charles de Longueval, des comtes de Bucquoy. »

Or, il me revint à la mémoire, que les vieilles chartes de famille attribuaient, avant le quatorzième siècle, à mes ancêtres, le titre de seigneurs de Bucquoy. Étrange coïncidence...

Par quel hasard un homme du Nord, un parent peut-être, poussé par la victoire, ou par l'amour, par les deux mêmes, était-il venu du fond des Flandres tenter la conquête de la charmante Madeleine Bilia?

L'homme sait-il jamais où sa fortune et sa destinée le conduisent.

Un courant de rapide sympathie s'était vite établi avec la dame du portrait. Je m'aperçus que j'étais triste à la pensée de quitter ces yeux si purs et si doux, qui m'avaient tenu compagnie pendant les trop courtes heures de mon séjour, et semblaient maintenant me regarder avec un intérêt attendri.

Dût-on trouver ridicule et un peu folle, cette conduite chez un homme qui porte les insignes du commandement, j'avouerai que je ne pus résister au désir de prendre congé de cette amie d'un jour, qui allait pour des siècles peut-être se perdre encore dans la foule des indifférents.

Je m'approchai de la fine main qui semblait s'appuyer, comme pour descendre, à la paroi dorée de l'énorme cadre, et après y avoir déposé respectueusement un baiser d'adieu, je me lançai presque ému à travers les brumes blanches flottant encore sur la ville éteinte et endormie, sans avoir le loisir d'obtenir, sur le roman de ma belle parente, un renseignement qui me manquera toujours.

DEUXIÈME PARTIE

LA PAIX. — LE PIÉMONT. — LES DUCHÉS.

CHAPITRE V

Arrivée à Turin. — M. de Cavour, son origine, sa jeunesse. Mot de Victor-Emmanuel, son entrée au ministère. — Premières attaques contre Rome, souscription contre l'Autriche. — La Savoie défend la cause catholique. — Cavour en France, son entrevue avec M. de Rothschild. — Visite à Plombières. — La guerre déclarée. — Agitation dans les duchés. — Entrée de l'Empereur et du roi Victor-Emmanuel à Turin. — Le marquis Alfieri. — Départ de l'Empereur. — Le palais Alfieri, divergences d'opinion avec la marquise. — Visite au général de Sonnaz et au général Della Roca. — Le comte de Stackelberg. — Présentation des officiers au roi. — Propos du roi.

Le chemin de fer ne pouvait emporter toute ma brigade; je donnai l'ordre au 19ᵐᵉ de ligne et au 12ᵐᵉ bataillon de chasseurs de se rendre à la gare à quatre heures du matin.

Parti vers cinq heures avec le 19ᵐᵉ, je dis

adieu à la cité milanaise non sans quelque regret de ce départ précipité; nous entrions en gare de Turin à une heure et demie seulement; il fallait attendre un second convoi qui amenait nos chevaux. Enfin, vers quatre heures du soir les troupes formaient la haie dans les belles rues de la capitale du Piémont.

Cette journée avait été accablante; à une chaleur excessive se joignait la fatigue d'une nuit passée sur pied. Cinq heures sonnaient lorsque le train impérial vint s'arrêter au quai.

Plusieurs généraux piémontais, sous les ordres du vieux général de Sonnaz, attendaient l'arrivée des deux souverains.

M. de Cavour, dans un équipage fort élégant attelé de magnifiques chevaux anglais, s'était également rendu à la gare..... il dut faire quelques pas à pied et passer près de moi; un de ses chevaux, pris de vertige, tombant sur la route, avait failli renverser la voiture.

Grâce à cet accident, que les Italiens prirent pour un présage de sinistre augure, je pus voir à mon aise ce personnage, qui vient de bouleverser le monde entier. C'est un petit homme replet, portant des lunettes, ayant tout à fait la tournure de ces avocats que Victor-Emmanuel déteste. Il n'a que quarante-neuf ans, cet astucieux ministre, dont la carrière a déjà eu des phases diverses.

Son père, le comte Benso de Cavour, ancien préfet de Turin, sa ville natale, lui a laissé une fortune considérable; il servit dans l'arme du Génie, mais il donna très vite sa démission pour se consacrer à la politique.

Nourri de principes avancés, qui lui faisaient tenir ce propos en parlant du gouvernement si respectable de Charles-Albert : « Que voulez-vous « que l'Italie fasse d'un bigot, qui pour sceptre « porte un goupillon, » il avait sans doute puisé dans quelque milieu dépravé le germe de cette agitation révolutionnaire qu'il devait, à si haute dose, infuser dans les veines de l'Europe.

« Cherchez la femme, » dit le magistrat; cherchez-la plus que partout dans la politique.

La jeunesse de Cavour n'échappa point à cette influence : une Égérie dont le nom est resté dans l'ombre, intelligente, ardente, spirituelle, mais imbue de l'utopie sociale des Raspail et des Carrel avait, paraît-il, captivé sa jeune imagination, plus encore par l'admiration de son génie que par l'exaltation des sens. Après les premières entrevues autour desquelles se nouait cette dangereuse intrigue, un commerce épistolaire s'établissait entre les deux associés. La femme passionnée, astucieuse, cherchait à renverser les derniers obstacles pour attirer complètement à sa cause cet esprit distingué, audacieux, mais cependant retenu dans les limites d'une certaine réserve. Les correspondances brûlantes, les souscriptions à la « *Jeune Italie* » n'étaient pas ménagées; toutefois le temps faisait son œuvre, les lettres s'espaçaient et, au bout de quelques années, Cavour cessa brusquement de répondre; ayant trouvé suffisante la dose de radicalisme qu'on lui avait inculquée.

Son esprit, originellement grave, se fortifia dans l'étude des questions politiques et sociales, sous la direction de son oncle de Sellon; c'est à ce moment que le baron de Barante, ambassadeur du gouvernement de Juillet à Turin, lui ouvrit avec prévenance les portes de ses salons. Il s'y lia avec un brillant diplomate, le comte d'Haussonville, qui vainement essaya de détourner cet esprit sceptique de ses tendances antiercligieuses, l'amenant en France et le présentant dans les cercles les plus intelligents et les plus distingués; chez le duc de Broglie, chez la comtesse de Castellane, etc...

L'épreuve ne réussit point; Cavour revint en Italie plus révolutionnaire que jamais et y fonda le journal : « *Il Risorgimento*, » où son intelligence, ses paradoxes et ses aptitudes économiques trouvèrent une facile tribune.

Il entra en 1849 à la Chambre des députés. Son esprit logique et froid, quoique dominant, plut au roi, qui se laissa prendre par l'influence plutôt que par la sympathie.

On raconte que lorsque le marquis d'Azeglio le proposa en 1850 pour remplacer aux finances le comte de Santa-Rosa, Victor-Emmanuel répondit avec une bonhomie narquoise : « Vous le voulez, soit. Mais ce petit homme vous renversera tous. »

En 1852, il tomba sur une question de libre échange et se releva vite comme président du conseil, où il succédait au marquis d'Azeglio. C'est alors que ses graves démêlés avec la cour romaine commencèrent à le signaler à l'attention de tous ceux qui comprenaient comme moi le but des menées révolutionnaires à Rome et leurs ramifications avec le Piémont. Mazzini avait raison de dire : « Nous n'avons pas à nous inquiéter
« de la maison de Savoie, l'espoir de la couronne
« d'Italie la fera toujours marcher avec nous. »

Après la campagne de Crimée, où il sut si habilement mêler une poignée de Sardes à l'armée alliée, Cavour se fit au congrès de Paris, en 1856, l'écho d'un parti dont il devint bientôt le chef incontesté, préparant les esprits à cette campagne si odieusement menée contre le paternel gouvernement pontifical. Rien ne fut négligé pour fausser, égarer l'opinion et discuter le pouvoir temporel du Pape. Il se forma une légende monstrueuse sur le despotisme des prêtres; elle eut dans la presse des champions passionnés; on oubliait que l'Italie perdrait dans ces viles querelles la poésie de sa gloire. M. de Cavour exposa aussi les griefs de ses compatriotes contre le joug autrichien; une souscription s'ensuivit pour fortifier la citadelle d'Alexandrie.

La Savoie ne désirait pas la guerre. Cette perspective séduisait peu le parti catholique, qui en pressentait les conséquences; les polémiques furent vives, et à la Chambre, au sujet de l'emprunt, la voix de la raison se fit entendre énergiquement. M. le marquis Costa de Beauregard, le baron de Viry, au mois de février 1859, prononcèrent d'admirables discours étouffés, avec brutalité, par le président de la Chambre.

Cavour comptait sur la France avec un incroyable aplomb, disposant d'elle et opposant sa volonté tenace à toutes les résistances de l'opinion. L'Autriche protestait inutilement; les relations, déjà tendues entre Vienne et Turin, furent brisées. « Qu'importe, répétaient alors les Italiens, Cavour se frotte les mains, donc tout va bien. »

Le ministre partit bientôt pour Paris, allant y chercher, pour la cause de la révolution, des troupes et de l'argent. Il trouva facilement les troupes; l'argent fut plus résistant.

Le roi de la Bourse n'était pas favorable à la guerre. On raconte qu'un jour, à bout d'arguments, Cavour dit au baron James de Rothschild, avec un peu de dépit : « Tenez, baron, parlons « d'autre chose; jouons tous deux à la hausse, « je donnerai ma démission et la rente montera « de trois francs. » — « Oh, monsieur le comte, « quelle modestie, répondit le financier, vous en « valez bien six. » Si non è vero...

J'avais depuis longtemps étudié Cavour et recueilli, sur lui, des renseignements que je trouvai facilement à compléter pendant mon séjour à Turin. L'alliance avec la France devint un fait accompli lors de sa visite à l'Empereur aux eaux de Plombières. Ce fut dans ce beau vallon des

Vosges, baigné par l'Eaugronne, que M. de Cavour fit miroiter aux yeux du souverain je ne sais quel rêve de gloire et de dévouement, laissant habilement dans l'ombre les côtés dangereux de cette union. Ainsi appuyée, la question italienne prit les proportions d'une question européenne. L'Autriche, tranchant dans le vif, ne voulut pas subir les tergiversations diplomatiques; son ultimatum de désarmement dans les trois jours décida de la guerre avec le Piémont et son alliée la France, le 23 avril 1859.

Alors M. de Cavour, avec cet esprit d'intrigue, dont il se servait comme d'un levier pour remuer les masses, se mit à travailler activement au soulèvement des duchés de Toscane, de Parme, de Modène, et aussi des Romagnes.

La paix de Villafranca venait d'arrêter, un instant, la politique annexioniste du ministre.

C'est sous le coup de cette déception que je le retrouvais le 15 juillet à la gare de Turin. Les deux souverains furent acclamés avec enthousiasme; j'étais à la portière de la voiture de Napoléon, prêt à couper la figure au premier garde national qui se permettrait un geste hostile. Nous étions informés que ces troupes devaient renverser les armes et pousser des cris.

Je pus constater que les acclamations s'adressaient bien plus à Victor-Emmanuel qu'à l'Empereur. Les ovations chaleureuses de nos soldats remplacèrent celles que les Italiens refusaient à celui qui venait de leur rendre service, effaçant ainsi par des manifestations accentuées ce que cette exclusion pouvait avoir de particulièrement odieux.

Le cortège s'arrêta dans la seconde cour du palais, et Napoléon III occupa les beaux appartements du rez-de-chaussée habités jadis par le roi Charles-Albert.

L'Empereur avait cette physionomie qui ne varie pas. Très indifférent au danger, il montrait un beau sang-froid dans les jours de crises aiguës, s'attachant fermement à l'idée qu'il était une nécessité de la destinée des peuples, et pouvait sans crainte se fier à son étoile.

Je faisais toutes ces remarques, le regardant causer avec le prince de la Tour-d'Auvergne, notre ministre à Turin; puis m'approchant de Sa Majesté je lui demandai ses ordres pour la soirée et la matinée du lendemain. L'Empereur me prescrivit de laisser une compagnie d'élite au palais et d'envoyer un peloton de même force à la gare du chemin de fer de Suze.

Le lendemain, notre Souverain devait partir pour la France, le départ était fixé à six heures.

Il y avait ce soir-là un grand dîner au château royal; très fatigué, je m'arrangeai pour décliner l'honneur de cette invitation et je regagnai mon appartement, en évitant avec soin ceux qui auraient pu être chargés de me convier.

J'étais logé chez le marquis Alfieri. Je l'avais connu à Rome; j'en reçus un accueil fort aimable, mais toutes ses prévenances ne pouvaient me tenir lieu de repos et je lui demandai la permission de me retirer.

Mon hôte avait eu l'attention de mettre sur ma table les œuvres du poète Alfieri son parent. Je m'endormis, bercé par ces vers plus éloquents qu'inspirés, songeant à la comtesse d'Albany qui fut la muse, la Béatrix de ce Dante, mâle, sévère, mais parfois prétentieux. Le ciseau de Canova illustra son tombeau dans l'église de Sainte-Croix; ce fut le dernier hommage de cette admiration pour le poète et pour l'homme.

Le lendemain 16 juillet, à 5 heures du matin, j'étais à la gare du chemin de fer. Sa Majesté y arriva à six heures et, me serrant affectueusement la main, m'annonça que la division d'Hugues retournait à Lyon.

Le roi Victor-Emmanuel, son état-major, le prince de la Tour-d'Auvergne, ministre de France, l'accompagnèrent jusqu'à Suze. L'Empereur devait franchir le Mont-Cenis, prendre à Saint-Jean-de-Maurienne le chemin de fer et se rendre directement à Mâcon, sans passer par Lyon.

Il n'y avait aucun drapeau aux fenêtres; le cortège traversa les rues au milieu du silence, troublé par quelques très rares cris de « Vive l'Empereur! » poussés par l'escorte.

Ce furent les seuls adieux de ce peuple qui ne mérite certainement pas ce que la France vient de faire pour lui.

« L'herbe de l'oubli croît plus vite au cœur
« que sur la fosse. »

Un poète l'a dit, il aurait dû l'écrire en italien.

Si le silence des peuples est la leçon des rois, celui qui n'en méritait pas tiendra l'expression de ces sentiments d'ingratitude pour un avertissement... au moins espérons-le!...

Je rentrai au palais Alfieri, dans un état d'irritation indicible, cherchant à trouver dans le sommeil l'oubli de cette malveillance dont j'étais écœuré.

6.

Dans l'après-midi, je fis une visite au marquis Alfieri, président du Sénat à Turin; il a été deux fois ministre, mais ne veut plus s'occuper de politique.

Son fils a épousé la nièce de M. de Cavour. J'avais rencontré la jeune marquise à Rome; elle m'offrit cordialement la main, mais je sentais déjà la griffe, sachant depuis longtemps que les idées de son oncle avaient pénétré l'esprit et le cœur de cette grande dame, fort distinguée, et remarquable par le ton et l'intelligence; mais ayant naturellement des impressions bien différentes des miennes. Aussi eus-je à subir les plaintes les plus injustes sur le soi-disant abandon des Français.

Contredire une femme n'est point dans mes habitudes; mais vraiment imposer une contrainte à ma physionomie, à mon attitude, devint au-dessus de mes forces.

J'en fus puni par un ton sec, cassant, et l'étalage d'opinions politiques émises avec une irritation qui allait croissant.

Le marquis Alfieri, voyant s'amonceler l'orage, intervint par monosyllabes, la position était tendue...! Comment la trancher? Avec un homme tout est facile... mais pour une femme, jeune, jolie, il y a tant d'excuses! Bref, je fis comme les Orientaux et m'en tirai par un apologue.

Après avoir battu la campagne, je racontai je ne sais quelle histoire d'incendie, et comment, sauvant un voisin du feu, je m'en étais fait un ennemi pour avoir oublié sa bourse.

Le coup porta. La marquise se mordit les lèvres. Désireux d'en rester là, j'imitai le Parthe, dont j'avais emprunté la flèche, et me retirai avec les formes d'un respect exagéré.

Le marquis ne me lâcha pas, essayant d'atténuer par ses explications et ses protestations les fâcheuses blessures portées à ma confiance. Le président du Sénat joignant le geste à la parole, prit mes mains, les serrant sur son cœur, protestant de son dévouement à l'Empereur... à la France.

Je l'écoutai poliment, froidement; mais, me sentant mal à l'aise, je pris prétexte d'un prochain départ de la famille Alfieri pour la campagne et m'installai à l'hôtel de la Grande-Bretagne, rue du Pô. Les sollicitations du marquis me trouvèrent inébranlable; l'ingratitude me semblait désormais embusquée dans tous les coins de son palais. Je voulais être libre.

Ma journée fut employée à faire des visites officielles.

Je présentai mes officiers supérieurs au général comte de Sonnaz, commandant la première division militaire. Ce vénérable soldat mérite tous les respects. Savoyard d'origine, il a servi sous le premier Empire; il jouit à Turin de la plus haute considération [1].

Nous vîmes aussi M. le lieutenant-général Della Rocca, chef d'état-major de l'armée piémontaise pendant cette dernière campagne; très en faveur auprès du roi, il l'avait accompagné à Milan, lors de son entrée dans la capitale de la Lombardie [2].

Pendant les visites officielles, les conversations varièrent peu; la faconde italienne prit son essor avec plus ou moins de diplomatie, mais toujours dans une note qui ne pouvait nous être

---

1. Digne représentant d'un nom illustre, le colonel brigadier de Sonnaz vient aussi de se couvrir de gloire au combat de Montebello; à la tête de deux régiments de cavalerie sarde, il a chargé à outrance au cri de : Vive le Roi! jusqu'au moment où la colonne Forey, culbutant les Autrichiens, vint sauver d'une destruction certaine ses escadrons décimés.

2. Le comte Della Rocca, d'une ancienne famille, né en 1815, colonel, en 1848, de la division de réserve sous les ordres du duc de Savoie (V. E.), général en 1859, était chef d'état-major général.

sympathique. Toutes les questions palpitantes du jour furent effleurées : la situation actuelle de l'Italie la paix, cet événement imprévu, furent commentés sans dissimulation.

On ne sut pas déguiser le peu d'importance que l'on attachait à notre concours. Le piédestal était dressé et nous assistions à l'apothéose de l'armée italienne... Généraux, officiers, se succédaient sur ce pavois où nul Français n'aurait pu trouver place.

Le désir dominant était de voir le Piémont livré à ses inspirations propres, sans souci de l'intervention des grandes puissances; la part du lion était la seule acceptable...

Les projets les plus ambitieux se faisaient jour. On ne ferait qu'une bouchée des duchés de Modène, de Parme, de Toscane; on visiterait le roi de Naples, le Pape lui-même !...

N'était-ce pas la négation absolue du passé glorieux de l'Italie religieuse et politique? Je ne puis vraiment traduire mes impressions personnelles!...

J'eus l'occasion, dès le lendemain, d'en faire part à notre ambassadeur, au prince de la Tour-d'Auvergne.

Il ne parut pas étonné des prétentions du Piémont, à propos de l'unité italienne; mais comme moi, il comptait sur les obstacles suscités par des voisins intelligents et intéressés. Puisse-t-il avoir raison!

.·.

J'avais demandé à M. le général comte de Sonnaz et au général Della Rocca la faveur de présenter mes officiers à Sa Majesté Victor-Emmanuel. Le dimanche matin 17 juillet, je reçus la lettre suivante :

« Le Roi me charge de vous annoncer qu'il
« vous recevra, ce matin, à 11 heures 1/2, avec
« les officiers supérieurs *seulement*.

« Le général, aide de camp. »

MIROGI.

A l'heure fixée, Messieurs les officiers supérieurs, les colonels de Brauer, lieutenant-colonel Bocher, les commandants, celui du 12ᵐᵉ bataillon de chasseurs, vinrent me trouver au palais royal de Turin.

Ce palais, d'un aspect extérieur fort ordinaire, possède de somptueux appartements.

Le roi occupe ceux qu'il habitait quand il était prince royal, au 2me étage.

Nous trouvâmes dans le premier salon d'attente le comte de Stackelberg, général de division et ministre de Russie à Turin.

Le comte, aussi remarquable soldat que diplomate éminent, est arrivé très jeune aux plus hauts grades de l'armée; attaché militaire en France, il a suivi nos régiments dans leurs campagnes d'Afrique, étudiant le pays avec l'esprit d'observation supérieur dont il est doué, il a fait au czar Nicolas des rapports qui ont attiré l'attention.

A la suite de diverses missions menées avec une haute intelligence, une grande habileté, il fut envoyé en Italie;

C'est là que je fis sa connaissance.

Il aimait le caractère français, mais redoutait l'empereur Napoléon III, comme un danger continuel pour la paix de l'Europe.

« L'esprit militaire de notre race, la supériorité de nos forces constituaient, disait-il, une inquiétude permanente pour les autres États. »

Dans le salon d'attente se trouvait l'aide de camp de service, général de brigade, portant un nom aimé du souverain; il vint causer avec moi.

Cette conversation semée de traits brillants, je l'avoue, me prouva que la diplomatie n'était point l'hôte habituel de ce palais.

En quelques minutes, il me fut dit les choses les plus étonnantes sur le gouvernement constitutionnel, sur le parlement qui plaît tant aux avocats de son pays; il ajouta que rien n'était possible avec de pareils bavards.

« Le roi et l'armée ne demandent qu'à les
« supprimer, mais c'est difficile; qu'en pensez-
« vous, général?... »

Cette confidence, tout en m'étonnant, était trop dans mes opinions pour ne pas me divertir; aussi lui répondis-je d'un ton plaisant :

« Non, ce n'est pas très difficile : jetez-les par
« la fenêtre; nous vous y aiderons. »

A ce moment le ministre de Russie sortit et Sa Majesté sarde nous reçut.

Le roi Victor-Emmanuel était vêtu en bourgeois, avec un pantalon excessivement large, paletot noir d'été très ample, les deux mains dans les poches. Affectant l'attitude d'un officier en bourgeois qui serait désolé d'être pris pour un *pékin*, Sa Majesté nous tint à peu le même langage qu'à Milan.

« Les châteaux en Espagne... Son amour de la

guerre... ses déceptions, cette paix inattendue, dont il ne pouvait digérer la sagesse (que n'était-elle dans le fond comme dans la forme)!

« On parle, disait-il, d'une confédération ita-
« lienne; pour mon compte, je n'en veux pas. »

Reprenant alors le thème inépuisable des faits de la campagne : « A Palestro, j'ai fait faire aux Autrichiens *le saut du crapaud*, dans le canal, puis je les ai mis ailleurs sur le c..... »

Ces mots, ces phrases étaient soulignés de gestes indicibles. S'animant par degré, il oubliait, que s'il a mérité le titre de premier soldat d'Italie par sa bravoure exceptionnelle, il a eu des imitateurs heureusement. Dans cette fameuse journée de Palestro, le 3ᵐᵉ Zouaves rendit les services les plus signalés à l'armée piémontaise; il est acquis à l'histoire de cette mémorable campagne, que les Piémontais, malgré leur valeur incontestable, étaient culbutés, sans l'intervention de ce brave régiment.

Le roi nous parla d'une reconnaissance, dans laquelle il s'était aventuré si loin, qu'il avait failli être pris par les Autrichiens.

Le fait quelque peu exagéré fit sourire ceux qui, comme le lieutenant-colonel Bocher, étaient présents à Palestro, où Victor-Emmanuel fut promu au grade de caporal des Zouaves. Dieu sait si les soldats burent à la santé du nouveau camarade!...

Le souverain peut être fier à juste titre de son caractère, de son esprit chevaleresques; nous avions cette opinion trop ancrée pour ne pas lui passer un peu d'exagération... italienne.

Et malgré moi, en quittant le palais royal, je pensais à ces champs de bataille entrevus où l'herbe reverdit, à ces prairies ensemencées de victimes dont l'ombre plane invisible!...

Pauvres soldats, défenseurs obscurs d'une cause étrangère, victimes du devoir, du dévouement, de l'honneur, tombés glorieusement hier pour la liberté de l'Italie... et déjà oubliés!

CHAPITRE VI

L'état et la situation de la société piémontaise. — Les palais de Turin. — La cour et le roi. — Caractère de Victor-Emmanuel. — Son indifférence pour l'étiquette. — L'influence de la comtesse Mirafiori. — Anecdotes. — Rosine à la cour. — Passion du roi pour la chasse. — Sa bravoure. — Hauts faits de la maison de Savoie. — Victor-Emmanuel et les zouaves à Palestro. — La duchesse de Caumont La Force et son salon. — Société diplomatique. — La campagne de Turin. — La Lombardie et ses aspirations. — Divergences de caractère, de mœurs et de langage. — Remarques de Pie IX. — Anecdotes. — Considérations politiques.

Jusqu'ici j'ai raconté, au jour le jour, les événements tels qu'ils se sont passés sous mes yeux; mais j'arrive à la période où, lancé dans des courants divers, je m'aperçois qu'il devient difficile d'être compris si je ne fais parfois un emprunt aux notes prises pendant mon long séjour à Rome, et que j'avais l'intention de condenser, plus tard, en un chapitre particulier.

J'ai cru devoir ajouter quelques traits, recueillis postérieurement, à la guerre d'Italie, jusqu'au moment présent[1], alors que les loisirs d'un commandement dans la Garde Impériale me permettent enfin de classer ces souvenirs.

Comment dépeindre les personnages qui jouent un rôle actif dans ce drame de l'unification de l'Italie, sans présenter, sous leur jour vrai, ces physionomies d'ordre composite où le bien et le beau côtoient le médiocre et le mal; où la forme sert parfois à voiler le fond, et chez lesquelles, par une inversion (plus rare je l'avoue), l'intention est parfois meilleure que le fait.

Je les ai examinées, non sans passion, peut-être, mais du moins avec attention et sincérité.

Admirateur enthousiaste de l'harmonie, j'ai souffert plus qu'un autre de certaines discordances.

Le monde piémontais présentait, à cette époque de transition, une antithèse permanente; sans rompre ouvertement avec un passé où s'écrivaient, à toutes les pages, les mots : patriotisme, religion, gloire, honneur, il fallait trouver moyen de concilier ces traditions, avec la marche du progrès moderne, qui signifiait : révolution, irréligion, spoliation. De là des ambitions effrénées, une impatience fébrile, une ingratitude cynique,

[1]. 1867.

une sorte d'athéisme superstitieux joint à une philosophie qui volontiers fut demeurée épicurienne; un éclectisme, en un mot, sans franchise et souvent sans pudeur.

L'aristocratie piémontaise n'a ni l'aspect, ni le caractère de celle de Rome, que j'ai longtemps et agréablement fréquentée, et chez laquelle la forme est si délicate, si parfaite, et tous les procédés sont si bien arrondis, que les angles semblent n'exister qu'aux frontons des monuments.

Les habitudes ici sont plus simples, plus rustiques. Le cérémonial est tout autre; on descend des hauteurs.

L'instinct militaire prévaut, c'est le beau côté de la race; mais par malheur il domine et absorbe tout. Aucun peuple n'a plus sincèrement gravé au cœur le culte de sa devise : « Devant Savoie. »

Les palais de Turin n'ont rien d'artistique, ils ressemblent plutôt à des casernes. La nature étant différente, l'idéal est différent.

Je n'ai fait qu'entrevoir la société turinoise. Beaucoup d'hôtels restaient déserts; une foule de belles dames absentes, à cause de la chaleur tropicale, étaient allées chercher la fraîcheur aux bords des lacs, aux vallées de la Suisse.

Seuls, les salons diplomatiques ouvraient largement leurs portes. De charmantes étrangères en réunissaient les éléments variés, aux brillants oiseaux de passage, venant des environs très peuplés.

L'ensemble était particulièrment intéressant à étudier, pendant cette période d'agitation où toutes les impressions se faisaient jour et se reflétaient sur les jolies figures, car les femmes étaient au moins aussi ardentes que les hommes à la politique.

.·.

Ce qui manque à Turin, c'est une Cour. Le roi déteste la société des gens du monde. Il aime les relations faciles, ne dissimulant pas son mépris de l'étiquette et donnant rarement des fêtes, peu élégantes d'ailleurs, où l'on sent la gêne et la contrainte.

La comtesse Mirafiori, volontaire, altière, est l'arbitre de la vie privée du roi; la régulatrice, sans appel, du programme de cette sorte de cour. Comme elle ne serait tolérée dans aucun milieu distingué, elle a soin d'entretenir autour du roi ces goûts démocratiques qui sont pour elle un souvenir et une sauvegarde [1].

L'âme ardente de Victor-Emmanuel est dominée par sa beauté dont la comparaison assure sans doute le triomphe final [2], car rivalités et aventures galantes ne manquent pas aussi bien dans le monde qu'au théâtre, dont il fréquente assidûment les coulisses. — « Faites comme si j'étais un des vôtres, » répète-t-il constamment, pour mettre à l'aise une société féminine, qui bientôt, s'enhardit, s'émancipe et oublie parfois le rang et la distance.

Haussant doucement les épaules, le roi bon enfant répète alors :

— « *Colle donne, facia spesso vista di non vedere e facia orecchie da mercante* [3]. »

Cavour, qui s'est taillé le rôle d'un Sully moderne près du vert-galant sarde, et qui lutte avec courage contre l'influence de la comtesse, est un peu distancé, pour le moment; certaine aventure vient d'entamer son prestige d'homme irréprochable.

1. Elle est fille d'un tambour-major.
2. Elle n'est cependant plus jeune, et je ne la trouve pas jolie.
3. « Avec les femmes, fermez souvent les yeux et faites la sourde oreille. »

La R... i, une déesse de la rampe, que je ne désignerai pas autrement, car elle avait, en apparence, une situation régulière, voulut jouer le rôle des enchanteresses de la Fable, mais ses filets trop chargés se rompirent au moment où elle y croyait tenir le roi, son ministre et même quelques fortes têtes de la diplomatie étrangère.

Une correspondance révélatrice, émanant du comte, tomba fortuitement entre les mains de Victor-Emmanuel; le monarque prit bien la chose et, suivant l'usage, se vengea de la femme sur le ministre. Aussi, chaque fois que M. de Cavour veut risquer une allusion à l'influence redoutée de la comtesse, le roi, levant un doigt d'un air malin, lui répond par la phrase qui commençait la fatale lettre :

« Blanche, ma chère Blanche, les Autrichiens ont passé le Tessin. »

Et la remontrance est emportée dans un large éclat de rire.

La femme sera toujours la plus forte; Rosine le prouve à tous, elle garde son empire sur ce cœur volage, tous les moyens d'ailleurs lui sont bons.

Une aventure qui se passa peu de temps avant la guerre et dont la société de Turin fut témoin, donna la mesure de son audace et de son pouvoir. Les soupçons de sa féroce jalousie se portèrent un jour (à tort, j'en suis convaincu), sur une dame haut placée, belle à ravir, que le roi honorait de son admiration et de ses attentions.

La comtesse résolut de se venger. Un grand bal royal (chose rare) réunissait la cour et la ville. Rosine était, cela se comprend, sévèrement consignée aux portes du palais.

Malgré tout, elle se présente, magnifiquement parée, avec un tel aplomb que les valets interdits se concertent et, diplomates d'antichambre fins et rusés, déclarent qu'il vaut mieux déplaire au au roi qu'à sa... souveraine. Celle-ci pénètre hardiment au milieu de ce monde pétrifié d'étonnement, se dirige vers la femme désignée à sa féroce jalousie, lui applique un soufflet retentissant, puis se retire le front haut... se drapant majestueusement dans sa toilette d'une blancheur immaculée.

On peut juger de la stupeur de la surprise générale. Les larmes de la victime de cet acte inqualifiable n'empêchèrent pas les rires!... Le roi en donna cruellement le signal!.. Le lendemain, la paix était faite et la comtesse Mirafiori au pinacle.

7.

Mon but n'est pas d'écrire la chronique légère de la cour. J'ai retenu ce fait entre mille, car il traduit à merveille le caractère et les dessous de l'histoire du « *galantuomo.* »

Il me remet en mémoire un vieux proverbe italien naïf, mais vrai :

« Che ha l'amor nel petto... ha lo spron nei flanchi [1]. »

*
* *

Je ne pense pas que Victor-Emmanuel doive seulement aux écarts de sa vie privée le surnom de « *galantuomo* » qu'on lui accorde maintenant.

D'où vient ce titre ? On m'assure qu'il lui aurait été donné, au moment de la guerre, par le marquis d'Azeglio qui, au cours d'un entretien, aurait dit :

— « Sire, c'est le moment de vous montrer *galantuomo.* »

— « Soyez sans crainte » répondit le roi, « je le serai. »

Le mot répété par la « *gazette* du peuple » plut et resta définitivement au roi après Solferino.

Le souvenir évoqué de nos victoires, m'amène

[1]. Celui qui a l'amour dans le cœur, a l'éperon dans les flancs.

tout naturellement à parler d'un des traits distinctifs du caractère de Victor-Emmanuel. Il possède à un suprême degré, comme tous ceux de sa race, le fanatisme de la bravoure.

A la bataille de Novare, il se distingua sous le titre de duc de Savoie, près de son frère, le duc de Gênes, qui eut trois chevaux tués sous lui; dignes fils de ce Charles-Albert, qui obtenait en 1823, pour prix de son courage, les galons et le titre de premier grenadier de France.

Partout il a fait preuve d'une grande valeur personnelle. Les zouaves émerveillés le retinrent à Palestro lorsqu'il voulut s'élancer à la tête du troisième régiment, qu'il appelait d'ailleurs depuis cette époque « *l'impareggiabile regimento.* »

Laissez faire les « chacals » lui criaient les soldats, c'est leur affaire. »

— « Allons, mes braves, répondit le roi, il y « aura de la gloire pour tout le monde. »

L'Empereur en apprenant sa témérité imprudente, le félicita en ajoutant : « Si vous recommencez, je serai forcé, en ma qualité de général en chef, de vous mettre aux arrêts [1]. »

---

[1]. L'Empereur était accouru de Verceil au bruit du canon de Palestro; c'est là qu'il rejoint Victor-Emmanuel. Au même moment, le général Bourbaki arrive radieux : « Sire, dit-il,

Malheureusement Victor-Emmanuel affecte une jactance exagérée qui déprécie ses grandes qualités. L'esprit cependant ne lui fait pas défaut et quelques-unes de ses reparties sont restées légendaires.

Un jour, Cavour lui apporte à signer une liste de soixante-dix commandeurs de l'ordre des Saints Maurice et Lazare.

Victor-Emmanuel sursaute : « C'est trop, » dit-il.

« — Non, sire, ce sont tous des hommes dé-
« voués. »

— « Oh ! dit le roi, je ne me connaissais pas « tant d'amis ! »

Puis, signant : « Après tout, ajoute-t-il, il ne faut jamais refuser à un brave homme un cordon... ni un cigare ! »

« les soldats de Votre Majesté ont fait aujourd'hui l'impos-
« sible. Voyez. » Les souverains le suivant, traversent alors la rivière et arrivent au milieu des zouaves, qui, animés encore de l'ardeur du combat, les acclament, agitant en l'air leurs mains noircies et leurs carabines sanglantes.

L'un d'eux eut le soir l'idée de conférer au roi le grade de caporal. On forma le cercle et le plus ancien sergent prononça solennellement ces paroles : « Au nom du 3me zouaves, le nommé
« Emmanuel, roi de Sardaigne, est élevé au grade de caporal
« dans le dit régiment. » Procès-verbal fut dressé et signé de tous.

Pourquoi le Patriciat romain lui donne-t-il le nom de « *roi des marmottes?* Je n'ai pu le découvrir. Est-ce tout simplement parce qu'il affectionne les montagnes des Alpes mauriennes? Chasseur enragé, il y poursuit le chamois, le bouquetin pendant la saison entière, vivant de la vie du montagnard, traversant les passages les plus difficiles, prenant le menton des bergères, causant avec une telle bonhomie, que pâtres et paysans tombent de leur haut en apprenant qu'ils ont vu le roi [1].

Avec ces goûts de Nemrod, le souverain sarde prend peu de soin de sa toilette; à pied, à cheval quel que soit le temps, il rentre trempé, couvert de boue, avec une insouciance absolue. On comprend, en le voyant ainsi, le mot d'un *facchino*, montrant le poing aux ministres Ratazzi et Cavour sortant du ministère : « Filous, brigands, criait-il, ils nous écrasent d'impôts et ils n'ont pas le cœur d'acheter un pantalon neuf à notre roi. »

Victor-Emmanuel déteste la musique et ne

---

[1]. Lui-même raconte, paraît-il, qu'une bonne femme lui dit un jour qu'elle voudrait, avant de mourir, voir le roi.
— « C'est facile, regarde... Le roi, c'est moi. »
— « Oh! pour cela non! Le mari d'une belle femme comme la reine n'est point aussi *beurt.* »
Beurt en patois veut dire laid, grossier.

comprend que le son du clairon, aussi est-il visiblement empoigné quand il voit défiler les régiments de zouaves, il emboîterait volontiers le pas derrière nos gais soldats en chantant le refrain connu :

> « Ils s'en vont l'arme à volonté,
> « Le rire en barbe et haut la tête,
> « Cou nu, bonnet sur le côté,
> « Comme des coqs à rouge crête, etc... »

Son salut ressemble alors à un coup de sabre ; c'est même un effet singulier.

On comprendra que ces mœurs et ce caractère ne peuvent attirer la noblesse piémontaise qui vit chez soi, regrettant de n'avoir aucun centre de réunion autour de la dynastie.

*
* *

En citant les rares salons qui nous offraient une hospitalité si agréable et si recherchée, je n'aurai garde d'oublier celui de Mme la duchesse de Caumont La Force.

Anglaise d'origine, veuve en premières noces de George-Augustus Craven, cette grande dame, devenue Française de nom et de fait, a voulu complètement oublier sa mère-patrie en faveur de son pays d'adoption.

D'un chauvinisme poussé à l'excès, elle professe à l'endroit de nos soldats, de nos victoires, de notre Empereur une admiration passionnée.

Napoléon III est son héros favori.

Maîtresse d'une énorme fortune, fort belle et paraissant jeune encore bien qu'elle ait dépassé le printemps de la vie, la duchesse n'est venue à Turin que dans le but charitable de prodiguer aux blessés des soins et des consolations. Ses journées se passent au chevet des malades et des mourants, elle veut leur procurer la guérison ou du moins apporter un dernier adoucissement à leurs peines. Nul dévouement ne la rebute, mais par la transformation bizarre d'une existence où le contraste tient les deux bouts, la duchesse abandonne le soir le tablier de l'infirmière et devient la maîtresse de maison la plus affable et la plus raffinée.

Elle adore le monde, reçoit et héberge les officiers, couvre les soldats de fleurs, sans oublier les victimes, car elle fit célébrer un service pour nos morts dans l'église de Saint-Maxime.

L'ambassadeur s'y rendit, en habit de ville. L'armée y assistait en foule et ce fut un fait assez singulier que cette belle cérémonie à laquelle les Italiens catholiques n'avaient pas songé et dont une Anglaise protestante faisait tous les frais.

J'ai parlé du comte de Stackelberg, de sa haute distinction. La comtesse, née de Tamisier, jeune et très jolie femme, infiniment spirituelle, est Française, aimable et parisienne, elle a beaucoup d'amis, quelques ennemies peut-être... La jalousie n'est-elle pas la consécration de la supériorité féminine?

Chez la duchesse de Caumont La Force, j'ai rencontré souvent la comtesse de Perron, veuve du général de Perron qui a été tué à Novare.

Elle est née la Tour Maubourg, donc Française aussi; c'est un femme d'une grande distinction et d'une physionomie non moins remarquable.

La marquise Doria me parle souvent de sa famille romaine, que j'ai beaucoup connue. Elle est veuve, jolie femme, les prétendants à sa main sont nombreux. Très Italienne d'habitudes, elle ne s'empresse pas de donner la pomme, en ne décourageant personne, chacun se croit Pâris; aucun n'en a les privilèges.

Au nombre des aimables personnalités rencontrées dans les centres diplomatiques, je citerai encore : le marquis de Sommis, secrétaire de l'ordre des Saints Maurice et Lazare, le marquis et la marquise de Boyl, le comte Aldofredi, etc...

Le prince Galitzin est le jeune dieu de tous les salons ; deuxième secrétaire de l'ambassade de Russie, c'est un charmeur d'une beauté remarquable, vrai type des enfants du Caucase avec un léger mélange circassien.

Sur ses lèvres, la Genèse de la femme prend des allures bibliques qui rappellent le serpent. Pourtant il est marié et aimé !...

La princesse, jolie malgré un naissant embonpoint, très amusante, confiante à l'excès, n'a que 17 ans ; avec elle, la conversation s'enlève dans un essor de haute fantaisie et lorsque parlant de l'amour conjugal elle se laisse entraîner par l'abondance du cœur, la verve de son esprit est étourdissante.

Citer tous et toutes m'entraînerait trop loin. Le soir, nous allons nous promener en voiture, traversant le camp de ma brigade.

Le but de ces excursions est tantôt la villa Doria, tantôt la villa de Boyl, où l'on trouve toujours un aimable accueil.

Rien de plus beau que ces nuits d'été, les

feux du soleil s'éteignent, les étoiles s'allument, c'est un rayonnement adouci qui porte à la contemplation, au repos.

L'Italie est la terre par excellence, créée pour les ardeurs de la belle saison; il faut la voir alors que la sève circule et que tout resplendit dans cette nature de feu.

.*.

En sortant de Turin, on s'engage dans des plaines immenses, des champs bien cultivés, des rizières, puis les collines s'étagent gracieuses et verdoyantes baignant leur base dans les eaux du Pô, les cours d'eau entretiennent l'aspect riant et frais des prairies égales et fournies.

Le Piémontais est bon cultivateur, on peut s'en assurer en regardant les plantations, en entre-bâillant les portes des métairies.

En tout, le peuple a le sens pratique, il n'est point fait pour les arts, mais plutôt pour les armes.

Turin en est une preuve avec ses rues droites, ses palais uniformes, c'est la ligne régulière. Sauf la rue de la Superga et les quais qui ont de jolies perspectives, je ne retrouve rien de ce qui impressionne si justement dans les autres cités italiennes.

Dans les environs, le contraste est le même. Ce n'est pas la richesse de l'ensemble qui émerveille les yeux, tout autour de Milan, et qui se prolonge jusqu'aux pieds de l'Apennin. C'est moins encore le paysage de l'Italie méridionale ou romaine, qui atteint au grandiose par la majesté de ses ruines et de ses souvenirs. Ce qui manque ici, c'est l'harmonie des couleurs, charme incomparable de cette nature qui a séduit le Poussin, le Lorrain, Vernet !..... dont les yeux n'ont plus voulu s'ouvrir à une autre lumière.

La divergence du caractère populaire est aussi accentuée.

Le Piémontais n'a pas l'instinct artistique comme l'habitant du sud de l'Italie, chez lequel la coiffure des femmes elle-même traduit ce sentiment inné de l'opposition. Elles savent, avec une si naturelle coquetterie, entremêler des fleurs à leurs tresses brunes.

Le paysan de la Lombardie orne volontiers son chapeau d'une branche fleurie pour aller à une fête, simplement aussi au retour des champs.

J'ai dit ailleurs que le noble Lombard est loin d'avoir des sentiments d'affection pour le Piémont; il partage cette défiance avec l'homme du peuple qui oublie volontiers qu'il est Italien pour rester spécialement Lombard, Modenais, Toscan. Plus on descend vers le midi de l'Italie, et plus s'accentue ce sentiment.

« Question de nuances, disent les optimistes; « elles se fondront dans l'ensemble, » ce n'est pas mon avis !

A ce propos, le pape Pie IX m'a dit un jour avec son fin sourire, une parole qui me revient plus particulièrement à l'esprit depuis mon séjour à Turin, où j'ai pu en vérifier l'exactitude :

« Croyez bien, mon cher colonel, qu'il y a plus de différence entre un Lombard et un Piémontais qu'entre un Anglais et un Français, ce qui n'est pas peu dire ! »

Puisque j'ai prononcé ce nom vénéré de Pie IX, je ne puis résister au plaisir de raconter une aventure connue de tous, mais qui peint bien l'esprit d'observation du saint Pontife, en venant à l'appui de la thèse que je défends.

Un gargotier de Rome vit un jour sa boutique fermée par la police pontificale. Cet homme, d'origine piémontaise, avait tenu des propos subversifs et était soupçonné d'être un partisan de la révolution.

Il vint se jeter aux pieds du pape, le suppliant de lui faire grâce, protestant de son dévouement, affirmant qu'on l'avait calomnié, qu'il était Romain et que sa ruine était certaine si on l'empêchait de continuer sa friture.

— « *Fris comme tu voudras*, » lui répondit le pape, « fris où tu voudras, fris tant que tu voudras, mais apprends à parler romain avant de te faire passer pour tel. » Et l'homme fut renvoyé à sa friture; sans doute aussi à ses complots.

Lorsque j'avais l'honneur de causer avec le Saint-Père, il revenait volontiers sur le chapitre des comparaisons entre les différentes races de l'Italie.

« Vous savez, colonel, » me disait-il, « que l'i-
« diome piémontais diffère totalement de l'ita-
« lien; c'est une autre langue avec des intona-
« tions dures, hérissée de mots barbares. Ah !...
« quelle différence avec le doux langage du
« Dante. »

Nous avons pu constater par nous-mêmes, que Victor-Emmanuel emploie des locutions très vulgaires et parle avec un accent guttural désagréable. Les mauvais plaisants, car il y en a partout, affirment que depuis la guerre et dans l'éventualité d'une royauté italienne, le prince sarde se fait donner des leçons de prononciation... par un Florentin !

Décidément, nous aurions dû laisser le Piémont livré à ses propres forces. « *Farà da se,* » comme on dit ici.

Travailler ainsi que nous l'avons fait à hâter la solution de la question italienne était une faute, que nous payerons un jour. Je ne comprends pas que des gens qui se prétendent sérieux ne voient pas ce que le plus élémentaire bon sens fait sauter aux yeux.

C'est bien le cas de dire comme un joyeux penseur : « Qu'il y a des idées pour toutes les têtes, comme du vin pour tous les gosiers. »

CHAPITRE VII

M. Thiers chez la duchesse Colonna. — Ses craintes sur la situation, son opinion sur la question romaine. — Dissentiments entre le roi et Cavour. — Leurs causes. — Anecdote. — Scène violente entre Victor-Emmanuel et son ministre. — Le lieutenant-colonel Falcon et le colonel de Taxis. — Une sœur de charité. — Nomination au commandement supérieur. — Conversation d'outre-tombe. — La duchesse de Caumont La Force soigne les blessés. — Ses impressions. — Un étrange prisonnier.

Puisque j'ai commencé une incursion dans la politique, je franchirai brusquement plusieurs années pour donner l'opinion d'un homme d'État, écrivain de génie que j'ai toujours considéré comme un révolutionnaire, mais dont l'éloquence et le jugement sont certainement hors pairs.

Au moment où je coordonnais ces souvenirs, je me trouvais, un soir, dans le salon d'une grande dame spirituelle et artiste, la duchesse

Colonna, née d'Affri, sculpteur distingué sous le nom de Marcello.

La conversation roulait sur les affaires du jour, effleurant successivement tous les sujets : Rome, le Mexique, la guerre d'Italie (nous étions au lendemain de Sadowa). La princesse de Metternich lui donnait la réplique avec son esprit étincelant et son irrésistible charme.

C'était un feu roulant de reparties en fusées brillantes.

M. Thiers, adossé contre la cheminée, affectant une pose napoléonienne, développa ses idées avec un brio que je n'oublierai jamais. Je vis son regard s'illuminer, sa taille se grandir quand il conclut en ces termes :

« — Après Villafranca, si la France avait su
« profiter de la circonstance, elle eut dicté ses
« conditions à la Prusse et fait un coup de maî-
« tre... la fortune nous souriait, on lui tourna
« le dos. Nous pouvions être les arbitres du
« monde; nous ne l'avons pas voulu. Des voisins
« peu à craindre, des frontières insignifiantes,
« abritant une armée dépourvue d'ensemble,
« nous assuraient, en cas de guerre, la première
« victoire; nous nous sommes empressés d'aider
« à la création d'un voisinage puissant. »

Nous rappelant alors le discours qu'il avait prononcé, au Corps législatif, quelques jours avant le désastre de Sadowa :

« — Ce n'est pas ma faute, ajouta-t-il, on m'a
« traité de *Cassandre*, et pourtant ai-je assez
« pronostiqué? Vous en souvient-il, princesse?
« Vous, messieurs, étiez-vous à la Chambre, le
« jour où je leur ai dit qu'ils allaient refaire
« l'empire germanique? Plaise à Dieu que vous
« ne voyiez pas renaître celui de Charles-Quint,
« qui au lieu de s'appuyer sur l'Espagne tendra
« la main à l'Italie! »

« — Oh ! monsieur, » m'écriai-je, « malgré votre haute expérience, puissiez-vous ne pas être prophète. »

— « Je le voudrais, mais l'étude de l'histoire a
« contribué à développer en moi le sens des
« craintes patriotiques; ai-je eu tort de prophéti-
« ser pour l'Italie? Voyez, l'inimitié germe!...
« Ai-je eu tort, malgré mon parti, de soutenir
« le pape et de réclamer l'intervention française
« à Rome, aujourd'hui comme en 48? Si nous
« abandonnons partout la tradition du passé,
« vous verrez dans quelles aventures néfastes
« nous nous engagerons! »

Cette conversation me frappa, je la notai en

rentrant chez moi; elle avait lieu le dimanche 29 décembre 1867, au moment où un revirement soudain dans les sphères gouvernementales avait fait avorter le projet de voyage de l'Impératrice à Rome.

La société sérieuse, le faubourg Saint-Germain, tout ce qui réfléchissait, voyant plus haut et plus loin, en fut désolé, comprenant l'importance de la question romaine et le danger de la politique d'abandon.

J'ai anticipé sur les événements, parce que cette conversation de M. Thiers est le vrai résumé des appréhensions qui commencèrent à hanter les esprits clairvoyants à la suite de la paix de Villafranca, lorsqu'il fut bien constaté que les garanties étaient d'un ordre trop vague pour réserver l'avenir.

Nous avions fait la guerre en poètes. La poésie est une belle chose, mais elle doit avoir ses heures. Les hommes politiques peuvent rêver à la condition qu'ils n'aient rien de sérieux à compromettre ou à perdre. Tel n'est pas le cas.

Nous avons Rome à garder, et *Rome* c'est l'*Empire*.

Le soir même du jour où le roi nous avait reçus (17 juillet 1853), je me rendis chez le prince de la Tour-d'Auvergne; j'y rencontrai avec infiniment de plaisir la princesse douairière à laquelle j'avais eu l'honneur d'être présenté à Rome. Je saisis cette occasion d'entretenir confidentiellement l'ambassadeur des conversations stupéfiantes que j'avais entendues, soit à Turin, soit à Milan, insistant sur celles qui concernaient le comte de Cavour.

J'appris, sans grand étonnement, que les motifs d'animosité du roi contre son ministre étaient d'un ordre privé plutôt que politique; leurs relations, procédant à coups de bec, la poule n'y est pas étrangère. Le roi connaît l'opinion de Cavour sur la comtesse Miraflori.

Plusieurs enfants étant nés de cette liaison, la possibilité d'un mariage morganatique n'est pas la moindre crainte du ministre. Le souverain s'amuse à l'exagérer en lui jouant des tours comme un écolier qui se venge d'un professeur par une espièglerie.

Dernièrement, il lui dit, sur un ton joyeux et railleur, en se frottant les mains :

« — Eh bien, Cavour !... C'est fait !... » Trop intelligent pour ne pas deviner qu'il s'agit du sujet perpétuel de leurs querelles, le comte comprend que le roi a épousé secrètement la comtesse et répond, avec une hardiesse qui cette fois fait son éloge :

« — Eh bien, sire, votre majesté n'a plus qu'à abdiquer. »

Sur ce, après avoir joui un moment de la vive contrariété de son interlocuteur, le roi s'écrie en riant :

« — Eh bien, non, ce n'est pas fait, pas... encore... »

Sans attacher une grande importance à cet incident, il prouve néanmoins l'agacement du roi. Son mépris et sa haine des avocats prennent leur source dans ce sentiment. Voilà pourquoi il paraît si satisfait de la retraite de son ministre, mais Cavour reviendra plus puissant, plus populaire que jamais, le peuple n'en doute pas et tous disent avec une mimique intraduisible :

« *Ha il contrassegno in tosca*[1]. »

Du côté du comte, la politique actuelle et la paix sont les seules causes de sa démission. La certi-

---

1. Il a une contre-marque dans sa poche.

tude m'en fut confirmée par le prince Galitzin qui me conta les détails d'une scène extrêmement violente entre le roi et M. de Cavour.

A la première nouvelle de l'armistice et de la paix de Villafranca, M. de Cavour furieux demanda (comme je l'ai dit plus haut [1]), un entretien au roi. Avec une hardiesse inouïe, il lui reprocha la faiblesse dont il avait fait preuve, en acceptant la Lombardie des mains de l'empereur Napoléon :

« — Qu'importe, pour nous, cette cession qui « nous force à déchirer notre programme, s'é-« cria le ministre, que l'empereur s'avilisse, s'il « le veut, en cédant devant l'Europe!... »

« Toute l'Italie ou rien, voilà la devise que devait arborer un monarque énergique, » ajouta-t-il avec une véhémence, qui n'était que le prélude de termes blessants. Car, non content d'avoir reproché au roi de manquer de courage politique, il s'oublia jusqu'à lui dire qu'il n'avait pas montré dans cette guerre toute la valeur personnelle que l'on était en droit d'attendre de lui.

Là-dessus, le roi exaspéré le prit par les épaules et le jeta à la porte. Je crois le fait, sans

1. Voir page 57, ch. ii.

pouvoir mettre à l'appui d'autre preuve que l'affirmation du jeune diplomate russe. La scène inoubliable de Milan, les propos et l'état d'excitation de l'ancien ministre la rendent très vraisemblable.

Peut-être tout cela n'est-il encore que comédie?

Désormais rien ne m'étonne en ce genre. N'ai-je pas appris, ce matin même, que le comte de Cavour, qui avait refusé d'assister au dîner du 15 juillet au palais royal, s'était rendu clandestinement, à la nuit close, près de l'empereur Napoléon et avait eu, avec lui, un long entretien!

**

C'est par un ordre direct de l'empereur, dont le général de Béville avait été le seul intermédiaire, que je fus envoyé à Turin.

Le maréchal Vaillant, major de l'armée d'Italie, ne l'apprit que plusieurs jours après mon départ de Milan; je lui écrivis, le 19 juillet, pour lui demander les instructions relatives à la nouvelle position de ma brigade.

J'avais visité les hôpitaux, dès les premiers jours de mon arrivée.

Une quantité d'officiers, de sous-officiers, de soldats, blessés de Magenta pour la plupart, se trouvaient en convalescence, ne pouvant attendre plus longtemps, sans danger pour leur vie.

Tous se plaignaient hautement de n'avoir personne à Turin qui eût le pouvoir de visiter les hospices mensuellement, comme cela se pratique en France, et de délivrer des congés de convalescence. Plusieurs médecins, entre autres le savant docteur Saleron, attirèrent mon attention sur un oubli qui pouvait avoir les conséquences les plus funestes pour les malades... Endosser une pareille responsabilité était un devoir d'humanité.

Seul officier général en ce moment à Turin, je crus devoir, dans l'intérêt de ces braves, ne pas retarder leur départ, et me voilà signant la délivrance de ceux qui pouvaient périr victimes d'un séjour en aussi mauvais air.

Le lieutenant-colonel Falcon, amputé du bras droit après Magenta, était dans l'état le plus grave sous l'influence d'une résorption.

Le brave colonel de Taxis, du 61me de ligne, fut heureux le jour où je l'envoyai en congé de six mois.

Blessé à Solferino d'un coup de feu, qui lui

avait traversé le corps, il gémissait dans un hôtel où il se faisait soigner à grands frais.

Je recueillis de sa bouche mille détails intéressants sur la bataille et sur la mort héroïque de son lieutenant-colonel Hémard ; mais cet émouvant récit trouvera sa place lorsque je parlerai de cette lutte acharnée de Solferino, où la tenacité française emporta les plus rudes obstacles, et qui fut pour les vainqueurs de Magenta l'occasion d'une ample et nouvelle moisson de lauriers.

⁂

Continuant mon rôle de miséricorde, j'entrais un matin à l'hôpital, escorté d'un officier grand et fort, lorsque, par suite d'une mauvaise disposition ou d'une délicatesse de sensitive que son extérieur rendait ridicule, ce jeune homme s'évanouit tout à coup, tombant comme une masse de toute sa hauteur. Sa chute fut un véritable événement, il me fit peur et chacun s'empressa, surtout les sœurs de service.

Mes yeux tombèrent sur deux belles mains qui présentaient des sels au malade. Regardant attentivement, je reconnus sous la blanche cornette, une charmante jeune fille, dont la grâce et la beauté avaient fait sensation dans le monde aristocratique, auquel elle appartenait par droit de naissance. Elle avait tout quitté pour devenir la servante des malades, la consolatrice des mourants.

Le voile baissé la séparait irrévocablement de l'avenir le plus brillant. En vérité, si j'avais à faire l'éloge de son dévouement héroïque, je n'aurais qu'à présenter le catalogue des soins auxquels elle se consacrait.

Formulant mes excuses pour l'embarras que venait de causer ce jeune homme qui, tout penaud, revenait à lui, je ne contins point mon admiration pour cette vocation sublime et, me laissant entraîner par le sujet, peut-être au-delà des limites de la discrétion, je lui demandai trop franchement :

— « Mais ma sœur, êtes-vous contente de votre sort? »

— « Ah général, pouvez-vous me faire cette question? Le soulagement des misères humaines est la seule carrière dépourvue de déceptions. »

Je n'oublierai jamais cette réponse charmante, faite avec un élan de cœur intraduisible.

Nous en fûmes tous émus.

Émotion douce, bienfaisante; heureux ceux qui en ont encore la puissance!...

⁂

Une lettre du major général de l'armée d'Italie, devenu général en chef, confirma mes pouvoirs en me nommant au commandement supérieur militaire de Turin. Mes nouvelles fonctions, appuyées par la présence d'une portion de ma brigade qui s'y trouvait (3,500 hommes environ), me plaçaient dans une situation importante et fort agréable à la fois.

J'avais pour mission de diriger sur la frontière les troupes qui rentraient en France; de veiller au bon ordre, à la discipline, et en outre de faire rechercher les hommes qui abusent d'une hospitalité cessant d'être nécessaire, et reçoivent dans une armée le nom de *fricoteurs*.

M. le lieutenant-colonel Bocher du 17me de ligne, fut nommé commandant de place; il s'était distingué à Palestro, par une bravoure remarquée. Ce jeune officier, dont le mérite est incontestable à tous les points de vue, fera une belle carrière [1]. Avec lui, j'organisai un dépôt d'isolés pour hommes et chevaux; j'augmentai l'effectif de la gendarmerie aux ordres de l'excellent capitaine Thevet, au moyen de gendarmes auxiliaires pris dans les régiments; ainsi secondé, en quelques jours chaque chose fut à sa place.

Je profitai fort peu de mon agréable position, surtout dans les débuts, au point de vue mondain. Il fallait avant tout assurer l'irréprochable régularité du service; je ne pouvais en outre pardonner aux Piémontais l'accueil que nous en avions reçu.

Ces diables d'Italiens n'ont de mémoire que pour la haine; je la devinais, je la sentais dans la poignée de main fuyante, et jusque dans les intraduisibles finesses de leur ondoyant langage, miroir de ce caractère brillant, mobile et trompeur qui flatte, méprise et sourit à la fois.

Il se passa à ce moment, dans mon hôpital de Turin, un fait que les esprits forts taxeront peut-être de légende superstitieuse, oubliant facilement que la nature elle-même est pleine de mystères qu'ils acceptent sans en demander l'explication. Du reste, je n'ai pas la prétention d'expliquer, je raconte :

[1] Il est devenu général.

Les derniers convois avaient amené quelques blessés, entre autres un officier atteint d'une balle au genou.

Au bout de quelques jours, il parut entrer en convalescence, mais le trajet lui devint funeste ; des accidents graves se produisirent. Bref, il se mourait et l'on vint m'en prévenir. Il me faisait supplier d'aller le voir.

— « La mort n'attend pas, » me dit l'aumônier ; « il a, paraît-il, une communication importante à vous faire. »

Je bouclai mon ceinturon et partis.

Le moribond m'attendait impatiemment ; ma vue sembla ranimer ses forces ; il me remercia avec une effusion touchante et me fit ce récit :

Sur le champ de bataille de Solferino, un de ses camarades gisait mortellement atteint ; agenouillé près de lui il avait reçu la confidence suprême des dernières volontés du blessé.

Celui-ci, par un pressentiment dont on ne peut nier l'autorité, avait écrit un dernier adieu à la femme qu'il aimait, sachant que cette bataille lui serait funeste. La lettre cachetée était dans sa tunique et devait être remise aussitôt que le survivant aurait revu la France.

Or, c'était cette lettre que le confident, agonisant à son tour, voulait me remettre, sachant qu'il ne pourrait remplir la promesse faite à son ami mort.

— « Je vous en supplie, mon général, » disait-il, « n'oubliez pas. Il revient chaque soir près de mon lit, et me dit : Souviens-toi, souviens-toi. »

Je pris la lettre, je promis tout ce qu'on voulut et sortis fort remué. Pauvre garçon, je l'avais vu pour la dernière fois !...

En rentrant, je regardai l'adresse de la fatale lettre. Mais je la connaissais cette femme. Je me souvins de l'avoir remarquée moins d'un an auparavant, dans tout l'éclat d'une beauté resplendissante. J'avais entendu dire qu'elle était veuve, libre !...

Quel drame était caché derrière ce papier maculé ?

Je dois anticiper ici sur les événements. Quelques mois après, j'arrivais à Paris, car le souvenir de la triste mission ne m'avait jamais abandonné. J'écrivis à la jeune femme, lui demandant une entrevue.

Elle me répondit, par ce mot laconique :
— « Venez. »

Jamais émotion semblable ne m'avait remué;

j'aurais affronté de préférence la plus terrible bataille.

Elle m'attendait et m'accueillit par ces mots : « Vous venez de sa part, je le savais. »

Je racontai ce que j'avais vu et voulus me retirer. — « Restez, dit-elle, et parlons de lui.
« Il m'avait juré de revenir, il a tenu sa parole.
« Au jour et à l'heure de sa mort j'ai eu l'intui-
« tion de sa présence, et le mot « *adieu* » a été
« prononcé à mon oreille, d'une façon nette,
« précise!... »

Elle parla longtemps, me laissant écrasé sous l'impression de cette douleur et de ce charme, de cette confiance et de cette résignation. Elle était vraiment digne d'être heureuse et aimée.

Aujourd'hui, soumise à la règle la plus sévère, derrière les grilles d'un cloître, elle compte patiemment les jours qui la séparent de la réunion désirée. Le silence s'est fait sur sa vie en ce monde; et toujours elle attend, les yeux fixés sur l'espace où bientôt se révèlera pour elle la jeune et immortelle floraison des amours brisées ici-bas.

*
* *

La mission que je remplissais dans les hôpitaux, si généreusement aidé par de nobles femmes, à la tête desquelles se trouvait Mme la duchesse de Caumont La Force, ne fut pas sans utilité.

Je n'en donnerai qu'une preuve, mais à laquelle j'attache beaucoup de prix; c'est une lettre que m'écrivait un mois après mon retour en France, la charitable duchesse qui avait daigné se souvenir de moi et m'honorer de son amitié.

— « J'ai pensé, mon cher général, que vous
« seriez heureux d'avoir des nouvelles de nos
« pauvres blessés.

— « On a les transportés dans un hôpital civil
« piémontais, où le traitement et l'insuffisance
« de la nourriture en ont fait mourir plusieurs,
« qui étaient en bonne voie de guérison.

« Ce brave M. Saleron en est navré, mais
« sa position est très délicate; il n'ose pas faire
« d'observations aux médecins piémontais.

« Il m'a priée d'écrire au maréchal Vaillant
« pour lui dire ce qui en était; ma lettre est partie
« hier; nous espérons qu'il prendra d'autres
« mesures.

« Je surveille cela de très près, et me suis tout
« à fait fâchée l'autre jour avec le chirurgien en
« chef.

« J'ai même visité les typhoïdes et parlé à cha-
« cun ; ils font pitié ; hier, un pauvre soldat des
« Guides, qui a été amputé de la cuisse, dans
« notre ancien hôpital, et qui était en pleine voie
« de guérison, est mort tout à coup de faiblesse,
« le délire s'étant produit.

« J'avais écrit à son colonel, M. de Mirandol,
« afin qu'il obtînt une pension ; je reçois une
« réponse, hier matin, qui la lui promet.

« Tout heureuse, je pars pour lui porter cette
« bonne nouvelle ! Il était mort et déjà enterré !... »

Ces détails n'ont pas besoin de commentaires.

Passant alors à un autre sujet (et à ce propos, je suis heureux de voir ma façon d'envisager les choses, approuvée par une si haute autorité), la duchesse ajoutait :

« Je vois assez souvent notre ami M. de Rayne-
« val et M. Bartholdy de l'ambassade ; nous par-
« lons bien souvent de vous. Je veux, à cette oc-
« casion, vous conter que nous avons eu toutes
« les députations italiennes avec force cris d'en-
« thousiasme, bouquets, discours, musique de la
« garde nationale, un bruit à casser la tête. Triste
« comédie !..

« Il paraîtrait, qu'après les conférences de
« Zurich, il y aura un grand remaniement dans

« la diplomatie française. Mais rien n'est encore
« décidé quant aux Duchés, quoi qu'en disent les
« Piémontais, qui croient qu'il sera permis à
« Victor-Emmanuel de refuser ou d'accepter tout
« ce qu'on lui offre.

« La brigade de Savoie entre à Turin, on se
« prépare à lui faire une grande ovation; on dit
« (mais je ne puis le croire), que le 3ᵐᵉ Zoua-
« ves l'accompagne et tiendra garnison ici...
« Est-ce que par hasard notre empereur donne-
« rait au roi ce régiment? Le *seul* dont on chante
« merveille; j'espère bien que tous les officiers
« donneraient leur démission !

Les Piémontais s'écriaient hier soir :

— « Ah! s'il en est ainsi, voilà, au moins, un
« régiment français que nous pourrons fêter!...

« Les ingrats! je regrette chaque goutte de
« notre sang versé pour eux. »

⁂

Il advint, vers cette époque, un fait qui me
surprit et m'intrigua par sa singularité.

On m'amène un jour à Turin, conduit entre
deux sbires, un beau jeune homme de vingt-cinq
à vingt-six ans environ; blond, l'œil plein de

flamme, avec cet air distingué, franc, ouvert, qui vaut le meilleur des passeports. Je ne compris pas, il fallut s'expliquer.

Le jeune voyageur avait été arrêté à Gênes. Le général X***, un de mes collègues, peut-être par excès de zèle, mais en tous cas avec un manque absolu de perspicacité, l'avait retenu pour le déférer au conseil de guerre.

L'inconnu, menacé d'un jugement sommaire, montra un acte de démission bien en règle; il venait de quitter les rangs autrichiens, ne voulant pas servir contre l'armée française; il s'appelait Charette, neveu de l'illustre chef vendéen[1]. Sa conduite était celle d'un homme de cœur. La bonne entente s'établit vite entre mon prisonnier et moi. J'avais l'honneur de connaître sa tante, Mme la princesse de Lucinge; bientôt nous causions amicalement; par malheur, son nom n'était pas en odeur de sainteté sous le second Empire; voilà pourquoi son passage à Gênes avait été signalé.

J'abrégeai sa mésaventure et lui fis délivrer un passeport pour rentrer en France; mais quand il fallut mettre un nom moins dangereux, le

---

1. Le prisonnier n'était autre que le général baron de Charette.

jeune homme, avec une courageuse imprudence, refusa de laisser remplacer le sien.

J'insistai; je me fâchai même :

— « Voulez-vous donc, m'écriai-je, vous faire fusiller? »

Ce ne fut pas sans peine, que je pus faire entendre raison au bouillant, mais généreux entêté. Je lui souhaitai bien sincèrement « bon voyage »; puis il reprit sa route entre les deux sbires qui devaient, cette fois, assurer sa liberté.

. . . .

J'ai souvent pensé, depuis, à la sympathique figure de mon prisonnier d'une heure, surtout lorsque j'ai su qu'il était entré au service du pape, et qu'il avait vaillamment combattu à Castelfidardo et à Mentana.

CHAPITRE VIII

Voyage à Gênes avec le comte de Stackelberg. — Description de la ville. — Souvenir de Masséna. — Débarquement de l'empereur Napoléon. — Réception qui lui est faite. — État d'esprit de la population. — Rome est l'objectif de la politique. — Souvenir rétrospectif, une soirée chez le comte de Colloredo. — Pressentiments du pape Pie IX. — Visite à Alexandrie. — Le champ de bataille de Marengo. — La marche au canon de Desaix. — Comparaison avec la bataille de Magenta. — Mac-Mahon. — Regnaud de Saint-Jean-d'Angely. — Canrobert, ses démélés avec Sainte-Beuve. — Accident de chemin de fer. — Les régiments d'infanterie de la garde traversent Turin.

Désireux d'oublier les impressions pénibles qui m'avaient assailli dans la capitale du Piémont, trouvant que les labeurs de l'organisation méritaient une diversion, je montai en chemin de fer le 19 juillet au matin, pour aller visiter Gênes, avec le colonel de Brauer, le commandant Grégoire, le comte de Stackelberg, ministre de Russie, et son second attaché le prince Galitzin. Quatre heures furent bien vite passées en cette aimable société; notre conversation effleura les sujets actuels : la guerre d'abord, puis la paix arrivant (si le mot n'est pas impropre) en coup de foudre; enfin l'agitation causée par les derniers événements, et pour tout couronner le fameux nœud gordien de l'unité italienne. L'ambassadeur avait sur le patriotisme des Italiens du centre, sur la sincérité de ses élans, plus d'illusions que nous n'en avions dans l'armée française.

Malgré ces divergences d'opinion, nous ne pouvions résister au charme entraînant de ces natures slaves, chez lesquelles, par un phénomène singulier de vibration, une éloquence entraînante s'appuie sur une extraordinaire puissance d'assimilation, facultés d'autant plus captivantes qu'elles sont souvent au service d'intelligences supérieures.

C'était précisément le cas; j'ai rarement rencontré un homme aussi distingué que ce grand seigneur, type du véritable gentilhomme.

Ces êtres du Nord semblent avoir le don d'absorber le caractère de ceux qui les entourent.

Ils paraissent si pénétrés, si sincères, en parlant avec un accent légèrement hautain, que la suggestion opère sans que l'auditeur s'en aperçoive; on est subjugué par cette instantanéité prodigieuse; mais parfois il devient un peu embarrassant de distinguer entre la réalité et le mirage flottant de la steppe. Nos aimables compagnons de voyage, nous firent pourtant une concession, en convenant que les dix mille Italiens recrutés avec tant de peine, représentaient un chiffre dérisoire, pour témoigner de l'ardeur patriotique du peuple des Duchés et du Milanais.

Une manifestation puissante aurait eu sur l'Autriche un immense effet, détruisant toute arrière-pensée de retour en Lombardie. Grâce à cette apathie, la solution obtenue est transitoire et bâtarde; un jour ou l'autre tout sera remis en question.

.˙.

Vers deux heures, nous arrivions à Gênes! Qui ne se laisserait captiver par l'aspect enchanteur de cette cité puissante, assise au flanc des vallées de Polocera et de Bisagno, profilant au loin ses lignes vaporeuses, que couronne une double enceinte. Au fond du tableau, le mont

Diamant étale ses déchirures tragiques, largement striées par un éblouissant soleil.

Le golfe grandiose développait à l'infini sa surface si parfaitement polie, qu'à peine de temps à autre, une vague longue et silencieuse venait imperceptiblement plisser la mer d'un bleu foncé de saphir.

Le port encombré de vaisseaux de toutes nationalités, de barques aux formes étranges, enserre la ville, étageant et mêlant un dédale inextricable de rues tortueuses, de maisons délabrées dominées par les palais majestueux des Spinoza, Doria, chefs des Gibelins, des Grimaldi, Tuschi, tête et bras des Guelfes.

Le palais Durazzo est devenu le palais royal. Les terrasses des maisons couvertes d'orangers forment des toits verdoyants d'où flotte éternellement dans l'air une neige odorante. C'est une véritable ivresse.

Serait-ce une réminiscence de l'Andalousie; un souvenir de cette vieille domination espagnole, qui a frappé au dix-septième siècle une empreinte si forte, qu'elle se retrouve distincte, aux rives de l'Escaut et de la Meuse, tout autant qu'aux falaises de la Méditerranée?

Les églises sont nombreuses, trop chargées,

peut-être, mais bourrées de tableaux précieux et de trésors. C'est bien vraiment Gênes la superbe...

> Genova la superba!...
> Regina del Mediterraneo!...

Un souvenir très vivant a survécu aux bouleversements des empires, celui de Masséna, prince d'Essling, duc de Rivoli; cette grande et martiale figure reste gravée dans les mémoires par son glorieux surnom : « Enfant chéri de la victoire. »

Je voudrais pouvoir tracer un tableau fidèle des lieux parcourus; mes pensées reviennent forcément au souvenir de la guerre par la rencontre d'un grand nombre de militaires français, blessés pour la plupart; ils y attendent le jour de l'embarquement pour rentrer en France.

J'ai fait la connaissance du colonel Véron dit Bellecourt du 85me de ligne; il reçut à Magenta un éclat d'obus au milieu du front et un autre près de la bouche, au moment où le maréchal Canrobert, en voulant s'assurer de la position des tirailleurs ennemis, faillit être enlevé, dans son imprudente bravoure, par les hussards hongrois.

Le colonel, promptement remis de ses blessures, souffre encore des contusions reçues dans cette grave aventure, car il fut atrocement piétiné par les chevaux de l'escorte et faillit y perdre la vie.

Nous fîmes ensemble la visite obligatoire aux palais et aux inestimables galeries de cette opulente cité, illustrée par les Christophe Colomb et les Doria, chantée par le Tasse et Alfieri.

C'est dans le ravissant jardin du café de la Concordia, sous d'énormes orangers qui versent à profusion une ombre bienfaisante imprégnée de délicieux parfums, que je me fis raconter l'arrivée de l'Empereur lorsqu'il débarqua de son vaisseau *La Reine Hortense* et foula pour la première fois le sol de l'Italie.

Le vaissseau de guerre *Amphion*, de la marine sarde, lui faisait escorte. Aux abords du quai l'attendait le général Regnaud de Saint-Jean-d'Angely, commandant en chef de la garde, entouré d'un étincelant corps d'officiers[1]. Les ac-

---

1. Voici en quel termes le général Regnaud de Saint-Jean-d'Angely racontait, dans une lettre particulière, le débarquement de l'Empereur :

« C'est bien littéralement et sans métaphore, que la mer
« était couverte de fleurs, partout où passait le canot impé-
« rial, tandis que les nôtres formant escorte se remplissaient
« d'une pluie de bouquets. Le soir à sept heures, un ban-

clamations de la foule dominaient les salves d'artillerie, une pluie de fleurs jonchait les flots, surpris de cette aubaine; sur les marches du palais royal, se massaient les notabilités de la ville. L'Empereur, trouvant le lendemain le comte de Cavour avec le roi, lui souhaita la bienvenue par ces paroles :

« Eh bien, comte, voilà donc vos désirs satisfaits. »

Pour la première et dernière fois, sans doute, l'enthousiasme italien fut l'expression sincère de la vérité.

J'aurais joui complètement, au point de vue artistique de cet instructif voyage, si je n'avais

---

« quet d'une soixantaine de couverts a été offert au nom du
« roi à son hôtel impérial, puis à neuf heures on s'est rendu
« au théâtre en suivant une longue rue de palais, couverts de
« guirlandes, de banderolles, de pavillons, éclairés *a giorno*
« par des lustres et girandoles garnies de bougies de cire.
« C'était féerique. Le bouquet nous attendait au théâtre; six
« rangs de loges drapées, ornées chacune d'un lustre à bou-
« gies et garnies de femmes en grande toilette... Dire quels
« ont été les cris, les applaudissements, les mouvements de
« mouchoirs, la frénésie, enfin, de toute cette salle, quand
« l'Empereur y a fait son entrée, ceci est impossible! Au reste,
« toute cette population a le cri et l'applaudissement faciles;
« je ne puis pas mettre le pied dans la rue, quand je suis
« en tenue, sans être salué comme un final de Rossini.
« Dieu sait comment cela me va et je ne sors que pour le
« strict nécessaire!... »

été absorbé par l'intérêt palpitant du moment, l'analyse de cette opinion publique si ondoyante, de cet esprit vacillant comme toutes les impressions en deçà des Alpes.

Gênes est le vrai foyer de ce que le parti national ou républicain renferme de plus exalté. Il faut une expansion à ce fanatisme; aussi voit-on partout pamphlets, journaux, brochures anonymes à portée de toutes les bourses : on les vend généralement un sou. Tous les partis sont agités, mécontents, le désordre est dans toutes les idées.

Quel triste résultat! Nos victoires, qui ont coûté tant de sang, ne produisent que mécomptes et irritations. Les espérances des Mazziniens se réconfortent de ces ferments divers, surexcitant les esprits.

Nous nous sommes promenés triomphalement en Italie, allumant dans les Duchés une flamme que nous cherchions à éteindre dans les Romagnes. Il n'y a pas à s'y méprendre, Rome est maintenant le seul objectif de la politique de Cavour. Mais le fin diplomate voudrait donner une apparence de justice à cette spoliation, en obtenant une sorte de compromis de l'autorité pontificale avec la France, qui céderait au Piémont son rôle protecteur. Jolie protection!...

Dieu veuille faire comprendre à l'Empereur que le trône pontifical est la sauvegarde du trône impérial. Les fautes de Napoléon Ier contre la papauté ont servi à précipiter sa chute, autant que les désastres d'Espagne et de Russie, qui en furent les conséquences.

Malheureusement, tout cela se prépare depuis longtemps, et la France s'est laissé engager dans les trames de l'Italie.

Mes relations avec le monde diplomatique étranger à Rome et avec cette aristocratie de l'univers entier, qui, chaque hiver, s'y donne rendez-vous, me firent pressentir, à mon grand étonnement, les projets de Sa Majesté française à l'endroit de l'Autriche. Il y a de cela trois ans, me trouvant chez le comte de Colloredo, alors ambassadeur de Vienne, aujourd'hui plénipotentiaire à Zurich, dans les magnifiques salons du palais de Venise, qu'il inaugurait après une restauration d'un goût parfait, j'y rencontrai un haut personnage de l'Empire, de passage dans la ville papale.

Au milieu d'un groupe nombreux et animé, où mille sujets internationaux avaient été effleurés, il se retourna brusquement vers moi : « Voyons, colonel, pourquoi votre Empereur

« déjà si puissant veut-il nous faire la guerre? »

Mon étonnement fut excessif. Était-ce de l'ingénuité? Dans ce cas, elle fut partagée par mon entourage.

— « La guerre, nous écriâmes-nous ensemble, « mais comment peut-on croire que Napoléon III « songe à la guerre ! »

Le prince étranger, mieux au courant que nous de la situation, nous regarda... comme on regarde des naïfs... Je n'en fus pas blessé, j'étais en si bonne compagnie.

Avec un bienveillant sourire, il me tendit la main : « Je voudrais partager votre sérénité, ajouta-t-il; mais regardez bien et... souvenez-vous. »

Je classai cette conversation dans un coin fort reculé de ma mémoire.

Aujourd'hui je me souviens et... j'ai vu !

La veille du jour où je quittai Rome, le 15 janvier 1859, j'eus l'honneur d'avoir avec le Saint-Père un entretien qui m'impressionna vivement; les probabilités de guerre, l'événement du jour, en firent naturellement le sujet.

Sa Sainteté me parla dans les mêmes termes que mon ancien interlocuteur autrichien, me demandant pourquoi l'Empereur voulait la guerre :

— « Napoléon n'est-il pas encore assez grand, » ajoutait-il. « Faire la guerre, et pour qui? pour « le Piémont, ce foyer de toutes les mauvaises « doctrines, de toutes les passions dangereuses à « la société. Quant à moi, vicaire de Jésus-Christ, « successeur de saint Pierre, je désire mourir sur « ce trône qui est le sien; mais si ma destinée me « conduit à Capraïa, que la volonté de Dieu s'ac-« complisse. J'irai... » Ce noble visage, si bienveillant et si attristé, s'illuminait alors d'une clarté surnaturelle que je ne puis oublier!..

Quel souverain pourra lutter sans rougir contre une semblable résignation? Qui osera tenter le suprême assaut? Qui prendra la responsabilité de creuser l'abîme entre l'Italie catholique et l'Italie sacrilège?

Le pape attend, et il ne craint que Dieu.

. .
. .

C'est dans le trajet de Gênes à Alexandrie, que livrant mes réflexions à d'aimables compagnons de route, je leur fis part de ces souvenirs qui eurent au moins le mérite d'abréger le temps.

Alexandrie, après Gênes surtout, paraît la ville

la plus triste du monde, mais elle s'impose à l'attention par ses magnifiques fortifications.

Je comprends que Napoléon Ier ait dépensé la formidable somme de vingt-cinq millions pour en faire une position militaire de premier ordre.

Détruits par les Autrichiens en 1814, reconstruits en 1855, ces ouvrages peuvent défier les attaques; c'est un cadeau du Piémont qui fit une souscription pour donner au roi la citadelle et cent pièces de canon. La ville en est séparée par le Tanaro. Ces remparts ont joué un grand rôle dans la dernière guerre, sauvant Turin en empêchant la pointe que le général Giulay aurait dû faire sur cette capitale avant l'arrivée des Français. Un esprit plus entreprenant n'aurait pas manqué d'exécuter ce coup d'audace (qui eut évidemment réussi), ne fût-ce que pour augmenter par un premier succès l'élan des troupes et prouver aux Piémontais, pour la seconde fois, depuis Novare, qu'il ne leur est pas possible de résister seuls à une armée autrichienne.

« *Farà da se* » est un mot... nous n'avons pas encore vu la chose.

Pendant son séjour dans cette place forte, Napoléon III offrit à l'Église des cadeaux de grande valeur. Le 18 mai, au théâtre, on lui fit une ovation; une cantate fut chantée en une infinité de couplets dont le lyrisme croissait avec le nombre.

Aujourd'hui les habitants d'Alexandrie ont perdu la voix!...

Nous visitâmes le champ de bataille de Marengo; des armes rouillées, des projectiles, des ossements blanchis, témoignent de l'ardeur de cette lutte acharnée. Un Italien a fait, par spéculation, un musée de tous les objets importants trouvés dans la plaine; il offre, à mon avis, bien moins d'intérêt que l'examen du terrain lui-même et du ravin de Fontanone, où tant de cadavres autrichiens furent entassés.

Qui dira le nom de ces braves victimes du patriotisme ou de l'ambition? Si la campagne d'Égypte a mérité le nom de « Roman de la gloire, » la campagne d'Italie ne pourrait-elle pas s'appeler le « Roman de l'audace? » L'audace toujours... telle est souvent la raison du succès, et ma pensée s'en allait à cette merveilleuse aventure du premier Empire, débutant par un des faits les plus extraordinaires de l'histoire, le passage du mont Saint-Bernard, alors qu'en 1800 l'armée s'élançait sous le commandement d'un général de 30 ans à la conquête de la Péninsule. Miraculeuse entreprise, qui contraste singulièrement avec la timidité de certains plans. Je ne sais vraiment ce que l'on doit admirer le plus du génie créateur de l'idée ou de l'immense courage de l'exécutant. Des ossements blanchis, voilà tout ce qui reste de ces inconnus, qui avaient exécuté cette chose prodigieuse, passant ces ravins meurtriers, escaladant les pics et les glaciers infranchissables, hissant au sommet des Alpes les pièces d'artillerie, en les enfermant dans des arbres creusés, qui leur servaient d'enveloppe.

Je saisis l'occasion qui se présente ici, de rendre hommage à la parfaite clarté du récit de l'illustre auteur du Consulat et de l'Empire.

Nous visitâmes les ponts, par lesquels débouchèrent les Autrichiens, franchissant la Bormida, et ne pûmes nous empêcher de remarquer la coïncidence qu'il y eut entre le mouvement tournant de Desaix marchant au canon, qui vint assurer la victoire un moment compromise, et celui de Mac-Mahon, amenant le 2me corps sur les hauteurs de Magenta, au secours de la vaillante garde.

C'est un fleuron ajouté à tant d'autres, cette couronne de duc, qui vient de lui être accordée, illustrant un nom glorieux déjà et estimé à si juste titre.

Nous avions débuté à Saint-Cyr ensemble, et dans cette nature réservée, modeste, se concentrant parfois dans une sorte de défiance de soi, on sentait cependant la volonté inflexible, la confiance dans le succès et dans la fortune du futur héros de Malakoff et d'Italie [1].

Et pour que tout dans ces deux gigantesques batailles parut calqué sur le même modèle, quelle étrange ressemblance entre l'héroïque défense du Naviglio par le maréchal Regnaud de Saint-Jean-d'Angely et celle du Fontanone par Lannes!

A Marengo comme à Magenta, c'est le même général qui supporte, pendant toute une journée, l'effort des masses ennemies, avec un sang-froid inaltérable et une admirable ténacité, jusqu'à l'arrivée des troupes fraîches qui décident du sort de la bataille. Là c'est la garde consulaire, que rien ne peut entamer et qui sert de noyau à la résistance; ici, c'est la garde impériale; ce sont à soixante ans de distance les mêmes grenadiers; les Autrichiens peuvent reconnaître ces terribles bonnets à poils.

Là, comme ici, se trouve l'Empereur en personne. L'oncle encore débutant doit à l'énergie

---

[1]. Voir les états de service du maréchal de Mac-Mahon. Pièces justificatives. Note II.

de Lannes sa fortune; le neveu, à l'apogée de la puissance, doit à l'inébranlable Regnaud de Saint-Jean-d'Angely, la gloire et la liberté. Sans ces admirables dévouements l'histoire, à la place d'une victoire, eût enregistré à Magenta comme à Marengo, un épouvantable et peut-être irrémissible désastre. Plus heureux toutefois que son devancier Desaix, tombé mort aux premières charges, Mac-Mahon a pu cueillir lui-même ses lauriers.

En évoquant ces souvenirs, je ne puis passer sans m'arrêter devant la mâle figure du maréchal Canrobert, qui vient aussi de se signaler dans cette campagne par sa bouillante valeur[1], et dont le nom rappelle à ma mémoire les lointaines années de Saint-Cyr[2]. Alors sa nature expansive se complaisait déjà dans les récits de combats et de victoires, les glorieuses actions des héros de l'antiquité le passionnaient étrangement.

On sentait que ce caractère chevaleresque se laissait aller aux grandes envolées de l'imagina-

---

1. Dans sa première dépêche à l'Impératrice, après Magenta, l'Empereur nommait Regnaud de Saint-Jean-d'Angely et Mac-Mahon; dans une seconde, Canrobert était nommé premier.
2. Voir aux pièces justificatives les états de service du maréchal Canrobert. Note I.

tion, aux rêves des paladins de la légende héroïque, et que cette tête hardie d'adolescent, aux longs cheveux bouclés, aurait noblement figuré, sous l'armure à quelque brillante passe d'armes.

Plusieurs fois, j'ai eu la bonne fortune de servir sous les ordres du maréchal Canrobert, entre autres à Lyon où il succéda à M. le maréchal de Castellane, et sa bienveillance ne m'a jamais fait défaut.

Il est en ce moment à Paris et j'ai l'honneur de le rencontrer souvent; le monde s'est fort occupé de lui en mars 1867. Sainte-Beuve prenait alors violemment parti pour Renan, à propos de ses écrits irréligieux si justement attaqués.

Le maréchal, qui est un vrai croyant doublé d'un hardi batailleur, se prit de querelle avec le champion de cette mauvaise cause et le malmena rudement.

On parla même d'un duel, que l'on eut quelque peine à empêcher. Pour ma part, je n'aurais pas été fâché de voir mettre en déroute cette séquelle d'esprits pervers, qui, sous le couvert de talents littéraires certainement indiscutables, se plaît à bouleverser la société et à préparer à la France un avenir d'athéisme, qui peut nous conduire fort loin.

Turin se réveilla, le 25 juillet, sous le coup d'une profonde émotion.

Deux trains, lancés à grande vitesse, se heurtèrent à 2 kilomètres de la ville. Le premier, parti de Turin avec deux locomotives, emportait l'artillerie autrichienne et les glorieux trophées de Magenta et de Solferino.

L'autre, venant de Suze, était chargé du matériel d'artillerie sarde. Le choc fut terrible : des machines, des wagons, des chevaux, des hommes furent broyés, mis en charpie. Je me rendis sur les lieux.

Quel triste spectacle! plus lugubre encore qu'un champ de bataille. Nous comptâmes onze morts et quarante blessés.

Le capitaine d'état-major Jumel, qui se trouvait dans le convoi, fit preuve d'un grand courage et d'un rare sang-froid.

Il escalada, sans perdre une minute, cette terrible montagne de débris pour aller ouvrir les soupapes. Sans cette action hardie et qui mérite de n'être point passée sous silence, une explosion suivie d'incendie était à redouter, mettant le comble à l'horreur de ce désastre.

Douze artilleurs français se trouvaient au nombre des blessés ; ils avaient assisté aux plus chauds combats de la campagne, et pensaient rentrer chez eux sains et saufs.

La fatalité et l'imprévoyance de la compagnie en avaient disposé autrement.

Je fis compter trois mille francs au canonnier Bernard qui avait une jambe broyée.

J'en aurais demandé vingt mille à l'administration coupable et imprudente, si, comme on le craignait tout d'abord, l'amputation eût été jugée nécessaire.

Le comte d'Espagnac et sa famille, dont deux charmantes jeunes filles, se trouvaient au milieu de cette épouvantable catastrophe. Ils se rendaient dans le duché de Modène, où le comte possède le magnifique château de Sassuelo.

J'eus le bonheur de pouvoir être utile aux voyageurs. Remercié, comblé d'amabilités, invité, je fus récompensé bien au-delà de mes faibles services, en voyant le sourire revenir sur les lèvres des charmantes filles de M. d'Espagnac.

J'aurais été heureux de les revoir, mais des fonctions absorbantes ne me permirent pas ce plaisir. C'est ainsi que dans la vie il y a tant d'adieux et de regrets, tant de jours fortunés sans lendemain!

Cette débâcle du chemin de fer, en rompant momentanément les communications avec Suze, arrêta les régiments d'infanterie de la Garde à Turin. Pendant les journées des 25, 26 et 27 juillet, je prescrivis de faire camper ces troupes sur les glacis de la vieille citadelle; les officiers furent logés dans les hôtels.

Je pus étudier, à mon aise, la physionomie et les impressions de ces beaux régiments que j'ai depuis été si fier de commander. Ils rentraient en France, pleins du noble sentiment d'amour-propre satisfait et de devoir accompli. Je constatai que les militaires de tout grade étaient bien refroidis pour l'Italie. La sympathie est un sentiment qui se lasse infailliblement, si la réciprocité ne vient pas le rajeunir et le raviver.

Ce n'était pas le cas; aussi les troupes manifestaient franchement la joie du retour.

Assez de sang français a rougi depuis des siècles le sol aride de la haute Italie, sans en faire sortir la moisson dorée qu'eût mérité un si précieux engrais.

CHAPITRE IX

Le général de la Marmora, ministre de la guerre. — Son caractère, sa fermeté en présence de Garibaldi. — Son opinion sur le prince Napoléon. — Dissentiments du prince et de l'Impératrice. — Un mariage manqué. — L'Impératrice régente, nature de son influence. — Anecdote sur le prince impérial. — Le comte de Santa-Rosa. — Ses idées sur le pouvoir temporel. — Étrange moyen de conciliation. — Comment se préparent les révolutions. — Le comte de Rayneval, ambassadeur de France à Rome. — Son rapport sur la situation du pouvoir temporel. — Un voleur qui n'a rien volé. — Les conséquences d'une mauvaise action.

Je commençais à m'habituer aux soubresauts de l'esprit turinois et, plus maître de ma parole que je ne l'aurais été au lendemain du départ de l'Empereur, je compris qu'il était temps de commencer la tournée des visites officielles.

A tout seigneur tout honneur : la première fut pour le ministre de la guerre. Le général marquis de la Marmora est un homme fort intelligent, remarquablement instruit, qui a beaucoup appris, beaucoup observé.

Ses idées en matière d'organisation militaire sont évidemment françaises. S'il varie quelquefois dans l'application, c'est par raison d'économie, et pour satisfaire aux exigences du gouvernement parlementaire.

Il est visiblement heureux des résultats obtenus et a le droit d'en être fier; la solidité remarquable dont l'armée sarde a fait preuve dans la dernière guerre est en partie son œuvre.

Rien de tel qu'une bonne organisation pour mettre en valeur pratique l'élan et le courage; celle que l'on devait au labeur assidu du général de la Marmora, témoignait hautement en sa faveur. C'est d'ailleurs la tenue admirable du petit corps qu'il avait formé et dont il eut le commandement en Crimée, qui le désigna pour le poste important qu'il occupe.

Le ministre de la guerre [1] est un homme d'une grande prudence, d'une honorabilité inattaquable, et renoncerait à la situation la plus brillante plutôt que d'user des moyens révolutionnaires, qui semblent être l'instrument de prédilection de

---

1. Le marquis de la Marmora eut un cheval tué sous lui à Palestro aux côtés du roi.

presque tous les hommes de son pays. L'exemple d'ailleurs vient de si haut !...

Un fait tout à l'honneur du ministre me prédisposa en sa faveur.

Au mois d'avril 1859, des bandes révolutionnaires parcoururent les rues de la capitale au cri de : « Vive Garibaldi ! » promenant de grotesques images sur lesquelles, à côté de la tête glabre de l'avocat Cavour, s'étalait la barbe hirsute du condotieri surmontée du chapeau calabrais. On réclamait pour lui le titre de général. La Marmora refusa nettement le brevet; il refusa aussi de laisser les journaux pénétrer dans les casernes; il refusa d'incorporer dans les régiments les réfugiés et les volontaires [1].

La presse radicale demanda son remplacement.

La Marmora, s'inquiétant peu des clameurs, alla trouver le roi et lui tint ce discours : « Sire, j'ai travaillé dix ans à la reconstitution de l'armée, elle est prête; je réponds d'elle et je la défendrai contre la désorganisation et l'élément perturba-

---

1. Peut-être dut-il céder plus tard dans ses résistances, car un décret royal en date du 17 mars, avait arrêté l'organisation des *chasseurs des Alpes* et ce corps, composé de deux régiments, fut placé bientôt sous l'autorité et l'administration du ministre de la guerre; en même temps, Garibaldi était nommé général-major.

teur tant que j'aurai l'honneur d'être son chef. »
Le roi lui donna raison.

Garibaldi, cet aventurier formé par nous dans les pampas de Montevideo, et qui nous avait déjà témoigné sa reconnaissance en tirant sur nos soldats derrière les murs de Rome, réunit environ quinze cents partisans, vrais suppôts de la révolution et soldé moitié par Cavour, moitié par l'Angleterre, se jeta dans la zone des Lacs où il n'a jamais rien fait, à l'exception de l'occupation peu disputée de Côme[1]. Il se trouva, je dois l'avouer, dans le pays et même dans la presse un groupe sérieux qui donna raison au ministre.

[1]. Après une escarmouche, le 8 mai 1859, Garibaldi entre à Varèse inopinément; le 23 il déjoue une surprise des Autrichiens et occupe Côme. A ce moment, Giulay donne l'ordre au général Urban de châtier Varèse et de cerner Garibaldi. Celui-ci manquant de prudence et faisant la guerre en fantaisiste, était allé tenter un coup de main sur Laveno (Lac Majeur); sa tentative ne réussit pas, il fut repoussé, revint sur Varèse qui avait été bombardé, et trouva Urban établi sur les hauteurs, commandant la route de Milan. Garibaldi se trouvait acculé dans un entonnoir, entre la frontière tessinoise et le lac Majeur; sans la diversion apportée par la marche tournante de l'armée française, après Montebello, qui força Giulay à rappeler Urban, l'aventurier était perdu.

Le jour de l'entrée de l'Empereur et du roi à Milan, Garibaldi vint présenter ses hommages à Leurs Majestés et reçut en récompense de ses exploits la médaille d'or : « A la bravoure militaire. » (Papiers du maréchal Regnaud de Saint-Jean-d'Angely.)

Au bout de trois jours, la visite me fut rendue.

La conversation eut un caractère de franchise, de confiance, qui me fit un vrai plaisir.

Au cours de cet entretien, qui roula plus particulièrement sur les conséquences de la paix, le général de la Marmora parla d'une façon qui me confirma dans l'opinion émise par plusieurs diplomates français et étrangers, que le prince Napoléon après avoir poussé, avec tant d'acharnement à la guerre, avait été ensuite un des principaux promoteurs de la paix.

Tous m'avaient fait entendre clairement que le cousin de l'Empereur fut cause de la cession, à l'Autriche, des deux forteresses de Mantoue et de Peschiera.

— « Oui général, » me disait un grand seigneur italien à la suite d'un dîner, « le prince Napoléon mit une telle précipitation à conclure, au nom de votre empereur, pendant sa mission à Vérone, qu'il aurait *tout lâché*. » En proie à une vive indignation, mon interlocuteur renversa la tasse de café qu'il tenait à la main, dans son gilet d'une entière blancheur.

— « Prenez garde, cher comte » lui répondis-je, « *vous lâchez tout* à votre tour, » et je ne pus m'empêcher de rire.

La conduite du prince, connue de tous les Piémontais, n'est pas de nature à augmenter leur bienveillance pour celui qui n'a pas l'art de se faire aimer.

Je partageais trop ces sentiments pour m'en indigner. Sincèrement dévoué à la personne de l'Empereur et à notre gracieuse souveraine, voyant dans le maintien d'un gouvernement fort et glorieux, qui ne pourrait être renversé que par l'émeute l'avenir de la France, j'ai tout naturellement peu d'entraînement pour un prince qui conspire contre les intérêts de son pays et de sa famille, contre tout ce qui est grand, noble et généreux.

Malgré une intelligence hors ligne, une instruction sérieuse et un charme très grand dans l'esprit et la conversation, le prince n'a réussi ni en France, ni dans sa nouvelle patrie d'adoption, et cependant la révolution italienne a trouvé en lui un partisan convaincu au grand désespoir de la princesse Clotilde, cette admirable fille de la maison de Savoie, qui sait si bien allier au souvenir de sa grande race, le respect de l'Église et de la papauté.

Aujourd'hui l'hostilité est devenue presque déclarée, entre Sa Majesté l'Impératrice et le prince

Napoléon. Les causes en étaient jusqu'ici restées assez obscures. Peut-être en faudrait-il chercher l'origine première dans un échec d'amour-propre.

Un familier de la maison m'a en effet affirmé que jadis le prince, comme tant d'autres, n'avait pas échappé au charme vainqueur de la beauté radieuse de M??? de Montijo.

Il avait eu alors des idées de mariage, étouffées dans l'œuf par la perspective d'une alliance impériale, et ne se serait jamais résigné à cette déception. L'hostilité latente était arrivée peu à peu à la période aiguë.

L'Empereur partant pour prendre le commandement des armées alliées, une régence s'imposait à l'État. Il fut un moment question de choisir le prince Napoléon ; ce projet était vivement appuyé par Victor-Emmanuel qui n'avait accepté le mariage qu'à contre-cœur, et n'était pas fâché de voir l'élévation d'un gendre peu favorisé et distingué jusque-là.

L'Impératrice, qui n'avait pas encore fait d'incursion sérieuse dans le domaine réservé de la politique, intervenant brusquement, obtint, dit-on, l'envoi du prince, avec un commandement secondaire, à l'armée d'Italie et devint régente.

Elle eut dès lors dans le conseil une influence fort naturelle.

Bonne comme l'est toute femme dont la beauté supérieure se sait au-dessus des rivalités. Croyante comme une Espagnole et vraiment Française par le cœur, l'Impératrice désirait la gloire; mais tout en aimant et respectant la religion et son chef suprême, elle acceptait dans les aventures italiennes ce qui pouvait apporter au trône un regain d'éclat. De là viennent, peut-être, ces tergiversations dans la politique de l'Empereur, qui ne trouve pas dans les idées de la régente un contre-poids suffisant [1].

Je ne puis résister au désir de citer un bon mot, attribué, plus tard, au prince impérial, et qui eut un double succès à cause de celui qu'il atteignait et de l'enfant précoce qui en était l'auteur.

Plusieurs fois, le jeune prince avait confondu les mots *malheur* et *accident,* qu'il employait à tort et à travers; pour lui faire comprendre la différence, l'Impératrice dit un jour à son fils, qui avait alors six ou sept ans :

[1]. Sincère jusqu'à la brusquerie, Sa Majesté donna, dit-on, une franche accolade au lieutenant-colonel Smith, lorsqu'il lui remit, de la part de l'Empereur, le drapeau du 19ᵐᵉ régiment autrichien pris par les zouaves à Magenta.

— « Voyons, Louis, prenons un exemple; eh! bien, si ton cousin le prince Napoléon tombait à l'eau ce serait un accident, et si on le retirait... »

— « Ce serait un malheur!... » interrompit avec vivacité l'enfant. « Oh je comprends... je comprends... »

La chronique prétend que l'Impératrice ne put s'empêcher de rire de cette répartie qui naturellement fit fortune.

Vrai ou faux le mot me plut et je le retins.

.·.

Quelques jours après mon entrevue avec le ministre de la guerre, je trouvai l'occasion de parler de l'incident de Vérone à M. le comte de Santa-Rosa, conseiller d'État, ancien directeur du ministère de l'intérieur. Il était allié par sa première femme à mon chef immédiat le général d'Hugues, je le voyais donc souvent dans l'intimité. C'était un homme remarquablement instruit et jouissant d'une considération justement méritée, mais qu'une santé fort délicate menace d'enlever de bonne heure au gouvernement de son pays dont il était une des lumières.

Son dévouement à la maison de Savoie l'a entraîné, comme bien d'autres, à la remorque des projets de Cavour, qui sont souvent loin d'obtenir l'approbation de sa conscience.

M. de Santa-Rosa, qui, à l'époque du mariage de la princesse Clotilde, occupait un poste des plus importants, nous communiqua les détails qui ont précédé et suivi cette union, dont le roi ne voulait pas plus que sa fille, que la noblesse, que le peuple.

On dut faire des prodiges d'adresse diplomatique, répandre beaucoup d'or, pour empêcher des manifestations hostiles au prince fiancé et à l'Empereur lui-même. Je dois pourtant rendre hommage à la vérité et ajouter qu'après la première entrevue, la jeune princesse, qui n'était qu'une enfant, se trouva mieux disposée à accepter une combinaison, que les besoins du moment commandaient d'une manière impérieuse, et que le roi lui-même, malgré ses répugnances, considérait comme indispensable.

Causer avec un galant homme mêlé aux affaires et à la haute politique de son pays, était un réel plaisir, et pourtant je ne partageais pas les idées de M. de Santa-Rosa sur le chapitre brûlant de la question romaine. Mais il avait des manières si affables, des formes si parfaites, capitonnant si bien la divergence des opinions que nous restions, en discutant, les meilleurs amis du monde.

Si j'insiste sur cette personnalité intéressante, c'est afin de prouver que les hommes du Piémont, même ceux que l'on peut à bon droit classer parmi les modérés, sont imbus de principes tellement avancés, qu'ils préféreraient se faire révolutionnaires, intransigeants, même *Mazziniens*, plutôt que de rétrograder.

Certes, le comte de Santa-Rosa ne se sert pas des termes catégoriques et si peu parlementaires que j'ai trouvés sur les lèvres de certains grands seigneurs ou généraux, à l'endroit du Saint-Siège et du pouvoir temporel du pape. Malgré cela, son opinion bien arrêtée est qu'il faut renverser l'autorité papale. — « Car, disait-il, elle est l'obs-
« tacle moral et matériel, le plus sérieux, à cette
« question capitale : l'unité de l'Italie. » Sa qualité de catholique et plus encore le pressentiment d'une fin prochaine (car tous ont une peur affreuse des jugements de Dieu), lui font concéder ce qu'il appelle des *pactisations*.

Il consentait à laisser au pape le pouvoir spirituel!...

Je lui fis remarquer que je connaissais Rome, que j'avais été à même d'étudier cette puissance qui prend son point d'appui sur la plus sainte des religions, et que jamais on n'obtiendrait du pape des concessions volontaires, contraires à ses devoirs, à ses serments. Mais je perdis mon latin, en cherchant à lui prouver que le pouvoir temporel était absolument indispensable à l'indépendance du vicaire de Jésus-Christ comme chef spirituel du catholicisme.

— « Renoncez, » ajoutai-je, « à espérer une cession volontaire. La plus haute diplomatie ne peut rien contre la puissance surnaturelle. »

— « Il est certain que c'est fort compliqué, » répondit-il, d'un air pensif, « mais... »

— « Alors, voyons votre programme, vos moyens. »

Le comte en trouva un fort ingénieux, que je m'empresse de citer; je le regardais avec attention, positivement il ne se moquait pas de moi; j'aurais pu le croire, si l'expérience ne m'avait appris jusqu'où peut aller la déraison d'une intelligence qui perd le sens moral et religieux.

— « Voyez, mon cher général, on devrait me faire pape et je renoncerais immédiatement au pouvoir temporel, en faveur de ma noble patrie ! » C'était vraiment risible; je ne contins pas une explosion de gaîté.

— « Comment, vous ne trouvez pas que j'ai raison ? »

— « En vérité, je ne vous vois pas sous ce jour... permettez-moi de vous affirmer que si seulement on vous faisait cardinal, vous changeriez d'avis... parions que vous seriez alors plus conservateur que moi. »

— « C'est peut-être beaucoup dire, » me répondit-il, avec un sourire ironique :

« Et pourtant *chi lo sa?* »

Ces faits, ces conversations parlent assez haut !...

Ne devrions-nous pas méditer ce mot de M. de Maistre, lui aussi enfant de la Savoie, champion intrépide de la foi, qui de sa plume dominante taillait de rudes besognes aux esprits forts :

— « Si j'étais athée, » disait-il, « je déclarerais le pape infaillible par édit public, pour l'établissement de la paix sociale. »

*
* *

Je pourrais citer bon nombre d'anecdotes, prouvant ce que peut produire la passion politique au service d'une mauvaise cause. Un fait qui s'est passé sous mes yeux à Rome servira d'exemple.

Le comte de Rayneval[1], secrétaire d'ambassade à Rome, en Russie, à Naples, puis enfin ministre à Gaëte en 1849, montra la plus grande habileté dans ces différents postes. Aussi Napoléon III le nomma-t-il ambassadeur à Rome en 1851. J'eus l'honneur de l'y trouver, l'année suivante, et de le voir présider avec un rare talent et une droiture inattaquable à la réorganisation des États de l'Église.

Aucun ambassadeur ne pouvait aussi bien convenir au poste délicat de Rome : une étude approfondie des habitudes et du caractère de la cour pontificale, lui donnait toute autorité pour aider le Saint-Siège de ses conseils éclairés.

Deux ans avant les événements présents, c'est-à-dire en 1857, le comte de Rayneval fut chargé par le ministre des affaires étrangères, de lui adresser un rapport sur la situation des États de l'Église.

C'était au lendemain du congrès de Paris, où le

1. Les Rayneval appartiennent à une ancienne famille d'Alsace qui a donné de tout temps à la France des magistrats éminents et des diplomates de haute envergure.

En 1786, il y eut un Rayneval publiciste et parlementaire distingué, et aussi sous le premier Empire et la Restauration.

comte de Cavour avait fait contre le gouvernement pontifical des plaintes amères et peu justifiées. Il fallait savoir à quoi s'en tenir et être renseigné.

Le rapport, révélant quelques vérités, qui bien que présentées sous la forme la plus obligeante, la plus mesurée, établissaient néanmoins la faiblesse (humainement parlant) d'un pouvoir qui malheureusement ne trouve d'appui solide, ni sur l'esprit ondoyant des populations, ni sur les baïonnettes de son armée, devait rester absolument confidentiel.

Le gouvernement de l'empereur Napoléon III cherchait déjà à cette époque, d'accord avec le gouvernement sarde, à miner l'influence autrichienne en Italie ; il avait intérêt à faire connaître à un envoyé ou représentant de Victor-Emmanuel les appréciations du moment. Donc (évidemment par ordre du ministre des affaires étrangères, dont la confiance fut bien imprudente), l'ambassadeur dut remettre ses feuilles aux mains de l'attaché sarde, M. M***.

L'écrit devait être lu simplement ; promesse formelle avait été faite de n'en pas prendre copie.

Ce rapport fut rendu au comte de Rayneval à court délai, temps convenu, vingt-quatre heures au plus et soigneusement placé, sous les yeux de l'attaché sarde, dans un tiroir, fermant à clef, où l'ambassadeur avait l'habitude de renfermer ses papiers les plus importants, des objets précieux, quelques bijoux anciens [1].

Pendant la nuit qui suivit la remise de ce document confidentiel, plusieurs individus s'introduisent dans le cabinet de l'ambassadeur, forcent et fouillent le bureau, mettant tout dans un désordre indescriptible, pénètrent ensuite dans la cuisine où l'on trouve le lendemain les débris d'un copieux festin.

La première pensée de M. de Rayneval fut naturellement que des voleurs avaient visité son palais dans l'intention de soustraire des objets de prix.

Il déposa sa plainte à la police française et à la police romaine; il fut d'abord impossible de rien retrouver dans le chaos inextricable où toutes choses gisaient entassées, jetées çà et là.

Mais bientôt un examen plus attentif fit connaître au comte que ni papiers, ni argent, ni

---

[1]. Parmi ces objets se trouvait la fameuse médaille de Gaëte, d'une valeur de deux mille francs, que le pape avait donnée au comte de Rayneval, le jour de son retour dans la Ville éternelle.

bijoux n'avaient été enlevés; qu'il était victime d'un coup hardi, d'une trahison inqualifiable.

La presse ne tarda pas à tout expliquer. Le *Daily News* et l'*Indépendance Belge* donnèrent le mot de cette énigme, en insérant dans leurs colonnes le fameux rapport perfidement copié et même dénaturé dans ses parties importantes.

Personne ne crut au voleur de bas étage. Il fallait une connaissance absolue des lieux.

Le désordre voulu dans le cabinet de l'ambassadeur, l'orgie dans les offices du palais Colonna, tout cela comédie!... pure comédie!... L'opinion publique ne prit pas le change; une sympathie universelle entoura le comte de Rayneval si profondément aimé, si estimé de tous.

Mais après la publication de ce document qui ne devait aller qu'au ministre, il ne voulut pas rester à Rome et fut nommé à Saint-Pétersbourg : c'était une condamnation à mort.

Malade de la goutte et de rhumatismes, habitué au doux climat de l'Italie, qu'il trouvait même parfois trop rude pendant l'hiver, il n'aurait pu affronter sans danger la température glaciale de la Russie.

Le chagrin prit les devants; il mourut à Paris avant de gagner son nouveau poste.

Le comte de Rayneval n'avait que quarante-cinq ans. De pareils caractères ne trouvent pas leur récompense ici-bas.

Je saisis avec empressement cette occasion de payer mon tribut de reconnaissance à celui qui m'honora de son amitié, pendant mon séjour à Rome, et dont le caractère inattaquable força le respect même de ses ennemis. Quel fut l'auteur ou du moins l'agent responsable de cette mauvaise action, je ne me charge pas de le dire.

Coupable ou non, l'attaché sarde se défendit mal devant l'opinion publique, qui le mettait forcément en cause.

Il dut aussi quitter Rome et fut envoyé en H...... avec avancement. J'espère bien sincèrement, pour lui, que cette récompense ne fut pas méritée.

L'affaire fit grand bruit, personne n'en ignora les vrais incidents. Sans parler de la société diplomatique étrangère, je citerai comme témoins mes amis, mes compatriotes de l'ambassade : le comte de Breteuil, le baron Baude, M. de Sampayo, M. Mangin, préfet de police, etc. Et comme tout devait être extraordinaire dans cette histoire, qui rendait au Piémont le service de le délivrer d'un adversaire dangereux, la presse, ordinairement si bavarde, garda sur ces détails bien connus cependant de tout Rome un silence trop unanime pour ne pas paraître singulier.

CHAPITRE X

Passage de la cavalerie de la Garde. — Ovation qui lui est faite par les Turinois. — Récits de Solférino. — Retour offensif des Autrichiens. — Attaque du cimetière, la Garde est engagée. — Le général de Ladmirault est blessé. — Mort héroïque du lieutenant-colonel Hémard. — Orage violent. — Propos des soldats. — Belle conduite de l'armée sarde. — Mort du général Auger. — L'Empereur sur le mont Fenito. — Son courage et son émotion. — Demande d'armistice. — L'entrée des troupes à Villafranca. — Revirement dans l'esprit des Turinois. — Fête du 15 août. — Invitation de la garde nationale. — Proclamation. — L'Empereur télégraphie de refuser. — Te Deum solennel. — Aventure originale.

A la suite de l'infanterie, toute la cavalerie de la Garde impériale, sous les ordres de M. le général Morris, a traversé Turin du 27 juillet au 5 août; elle se rend en France.

Je viens précisément de lire un article que M. de Cassagnac fit paraître à la même date sur les sentiments ondoyants des Italiens.

Ces lignes, fort spirituelles, que l'on croirait écrites sur place, sont la peinture la plus vraie d'un peuple léger, mobile, trop facilement accessible aux impressions du bien ou du mal.

On en jugera, car quelques jours avant le passage des troupes d'élite, les Piémontais ne se gênaient pas pour publier des caricatures offensantes pour nous et l'Empereur, exalter le condottiere en chemise rouge, puis, tout à coup, par une volte-face de l'opinion publique... l'attitude générale se modifia.

Je crois bien que la vue de nos magnifiques régiments ne fut pas étrangère à cette réaction.

La municipalité fit décorer de drapeaux et de bannières la rue du Pô, que j'habite, et que la Garde doit traverser.

Des hommes, des femmes, des jeunes filles sont chargés de distribuer des fleurs à nos troupes. Généraux, colonels, cuirassiers, chasseurs, lanciers, guides et dragons de l'Impératrice, défilent dans leurs brillants uniformes resplendissant sous le soleil brûlant : il prodigue, sans miséricorde, ses flammes sur les shakos et les casques surchauffés.

Au-dessus de nos têtes, qui s'exaltent à ce spectacle, le ciel, de ce bleu foncé particulier à la belle Italie, est sans nuages. A la pointe du sabre des officiers ou de la bayonnette des soldats, un bouquet de fleurs odorantes est attaché. Nous le considérons, nous autres Français, comme le rameau de la paix.

Il est possible que l'Italien ne se place pas au même point de vue!.. Quoi qu'il en soit, le peuple ajoute des applaudissements à ces manifestations parfumées, et nos régiments sont littéralement couverts de fleurs. De toutes parts, les musiques militaires jouent des mélodies italiennes; jamais je ne les ai comprises plus enchanteresses. Verdi, Donizetti, Rossini, etc., sont faits pour être appréciés, dans le cadre où leur inspiration est éclose et s'est épanouie.

En toutes choses, il faut l'harmonie. Celle des sons, comme celle des costumes, n'acquiert l'apogée de sa valeur que dans son milieu originel.

Du reste, la musique emprunte toujours quelque chose au caractère des peuples.

Pour le moment, l'Italien semble être redevenu tout feu, tout flammes! Je crois bien qu'après de plus sages réflexions, un sentiment instinctif lui fait comprendre que son existence dépend de la main puissante qui s'est étendue sur lui.

« Il ne faut tenter ni Dieu, ni les hommes, » disent les prudents; « qui sait si une autre manière de faire ne nous exposerait pas, de nouveau, à la domination autrichienne détestée et, cette fois, de Turin à Messine, du mont Cenis à l'Etna. »

Je retrouvai avec plaisir dans les colonnes de la Garde des amis, des parents[1]; plus privilégiés que nous, ils ont assisté aux batailles.

De somptueuses réceptions, offertes par Mme la duchesse de Caumont la Force, réunissent tous les corps d'officiers à l'hôtel de l'Europe qu'elle habite.

Trois jours se passent en fêtes, en causeries.

J'étais avide de connaître tous les détails de cette mémorable victoire de Solferino, qui, selon l'expression du maréchal Baragnay-d'Hilliers, fut « le grand coup. »

En effet, cinq cent mille hommes environ vinrent se heurter aux plaines du Mincio. Si la victoire favorisa nos armes et nos héroïques soldats, il est juste de reconnaître que la défense des Autrichiens fut admirable, et que la fortune laissa longtemps le succès indécis.

1. Mon cousin Edmond de Bailliencourt, capitaine aux dragons de l'Impératrice.

Comme à Magenta, l'action s'engagea au moment où l'on s'attendait le moins à une bataille rangée. L'armée française, après son passage à Milan, avait traversé successivement tous les affluents de la rive gauche du Pô, sans rencontrer de résistance sérieuse. L'Empereur s'attendait à voir l'ennemi lui disputer le passage de la Chiese; il fut donc fort étonné de ce mouvement rétrograde. Mais lorsque les Autrichiens s'avisèrent, tout à coup, de réoccuper les hauteurs de Solferino, qu'ils avaient évacuées la veille, il comprit qu'une rencontre générale devenait inévitable, et ne s'occupa plus que de souder entre eux les différents corps d'armée, marchant jusque-là en lignes parallèles[1]. La cohésion leur était indispensable, car ils allaient avoir à chasser l'ennemi de hauteurs escarpées, presque inaccessibles, séparées les unes des autres par des vallées, des ravins profonds, dont les pentes étaient protégées par des fortifications naturelles, vignes entrelacées, murettes, tours, fermes, maisons crénelées, faisant de chaque mamelon autant de citadelles presque inexpugnables.

Les corps d'armée de Mac-Mahon, Niel, Canro-

---

1. Voir aux pièces justificatives l'ordre de l'Empereur. Note.

bert firent des prodiges de valeur sous les ordres de leurs vaillants chefs. La Garde impériale, placée tout d'abord en réserve, joua un premier rôle en soutenant l'attaque du maréchal Baraguay-d'Hilliers[1]. Cet épisode, fut peut-être un des plus brillants de ce combat de géants.

Le premier corps avait attaqué une forte position appelée le Mont des Cyprès, en arrière de laquelle on trouvait la tour de Solferino, et un cimetière aux murs escarpés, dont l'ennemi avait fait une véritable forteresse.

Le général de Ladmirault, blessé dès le début, continuait à donner ses ordres, soutenu sur son cheval par son officier d'ordonnance. Atteint d'une seconde balle, il se voit forcé de remettre le commandement de sa division au général de Négrier.

Pendant ce temps, le général Forey attaque sur l'autre flanc. Mais l'ennemi reste inébranlable dans cette formidable position du cimetière.

Il faut y arriver; la victoire est là. L'Empereur lance alors les voltigeurs de sa Garde (brigade Manèque)[2], et ces terribles mamelons sont enfin

---

1. Division Camou. Voir aux pièces justificatives une lettre du maréchal Regnaud de Saint-Jean-d'Angely. Note K.
2. Voir aux pièces justificatives une lettre du général Forey. Note L.

occupés; au prix de quels héroïsmes¹? Mais aussi de quelles pertes? Le colonel de Taxis, du 61ᵐᵉ de ligne, grièvement blessé près du général de Négrier, est remplacé par son lieutenant-colonel Hémard. Atteint lui-même d'une balle qui se loge dans la cuisse, Hémard a le courage de l'extirper avec son couteau.

Boitant et souffrant d'une façon cruelle, le blessé continue de marcher à l'ennemi, levant son épée, criant d'une voix forte : « En avant! » Une nouvelle balle l'atteignant à la tête, le tue raide, rendant immuable le geste par lequel ses soldats étaient entraînés!..

Tous ces détails m'ont été donnés à Turin par le colonel de Taxis. Ils m'intéressaient doublement, car j'avais connu Hémard à Rome, et sept mois avant la guerre il était encore sous mes ordres, comme chef de bataillon au 40ᵐᵉ de ligne. Le souvenir des belles qualités de cet officier ne s'effacera jamais de ma mémoire. Puisse-t-il recevoir mon lointain et suprême adieu!...

Ce brillant exploit ne fut pas un fait isolé; chaque point culminant fut enlevé avec la même audace, et l'on fit sur toute la ligne, ce que le trou-

---

1. Voir aux pièces justificatives l'ordre du jour du maréchal commandant en chef la Garde impériale. Note M.

pier français toujours jovial appelait alors : « *La chasse à l'écureuil.* »

Pendant toute la journée, la chaleur avait été accablante; vers cinq heures, un vent violent s'éleva, poussant dans les yeux de nos soldats les flots d'une poussière épaisse mêlée de graviers [1]; en même temps, un orage formidable fondit sur les deux armées couvrant la terre d'une telle obscurité que la lutte demeura suspendue d'un commun accord; la tourmente fut si forte que le désordre se mit dans quelques-uns de nos régiments.

Heureusement, l'ennemi aveuglé lui-même n'eut pas le loisir de s'en apercevoir et de ressaisir l'avantage qui venait de lui échapper. Nos soldats se secouèrent, puis reprirent vivement leur mouvement en avant; et comme la gaîté française sait toujours tirer parti des situations les plus fâcheuses, ils disaient en plaisantant et faisant allusion à la date du vingt-quatre juin :

[1]. Les rafales, les tourbillons et l'obscurité furent tels, que dans une charge, les cavaliers du général Gaudin de Villaine passèrent sur l'ennemi sans le voir, l'éperon au flanc des chevaux, qui se défendaient, et se trouvèrent tout à coup sur le lieu même où ils venaient de voir les carrés autrichiens en présence des grenadiers de la Garde, qui, blancs, sous leurs bonnets à poil poudrés à frimas, leur criaient de s'arrêter. (Papiers du maréchal Regnaud de Saint-Jean-d'Angely.)

« Qu'ils avaient jusque-là servi à l'ennemi toutes
« les herbes de la Saint-Jean; mais que cette fois
« le bouquet était pour eux [1]. »

L'armée sarde seconda vaillamment l'armée française; elle fit des prodiges de valeur sur le champ de bataille de San-Martino; le roi avait raison d'en être fier et ne l'avait pas caché à Milan.

Le succès fut donc complet; on ne sait pas encore le nombre des blessés; il est considérable; mais on évalue les morts à plus de vingt mille. Les pertes ont été cruelles dans notre état-major.

Le général Auger, que je connaissais beaucoup, a succombé à ses blessures : atteint par un des premiers boulets ennemis à l'épaule gauche, on dut le désarticuler; il mourut deux jours après [2].

Malgré des souffrances affreuses, le patient ne cessait de demander aux chirurgiens si nous étions victorieux. C'était sa seule préoccupation. « Avant de mourir, » disait-il (car il ne se faisait pas illusion sur son sort), « je voudrais être certain de notre triomphe. »

Lorsque le gain de la bataille fut assuré, il s'é-

---

1. En effet, le vent leur soufflait en pleine figure.
2. Un de mes bons amis, le colonel de Rochebouët, fut promu général à sa place sur le champ de bataille.

cria : « C'est tout ce que je désire! » Il finit en brave!... Le général Niel fut nommé maréchal de France; c'était justice.

J'ai dit que l'Empereur avait noblement payé de sa personne [1]. Il resta pendant le fort du combat sur une éminence, appelée mont Fenile, s'exposant audacieusement aux coups de l'artillerie autrichienne; plusieurs cent-gardes de l'escorte furent blessés ou démontés. Mais lorsque le soir, Sa Majesté traversa le champ de bataille dans toute sa longueur, l'impression qu'il ressentit en voyant tant de cadavres amoncelés fut indescriptible. « Pauvres gens, » ne cessait-il de répéter, « la guerre, quelle horrible chose! »

Le lendemain, il était encore sous le coup de cette émotion lorsqu'un personnage important, chargé d'établir les communications télégraphi-

---

[1]. De son coté, l'empereur François-Joseph, parti de Vallegio à six heures du matin avec les archiducs et le duc de Modène, met pied à terre à Carviana, et gravit un mamelon en avant de Volta. Il assiste au fort de la bataille; deux boulets labourent la terre à ses côtés. Il reste jusqu'au dernier moment (après avoir fait charger les archiducs), avec le prince de Nassau et Schlick. Il demande où est sa garde. Schlick lui répond : « Sire, elle est là, mais en cette saison les batailles « se gagnent jusqu'à huit heures. Je supplie Votre Majesté de « ne pas engager la garde, sa dernière ressource. » (Papiers du maréchal Regnaud de Saint-Jean-d'Angely.)

ques avec le 5ᵐᵉ corps, vint le trouver sous sa tente pour prendre ses ordres [1]. L'Empereur déjeûnait et dans la conversation il parla sur ce sujet de telle sorte que Monsieur B***, retrouvant ses amis le soir, leur fit part de ses impressions en leur disant :

— « Il n'y a pas un doute à avoir, la paix est faite. »

Effectivement Napoléon envoyait, le 6 juillet, le général Fleury près de l'empereur d'Autriche, porteur d'une demande d'armistice, qui fut acceptée.

Les troupes étaient entrées le 3 à Villafranca [2].

Elles y avaient trouvé la ville pavoisée de drapeaux noirs et jaunes, auxquels les habitants s'empressèrent de substituer nos couleurs. Les fleurs traditionnelles étaient cueillies dans la prévision d'un retour offensif des Autrichiens (dont le bruit avait faussement couru).

On voulut faire profiter nos troupes de ces préparatifs perdus; mais nulle illusion n'était possible; nos soldats prirent le parti d'en rire.

Peut-être, un jour, pourrai-je faire comme

---

[1]. Description de la tente de l'Empereur. Note N.
[2]. Voir aux pièces justificatives l'ordre de l'Empereur à la Garde, le lendemain de Solferino. Note O.

eux; il est vrai qu'on s'habitue à tout. Mais j'y aurai quelque peine.

∴

La population de Turin fit cependant tous ses efforts pour effacer de notre esprit les impressions pénibles que nous avions ressenties à notre arrivée. Les réactions, chez un peuple voué à toutes les idées révolutionnaires, se produisent avec une rapidité singulière. Dans un instant d'humeur ou de gaieté, on passe ici du Capitole à la roche Tarpéienne et réciproquement. Pour le moment, ce ne sont que paroles ou démonstrations aimables cherchant à voiler de récents souvenirs. Tout cela est percé à jour. Ce serait bien le cas d'en rire : « Bah ! » disent les Italiens les plus sincères, « le puissant voisinage d'au delà des monts mérite quelques ménagements... Après... nous verrons !... »

Enfin on prépare festons et astragales, lampions, feux vénitiens, pour nous éblouir !... Lueurs éphémères !...

. . . .

Le baron Visconti d'Ornavasso, commandant

la garde nationale, le colonel chevalier Manacorda, le major Crodara Visconti, viennent me faire une visite dans les premiers jours du mois d'août pour me prier, ainsi que tous les officiers de la brigade, d'accepter un banquet que la garde nationale voulait nous offrir sous les ombrages magnifiques du jardin du palais royal.

J'étais très désireux de connaître les personnages, qui, le jour du passage de l'Empereur à Turin, avaient fait une si singulière proclamation. J'en ai copié les termes :

« Niuno di voi mancherà, ne sono certo, all' appello per salutare il primo soldato dell' indipendenza d'Italia col suo augusto alleato. Il vostro dignitoso contegno corrisponderà ai solenni momenti in cui si trova la patria[1]. »

Il était difficile de mieux encourager les mauvaises dispositions de ce corps, dont les manifestations redoutées avaient nécessité l'envoi de ma brigade à Turin, « ARMES CHARGÉES, » pour assurer le passage de l'Empereur, le 15 juillet.

Je ne pouvais être bien disposé. Pourtant,

---

1. « Aucun de vous, j'en suis sûr, ne manquera à l'appel pour saluer le premier soldat de l'indépendance italienne et son auguste allié. Votre *maintien digne* sera en rapport avec la situation de la patrie. »

en face d'avances ainsi faites, je dus exagérer la politesse, répondant toutefois que mes fonctions m'obligeaient d'en référer au maréchal Vaillant.

Le maréchal n'osa point lui-même me donner l'ordre d'accepter ou *refuser* l'invitation.

Par dépêche adressée en toute hâte à Paris, il demanda des instructions à l'Empereur qui directement me télégraphia de *refuser*. J'en fus enchanté.

Le 15 août, jour de la fête de l'Empereur, la revue fut passée sur la place du château royal et dans la rue du Pô.

La tenue des troupes était fort belle, et les Italiens purent admirer une fois de plus les régiments français; le défilé s'exécuta dans un ordre irréprochable aux cris de : « Vive l'Empereur! » Chose étrange, il y avait accord parfait, sans note dissonante! Les soldats furent couverts de fleurs, de couronnes, de petits drapeaux.

Sur la place du château, sur les balcons, plusieurs charmantes femmes nous jetèrent de véritables guirlandes... Les soldats joyeux les portaient à l'extrémité de leurs fusils... Cette gracieuseté attira l'attention, et donna à notre fête militaire un cachet tout spécial.

Moi-même, en qualité de commandant supérieur, sans doute, car je n'y avais pas d'autre titre, je vis apparaître à mon balcon un colossal bouquet, le plus gros que j'aie vu de ma vie.

Le général comte de Sonnaz, délégué par le général de La Marmora, ministre de la guerre, assistait à la revue. Le ministre m'avait exprimé ses regrets de ne pouvoir s'y trouver.

Le roi était en Lombardie et lui avait prescrit de se rendre sur le lac de Garde, pour y recevoir les chaloupes canonnières que Napoléon III donnait à Sa Majesté sarde.

C'est encore un cadeau qui a sa valeur... elles sont estimées six cent mille francs.

Les éloges bienveillants et réellement sincères du vénérable général de Sonnaz, me firent grand plaisir; j'ai dit déjà combien il est universellement estimé!... Quelle belle existence de soldat! Il a noblement servi la France, sous le premier Empire, et son pays sous trois règnes.

A neuf heures du matin, nous nous rendîmes à l'église de Saint-Philippe pour un *Te Deum* solennel. Tous les corps de l'État et de l'armée y étaient représentés.

Trois tribunes avaient été disposées à droite, à gauche, au centre du chœur.

Celle de droite était réservée aux ministres sardes. Celle de gauche à l'ambassadeur.

J'occupais la tribune du centre.

L'église était magnifiquement ornée. Sur le portail s'étalait l'inscription suivante :

« Risconoscenti a Napoléon III che condusse a grandi battaglie le invitte legioni di Francia per dare vita nazionale all' Italia, i Torinesi Dio ringraziano e l'invocano per che sia propizio alle sue sorti future[1]. »

Sur la place du château, on avait exposé les huit canons pris aux Autrichiens à Palestro et à San-Martino, et le soir, des illuminations resplendissantes firent encore valoir la décoration merveilleuse du palais.

A la sortie de la cérémonie, nous fûmes acclamés par la population ; des jeunes filles, selon l'usage italien, nous jetèrent des bouquets ; rien ne manquait à notre triomphe, pas même le sourire des femmes, « la plus belle fleur » disent les poètes ; et le soldat n'est-il pas un poète ?

Un homme d'esprit prétendait, qu'en politi-

---

[1]. Reconnaissants à Napoléon III qui conduisit à de grandes batailles les invincibles légions de la France, pour donner une vie nationale à l'Italie, les Turinois rendent grâce à Dieu et l'invoquent pour qu'il soit propice à leurs destinées futures.

que, il faut prendre le bon temps quand il vient, supprimer les tiraillements de la conscience et les embarras du souvenir.

C'est ce que nous fîmes, nous laissant bercer doucement par la flatterie et les adulations dont nous ne soupesions plus la valeur.

Mais lorsque je rentrai chez moi, marchant sur les guirlandes et la verdure qui jonchaient le sol, et dont l'âcre parfum nous prenait à la gorge, la réflexion vint me rappeler à la réalité, et je me repris à songer à la mobilité de l'esprit italien, plus variable que celui de la femme elle-même... et pourtant............

Il venait précisément de m'arriver une aventure qui m'avait assez amusé et que je raconterai, à titre d'étude de mœurs, bien qu'elle sorte complètement du cadre de ces notes.

Le matin même, préparant mon prochain départ pour la France, je m'étais levé bien avant l'aube pour tout mettre en règle, afin de n'être point surpris par l'ordre que j'attendais.

Mon ordonnance se présente tout à coup, me disant d'un air ahuri qu'une dame est là, qu'elle veut absolument me parler.

« Faites entrer, » dis-je, non moins étonné;

l'aurore aux doigts de rose ayant rarement de ces surprises en faveur des simples mortels.

Je me trouve en présence d'une femme soigneusement voilée.

« Daignerez-vous, madame, dis-je en m'inclinant, rompre l'incognito; ou sommes-nous au *veglione*, et venez-vous pour m'intriguer? »

L'inconnue rejette vivement son voile et je reconnais, à ma grande stupéfaction, une des jeunes femmes les plus sympathiques et les plus titrées de la société de Turin.

Elle nous avait fait ses adieux la veille, partant, disait-elle, pour un pays lointain.

Je fus bientôt mis au courant de la situation.

J'assistais au prologue d'un drame dont la jalousie précipitait l'action. Le départ était un faux départ; il s'agissait de tromper le mari, de le surprendre sans défiance et, en attendant l'heure propice, on me demandait pour quelques instants l'hospitalité.

Certes, ce que j'entendais n'était pas le chant de l'alouette : infortunes conjugales, tourments, agitations, larmes, explosion de colère, confidences intraduisibles, je dus tout subir et faire une triste figure, dans ce rôle de confident malgré soi; n'ayant pas le loisir de placer un mot, mais considérant, en ce cas, le mensonge comme vertu pour un galant homme, je mis la main sur ma poitrine et jurai de la vertu de l'inculpé. Puis, sous le prétexte de donner un ordre, je sortis précipitamment envoyant un rapide message à ce mari trop menacé.

Le soir, rencontrant le jeune couple dans un accord touchant, j'eus le récit de l'arrivée inattendue de l'Othello féminin; sournoisement, sans bruit, la dame pénétra chez elle l'oreille au guet, l'œil à toutes les serrures. Le diplomate dormait du sommeil de l'innocence!...

Tous deux me serrèrent furtivement la main avec un sourire machiavélique. Mon intervention, dont cependant je n'étais pas très fier, venait de faire des heureux!...

J'avais, paraît-il, sauvé la situation et le bonheur conjugal fortement menacé; mais j'apprenais que l'unisson en amour est chose rare, et que ce « merle blanc de Cythère » ne choisissait pas Turin pour y poser son nid.

CHAPITRE XI

Réception chez le prince de la Tour-d'Auvergne. — M. Ratazzi, premier ministre. — Sir Hudson ambassadeur d'Angleterre. — Son rapport. — Les colères qu'il excite. — Fureur de Victor-Emmanuel. — Le marquis d'Azeglio, son caractère, son passé. — Il est nommé gouverneur à Bologne, son inaction, ses remords. — Excommunication pontificale. — Le duc de Gramont est mis en cause. — Ses lettres au marquis Pepoli. — Portrait de cet agitateur. — Il vient à Turin, l'Empereur refuse de le recevoir. — La mission du marquis de Reiset dans les duchés. — Préparatifs de départ. — Adieux du ministre de la guerre. — Son opinion sur la réorganisation militaire. — Encore le prince Napoléon. — Rentrée des troupes à Paris. — Proclamation de l'Empereur. — Impression. — Vue rétrospective sur Rome.

Ces divers incidents m'avaient mis en retard ; je dus me presser pour arriver avec l'exactitude militaire, chez le prince de la Tour-d'Auvergne, qui recevait à sa table le corps diplomatique, l'état-major de la garnison et les chefs de service.

Le prince me fit l'honneur de me placer en face de lui.

J'avais à ma droite sir Hudson, ambassadeur d'Angleterre, et à ma gauche le ministre des travaux publics, marquis Monticelli, d'origine génoise.

Le nouveau ministre de l'intérieur, chef du cabinet, M. Ratazzi, occupait tout naturellement la place d'honneur, à la droite de l'ambassadeur.

Je me souviens qu'au nombre des invités se trouvaient aussi le général de Sonnaz, le comte Brasier de Saint-Simon, ministre de Prusse, le premier secrétaire de Russie, chevalier Tchitcherine, le chargé d'affaire de Turquie, Rustem-Bey. La Belgique était représentée par le chevalier de Lannoy, le Brésil par M. Viana. Tout se passa, selon les traditions officielles, avec cette urbanité qui voile les impressions des hommes représentant des intérêts divers et le plus souvent opposés.

La santé de l'Empreur des Français fut portée par M. Ratazzi; le prince répondit levant son verre en l'honneur du roi Victor-Emmanuel.

Le premier ministre d'Italie est un homme jeune encore, dont la physionomie ne manque pas de finesse; l'œil est froid, l'attitude réservée comme la parole.

Le roi Charles-Albert l'appelait dès 1848 dans le conseil des ministres. Son attachement pour

Victor-Emmanuel n'est point perfide; et pourtant ses tendances démocratiques, son origine bourgeoise le portent à des affinités qui sont opposées au gouvernement monarchique.

J'ai remarqué d'ailleurs chez plusieurs hommes politiques du Piémont (qui, en général, ne me sont pas sympathiques), une loyauté de principes et une honnêteté financière inattaquables chez des personnages qui arrivent aux affaires sortant d'un milieu modeste, comme le ministre des finances M***, ex-banquier de Turin. Je dois cependant ajouter que M. Ratazzi n'a pas dans le pays une situation en rapport avec la haute position qui lui est échue. Est-ce à tort ou à raison? Je n'ai pu m'en rendre compte, mais les Italiens, toujours pressés de chercher dans la faveur des rois quelque trace de corruption, affirment que sa fortune est due à la haute et puissante protection de Mme Rosine, qui le couvre de son égide et n'est pas fâchée de l'opposer à Cavour dont l'inimitié et l'austérité l'inquiètent. Il est du nombre fort rare de ceux qui professent pour les Français une amitié que les faits n'ont pas démentie, et manifeste une affection sincère pour l'Empereur. Ces sentiments sont trop peu communs pour passer inaperçus.

Mon voisin, le ministre d'Angleterre, sir Hudson est, de l'aveu de tous ses collègues, un homme remarquablement habile, l'un des plus adroits, des plus fins de la diplomatie européenne ; doué d'une expression charmante, d'une indicible pénétration, on se sent captivé à première vue. Le ministre anglais atteindrait certainement aux postes les plus élevés s'il le voulait ; ses goûts, ses habitudes le retiennent à Turin ; amateur des arts, il a un salon qui est un véritable musée ; collectionneur et possesseur de toiles, dues au pinceau des grands maîtres, il ne paraît pas craindre pour ses propres œuvres cette redoutable comparaison ; c'est peut-être son seul côté faible. Sir Hudson se montra, pour moi, d'une amabilité charmante et voulut dès le lendemain réunir à mon intention le prince de la Tour-d'Auvergne, le ministre de Prusse et *tutti quanti*.

La réception fut de la plus grande élégance et se fit remarquer surtout par sa franche gaîté. J'appris en quittant ce palais hospitalier une curieuse anecdote.

L'ambassadeur anglais crut devoir, il y a peu de jours, rendre compte à son gouvernement de l'intempérance de langage des attachés à la personne royale et de Sa Majesté sarde, elle-même.

Les uns et les autres ne se gênaient pas pour donner un libre cours à toutes les aspirations révolutionnaires, aux utopies les plus dangereuses. Ce rapport, en raison de l'intimité des deux souverains, fit craindre à l'Angleterre qu'il n'y eût entente entre les idées de Napoléon et celles de son royal allié, au point que de cette conformité ne vînt à naître quelque nouvelle aventure.

Là-dessus, grande rumeur dans les régions britanniques; des explications furent demandées à l'ambassadeur de France à Londres qui en référa à l'Empereur; celui-ci très surpris, mécontent, écrivit à son tour à Turin et, dans des termes fort sévères, exprima son étonnement d'avoir été compromis et forcé de se défendre. Ces observations, quoique présentées avec toutes les formes du respect et de la déférence par le ministre de France, ne furent point goûtées de Victor-Emmanuel qui bondit en s'écriant:

— « Qu'est-ce après tout que ce b... là, qui se permet de me contredire; un parvenu, un intrus parmi nous; qu'il se souvienne de ce qu'il est, lui, et de ce que je suis... moi [1]. »

Relevant ses grosses moustaches qui lui don-

[1]. Le marquis Costa de Beauregard mentionne cette expression dans sa très remarquable vie de Charles-Albert.

nent plutôt l'air d'un *bravo*, que du chef de la plus ancienne maison royale, il continua sur ce ton. L'orage grossissant prit un diapason formidable[1]. L'ambassadeur courba la tête sous l'averse; puis la relevant à la première éclaircie, obtint une sorte d'amende honorable, dans laquelle, le roi assumait sur lui seul la responsabilité des propos dont la pudique Angleterre avait pris ombrage.

Oui, la maison de Savoie est la plus ancienne de l'Europe, mais hélas! comme Janus elle a deux visages[2]. Tout en se glorifiant à si juste titre de son passé, elle ne devrait pas, en regardant l'avenir, renier l'héroïsme de sa légende et s'allier à la révolution.

[1]. Il est bon de rapprocher cette boutade des paroles que le roi adressait à l'Empereur quelques jours plus tôt après Solferino : « Votre Majesté peut compter sur moi à la vie, à la mort. »

[2]. La maison de Savoie eut pour fondateur, au onzième siècle, Humbert aux blanches mains, fils de Bérold ou Berthold de la maison de Saxe. Ses chefs portèrent le titre de comte de 1027 à 1416. Le titre de duc leur fut alors donné par l'Empereur Sigismond; cette situation dura jusqu'en 1718. Le duc Victor-Amédée reçut à cette date le titre de roi avec l'île de Sardaigne. Cette dynastie règne donc depuis huit cents ans. Elle a, disent les chroniques, trente-et-une alliances avec la maison de France; il n'est pas un prince de cette maison qui n'ait été : beau-père, beau-frère, cousin, neveu d'empereurs ou de rois.

Il y avait à peine quelques semaines que la guerre était terminée, et déjà l'aigle impériale commençait à sentir l'épine acérée mise à son flanc par cette aventure italienne. Chose curieuse, la première leçon nous était donnée par cette autre nation alliée pour laquelle nous étions allés faire la terrible campagne de Crimée. L'Angleterre plus pratique et prudente que nous, il faut l'avouer, après avoir applaudi à la guerre, flattant ses tendances hérétiques, dans un retour dicté par la raison, luttait maintenant contre l'entraînement contagieux qui précipite l'élan des peuples bien au-delà de toutes prévisions.

.·.

Les invitations continuèrent; le jour de mon départ approchait.

Je résistai aux vives instances du ministre de Prusse, qui voulait fort aimablement me recevoir; mais je ne pouvais disposer désormais, avant de quitter Turin, que d'une seule soirée, et mon désir, était de la réserver au prince de la Tour-d'Auvergne, en reconnaissance de son bienveillant accueil. Je fus particulièrement heureux de rencontrer dans ses salons, un homme dont la réputation était grande en Italie, et que j'allais pouvoir étudier de plus près. Le marquis d'Azeglio, comme publiciste et comme ministre, a sa place bien marquée dans l'histoire de son pays. C'est un homme vertueux, à convictions sincères, et dont les principes ne suivent pas la pente fatale qui amène au carbonarisme une notable fraction de l'aristocratie italienne.

Participant, jusqu'à un certain point, aux idées d'agrandissement territorial et peut-être même d'unité italienne, il a toujours été cependant l'adversaire déclaré de Mazzini et de la jeune Italie. Il a cherché la gloire de son pays, mais généralement par des voies droites et loyales, préférant descendre du pouvoir plutôt que de pactiser avec le parti révolutionnaire. Lorsque les meneurs cherchaient à le pousser aux procédés violents, il répondait avec son grand calme :

— « Mauvais moyens que tout cela ; si la révolution se fait, elle doit se *faire les mains dans les poches*. »

Enfin, lorsque triomphant de ses résistances, le parti avancé avait amené quelque collision avec l'Autriche, pendant que les Mazzini et autres chefs conspirateurs cherchaient prudemment l'abri, le marquis d'Azeglio se faisait courageusement blesser à l'héroïque défense de *Monte Berico*[1].

Si la politique du Piémont le forçait parfois à engager la controverse au sujet du pouvoir temporel et de Rome, le marquis, réellement religieux et catholique, montra toujours une modération très grande dans ses aspirations et la forme qu'il leur donnait.

Je le rencontrais précisément, sous le coup d'une émotion profonde, à la nouvelle de l'excommunication qui venait d'être lancée contre plusieurs sommités du monde politique, compromises dans l'affaire des Marches et des Romagnes, et qui était diversement supportée par elles. Malgré la légèreté coupable avec laquelle on se permettait de traiter souvent le pouvoir pontifical, je voyais, non sans un plaisir ironique, qu'une véritable stupeur accueillait les rigueurs de l'Église.

On affirme que Victor-Emmanuel pleura même en recevant le châtiment dû à cette inique spoliation. Malheureusement, le remords n'est qu'à la surface, et je doute que la crainte de Dieu arrête ces hommes dans leurs fatals et criminels projets.

Le marquis d'Azeglio, qui avait accepté les

---

1. Il faisait partie de la colonne du général Durando.

fonctions de commissaire sarde, au commencement de 1859, fut nommé gouverneur de Bologne. Plein de foi chrétienne, en paroles, il n'eut pas cependant le courage de lutter contre le courant révolutionnaire. Ses pouvoirs le mettaient dans une situation des plus fausses. En opposition d'idées avec le marquis Pepoli, qui s'était déclaré en révolution ouverte et proclamait la déchéance du Saint-Siège; très embarrassé par les ordres de Cavour qui le forçaient à rester spectateur désarmé des excès révolutionnaires, il ne savait quel parti prendre laissant tout faire, moins par complicité que par irrésolution.

— « Quel triste métier, » disait-il parfois, « que de gouverner d'honnêtes gens. »

La chanoinesse comtesse de Rayneval, dame d'honneur de l'Impératrice, femme fort remarquable et du plus haut mérite, avec laquelle il était en relations épistolaires suivies, essaya, bien souvent, de ramener à la notion vraie des choses cet esprit loyal mais égaré. L'influence révolutionnaire l'emporta et d'Azeglio ne sut rien empêcher.

Toutefois, visiblement désespéré d'être atteint par les foudres pontificales, il me l'avoua naïvement en me disant avec une conviction non feinte :

— « Quoi qu'on fasse, l'océan de lumière qui jaillit de la coupole de Saint-Pierre nous éblouira toujours.

« *Si cerca lo spegnitojo e non vi è* [1].

« Dans un pays comme le nôtre, il est difficile de faire abstraction d'une force morale et sociale aussi importante que le *catholicisme;* n'est-ce pas méconnaître les traditions de l'histoire?...

« Le courant nous emporte, mais qui sait ce qu'il adviendra? Pour moi, j'ai du remords de m'en être mêlé. »

*
* *

Nous avions, il faut bien l'avouer, été mêlés, nous aussi, à toutes ces agitations. La politique impériale a subi dans ces derniers temps des modifications importantes; mais, je le dis à regret, elle a contribué, au début de la guerre, à créer de grandes difficultés au moment de l'insurrection de Bologne, à l'instant même où l'armée de Garibaldi s'est mise en campagne.

D'accord avec le Piémont, elle a prêté la main à la politique révolutionnaire, irréligieuse de ce

---

1. On cherche l'éteignoir, il n'en existe pas.

pays, versant à pleins bords l'huile chaude sur les duchés, tandis que l'autre main cherchait à verser l'eau froide à Rome.

On se figurait que c'était un correctif, qui trompait-on?...

La logique élémentaire nous prouve que rien n'est plus difficile que de circonscrire ou éteindre un incendie.

Ce que l'on sait moins, c'est que nous avons favorisé l'effervescence à Bologne.

Le duc de Gramont, ambassadeur de France à Rome, fit à ce moment ce qu'il put pour représenter à l'Empereur le danger de cette tactique. Il se heurta malheureusement à un parti pris. On lui enjoignit d'obéir à des instructions positives et précises.

C'est donc contraint et forcé qu'il a dû écrire, au début de la campagne, au marquis Pepoli, des lettres qui lui avaient été dictées, imposées. Le gouvernement voudrait bien pouvoir les retirer, car elles n'ont pas été étrangères au mouvement que le marquis provoqua et fit éclater dans les Romagnes.

Inquiet et très vexé de la paix de Villafranca, le marquis Joachim-Napoléon Pepoli, chef de la conspiration qui se tramait à Bologne dans le

Palazzo vecchio même, contre le pouvoir pontifical, se demandait non sans inquiétude, comme tous les députés de Toscane et de Modène, quelle allait devenir sa situation après un pareil traité.

Il fallait déblayer la position, savoir si les princes déchus devaient véritablement revenir au pouvoir, éclaircir les plans de Napoléon III, en un mot, sa pensée de derrière la tête.

Le marquis partit en fusée et tomba comme mars en carême, à Turin, pour voir l'Empereur son parent [1]. J'étais précisément chargé de la garde du palais, et les ordres les plus sévères avaient été donnés pour qu'il ne fût point reçu. Pepoli fit grand bruit de ce refus; il menaça de publier les lettres qui lui avaient été écrites par l'ambassadeur, et très mécontent remplissait la ville de ses clameurs.

Il tenta, près de moi, une démarche à ce moment, et, la colère aidant, parlait avec une franchise qui n'est pas ordinairement dans les habitudes italiennes.

Le personnage dont je connaissais les hauts faits et l'ingratitude à l'égard du pape, qui l'avait comblé jadis de ses bienfaits, et contre lequel il

---

1. Le marquis Pepoli avait pour mère une princesse Murat.

avait déjà, dès 1857, levé l'étendard de la révolte, ne m'était nullement sympathique; toutefois, en qualité de cousin de notre souverain, il avait droit à quelques égards.

J'écoutai donc, avec une patience relative, ses doléances et ses élucubrations; je lui répondis poliment mais nettement; et lorsqu'il sortit, je l'envoyai de bon cœur (mais *in petto*) au diable, qui avait certainement en lui un de ses meilleurs acolytes.

Il ne se tint pas néanmoins pour battu, il demanda une autre audience invoquant ses droits de parenté. De guerre lasse, elle fut accordée; mais on affirme que l'Empereur le reçut en simple parent et que chaque fois que le marquis voulait aborder la question politique, Napoléon lui demandait des nouvelles de sa santé, de sa famille, etc., jusqu'au moment où il le mit doucement à la porte.

On ajoute, cependant, que cet incident ne fut pas étranger au récent voyage du duc de Gramont à Paris. Celui-ci aurait pu triompher en soulignant qu'il avait pressenti et indiqué les dangers de certaines compromissions; il se borna à prouver, pièces en main, qu'il avait agi « *par ordre.* »

Effrayé, peut-être un peu tard, des progrès de

la révolution, l'Empereur avait chargé d'une mission diplomatique en Toscane le marquis de Reiset, que j'avais vu à son passage à Turin; il devait, aidé du prince Poniatowski, pressentir les gouvernements des Duchés sur les avantages qui pourraient résulter pour l'avenir des peuples et le maintien de la paix du rappel des princes déchus, en exigeant cependant d'eux des garanties et des sûretés constitutionnelles, dont un congrès européen réglerait les conditions.

Mais, on doute ici, de la réussite de la mission. Les Italiens croyant à la force du parti révolutionnaire ne s'en inquiètent guère; et quand on parle du marquis de Reiset, ils haussent les épaules en disant :

— « *Si brucia le unghie in Toscana*[1]. »

*
* *

Mon départ venait d'être irrévocablement décidé et fixé. Je reçus donc la dernière visite du ministre de la guerre. Le général de La Marmora m'entretint longuement de ses projets d'organisation pour l'armée. Il faut naturellement la mettre

---

[1]. « Bah! il se brûle les ongles en Toscane. »

en rapport avec l'accroissement du territoire et de la population.

Il n'est pas médiocrement inquiet de la tâche qui lui incombe, de donner le goût des armes à la population lombarde et peut-être même à celle de l'Italie centrale, qui ne l'a à aucun degré.

Le ministre a peur que le noyau d'élite de l'armée sarde ne se trouve insuffisant pour grouper tant d'éléments disparates [1]. Il se souvient qu'au moment de la bataille de Novare, la population lombarde n'a, pas plus que dans la dernière guerre, cherché à apporter le moindre concours à ceux qui se présentaient en libérateurs. Le général La Marmora est un organisateur de premier ordre; je comprends ses inquiétudes.

La politique du moment eut aussi une part dans ce long entretien. La cession des deux forteresses à l'Autriche, revint plusieurs fois sur le tapis, comme ces objets désagréables qui instinctivement se présentent à l'esprit et à la vue.

Convaincu, comme je l'ai déjà dit, que cette concession douloureuse et pénible aux Italiens a

---

1. Le ministre ne se doutait cependant pas encore à cette époque qu'il dût être privé de la brigade de Savoie, qui allait être bientôt cédée à la France, et qui a de tout temps montré une vaillance et une discipline admirables.

été obtenue par un tour adroit de l'Autriche, en dehors de la participation de l'Empereur, j'insistai, peut-être indiscrètement auprès du ministre, pour savoir, si comme on l'affirme, dans toute l'Italie, le prince Napoléon, partisan déclaré de la guerre au début, tout autant que de la paix ensuite, n'a pas, dans sa mission à Vérone, promis au nom de Napoléon III l'abandon des deux forteresses. Promesse imprudente, fatale, que Sa Majesté dut confirmer ne pouvant, ou ne voulant pas désavouer son cousin [1].

Le silence absolu de M. le général de La Marmora me prouva, une fois de plus, qu'il partageait l'opinion générale sur la responsabilité de cette grave affaire. Il est des silences éloquents!...

Ce même soir, j'avais appris que le roi Victor-Emmanuel n'avait pas voulu recevoir son gendre, et qu'ils étaient dans les plus mauvais rapports.

L'influence du prince Napoléon est donc nulle aujourd'hui à la cour de Turin.

---

[1]. On ne s'explique pas très bien l'importance attachée par le général à la cession de ces deux forteresses; il n'est pas probable que son mobile fût le pur intérêt d'un agrandissement territorial du Piémont, sans doute prévoyait-il qu'on laissait ainsi la porte ouverte à de nouvelles revendications moins fondées que celle-là.

Le temps n'est plus, où par ses intrigues, il empêchait son royal beau-père d'accorder le grand cordon de l'Annonciade au comte Waleski; celui-ci vient seulement de l'obtenir, en même temps que les maréchaux qui ont fait la campagne d'Italie.

Cette distinction aurait eu le mérite de l'actualité, si elle avait été donnée au ministre des affaires étrangères pour couronner le succès des négociations du mariage; ces négociations hérissées de difficultés méritaient, il me semble, une récompense immédiate.

.·.

Les journaux de France nous apportent le récit de l'accueil enthousiaste fait à Paris aux troupes revenant de la campagne. L'ivresse du triomphe, la satisfaction du retour résument toutes les impressions dans une seule pensée : la gloire!

Les côtés nébuleux de la question restent dans l'ombre.

Pourtant les esprits réfléchis (moroses, dit-on), pressentant les dangers de l'unification de l'Italie, espèrent que les négociations diplomatiques seront dirigées dans un sens qui tempèrera les élans fougueux et insatiables du Piémont.

Le 14 août, l'Empereur avait réuni dans un banquet magnifique les chefs de l'armée victorieuse; il y prononça le discours suivant :

Messieurs,

« La joie que j'éprouve en me retrouvant avec
« la plupart des chefs de l'armée d'Italie serait
« complète, s'il ne s'y mêlait le regret de la sé-
« paration. Bientôt les éléments d'une force si
« redoutable, si bien organisée, vont se dissou-
« dre.

« Comme souverain, comme général en chef,
« je vous remercie encore de votre confiance.
« Il était flatteur pour moi, qui n'avais pas
« commandé d'armée, de trouver une telle
« obéissance de la part de ceux qui avaient une
« grande expérience de la guerre. Si le succès
« a couronné nos efforts, je suis heureux d'en
« reporter la meilleure part à ces généraux ha-
« biles et dévoués qui m'ont rendu le comman-
« dement facile, parce que, animés du feu sa-
« cré, ils ont sans cesse donné l'exemple du
« devoir et du mépris de la mort.

« Une partie de nos soldats va retourner dans
« ses foyers; vous-mêmes vous allez reprendre
« les occupations de la paix; n'oubliez pas néan-
« moins ce que nous avons fait ensemble. Que
« le souvenir des obstacles surmontés, des pé-
« rils évités, des imperfections signalées, re-
« vienne souvent à votre mémoire; car pour tout
« homme de guerre, le souvenir est la science
« même.

« En commémoration de la campagne d'Italie,
« je ferai distribuer une médaille à tous ceux
« qui y ont pris part; et je veux que vous soyez
« aujourd'hui les premiers à la porter. Qu'elle
« me rappelle parfois à votre pensée; et qu'en li-
« sant les noms glorieux qui y sont tracés, cha-
« cun se dise : Si la France a tant fait pour un
« peuple ami, que ne ferait-elle pas pour son in-
« dépendance!

« Je porte un toast à l'armée! »

Ces paroles sages, modérées, modestes, viennent d'être inscrites aux ordres du jour des régiments, elles y ont un succès mérité. Ajouterai-je qu'elles me donnent de l'espoir? et pourtant demain, il nous faudra partir, laissant la péninsule en proie à la plus ardente des fièvres révolutionnaires. Qu'adviendra-t-il, quand nous ne serons plus là, nous les défenseurs de la papauté menacée ?

Je sais que le drapeau continuera à flotter au fort Saint-Ange; et le drapeau, c'est la France. Mais combien de temps flottera-t-il? Napoléon III aura-t-il la fermeté de résister à la révolution qui le pousse de toutes parts ?

J'ai mis au seuil de ces notes le mot de l'Empereur : « *L'homme s'agite, Dieu le conduit.* » Il y a trois mois que ces paroles ont été prononcées; depuis ce temps que de chemin parcouru, et quel chemin! La main qui nous guide n'est certes plus la main de Dieu.

Mais avant de quitter encore une fois la terre d'Italie, où j'ai passé les années les meilleures et les plus sainement remplies de mon existence, je veux évoquer le souvenir de cette Rome, qui est devenue pour moi une seconde patrie; je veux intercaler ici les notes, un peu confuses peut-être, prises alors à la légère et sans idée d'ordre ou de continuité.

Je veux essayer de condenser tout ce que j'ai vu et ressenti, de dépeindre la physionomie particulière de cette métropole où l'ancien et le moderne, le païen et le chrétien se coudoient et s'allient d'une façon si étrange.

Je voudrais surtout rappeler cette figure si grandiose et si attachante du saint pontife Pie IX. Je voudrais enfin, dussé-je raviver mes regrets, revivre encore pendant quelques instants cette existence si heureuse, et sans doute à jamais finie, en répétant, au milieu des angoisses qui m'assiègent, la parole désenchantée de l'inimitable poète :

*Nessun' maggior' dolore, che ricordarsi del tempo felice
Nella miseria.....* [1]

[1]. Je ne connais pas de plus grande douleur, que de se souvenir, au sein de l'adversité, du bonheur des temps passés.

TROISIÈME PARTIE

L'OCCUPATION FRANÇAISE ET ROME.

CHAPITRE XII

Arrivée à Rome, impression générale. — Mot de Pie IX. — Présentation au cardinal Antonelli. — Présentation au Saint-Père. — Coup d'œil sur la situation. — Les diverses interventions françaises. — L'occupation d'Ancône en 1831. — Le siège de Rome en 1849. — Le général Baraguay-d'Hilliers et le pape. — Rentrée à Rome. — L'armée française, ses sentiments. — Embarras financiers. — Mot du cardinal Salla. — Le poignard et la proclamation du général en chef. — Le général de Rostolan, sa démission. — Le commandement passe au général Gémeau. — Le général de Montréal. — La société romaine. — Un vieil Africain. — La société diplomatique. — Recivimenti des cardinaux Morlot et Donnet. — Cérémonie religieuse. — La bénédiction Urbi et Orbi. — Un épisode original. — Respect des soldats français pour le Saint-Père.

Le souvenir a toujours été le serviteur fidèle de mon cœur; aussi l'oubli n'a jamais emporté que les images indifférentes, glissant de ma mémoire sans effort.

Quand on a vécu dans la ville éternelle de cette existence qui tend à disparaître; quand on a contemplé le Vatican dans la gloire de son apothéose, et goûté le charme incomparable de cette société si justement appelée « le salon de l'Europe, » on voudrait à jamais déposer le bâton du pèlerin ou l'épée du soldat, pour se fixer dans les souvenirs du passé.

L'homme est en droit de regretter, lorsqu'il arrive à cette période que l'on est convenu d'appeler l'*automne de la vie*, de ne pas avoir pris note jour par jour, des incidents qui se sont passés sous ses yeux.

Au cours de ma carrière, mon séjour à Rome m'a laissé une profonde empreinte; je me plais à la creuser encore, par un retour vers ces années qui me sont restées chères et présentes. Je me souviendrai toujours avec émotion, du 26 octobre 1851, alors que le 14me léger, le 25me et le 40me de ligne, reçurent l'ordre de relever à Rome les 13me, 32me et 26me de ligne.

Ces régiments avaient fait le siège de Rome; ils y étaient entrés par la brèche du Janicule; les idées de 1848 germaient encore dans quelques têtes, et en vue du vote prochain sur le plébiscite, qui rétablissait la dynastie impériale, « il fallait (selon l'expression toujours choisie et toujours spirituelle du maréchal de Saint-Arnaud, ministre de la guerre), remettre ces régiments dans le courant des idées nouvelles. »

La politique n'est pas mon affaire; je ne connais que celle du devoir et du drapeau; j'ai conservé mes opinions et mes préférences; mais pénétré de la sainteté du serment, j'ai servi avec dévouement la France, ma bien-aimée patrie, dont la tête peut changer non le cœur.

C'était donc, à tous points de vue pour nous, qui avions eu la terrible mission de combattre et réprimer l'émeute[1], une bonne fortune de quitter momentanément le sol encore agité de la France, et de fouler la terre antique des Césars, en reposant nos regards sur ces monuments, ces ruines grandioses, dont les souvenirs s'illuminent des feux de la gloire impériale, nous rappelant la tyrannie païenne des Néron, dominée par la splendeur chrétienne des Constantin. Comme tous les étrangers arrivant à Rome, je fus frappé de la majesté de Saint-Pierre, de l'étendue grandiose du Colysée; la voie Appienne, la voix des tom-

---

1. En juin 1848, le 40ᵉ de ligne enleva les barricades du quartier Mouffetard; le 6, de Bailliencourt fut nommé lieutenant-colonel pour sa belle conduite.

beaux, eurent aussi ma première visite. C'est en admirant ces somptueux débris que je pris la mesure de la décadence artistique de Rome, et je restai saisi en touchant les cendres de Scipion, en m'imprégnant des grâces de la fille de Métellus.

La rayonnante lumière met en valeur ces magnificences; l'ensemble fait de la capitale des États pontificaux, une cité unique au monde.

Le calme harmonieux qui se dégage de la Ville éternelle, pénètre l'âme d'un charme indéfinissable; Chateaubriand, Byron, en ont subi l'influence : l'habitude de vivre au contact permanent des grands souvenirs du passé donne à l'esprit une tendance réfléchie et sérieuse.

J'ai rencontré bien des étrangers venus à Rome pendant une saison; ils s'y installaient pour le reste de leur vie, après avoir goûté les douceurs de cette paix enveloppante : « Comment faire pour s'en détacher? » répétaient-ils naïvement.

Pie IX connaissait bien cette attraction puissante, agissant irrésistiblement. Lorsqu'il recevait des étrangers en audience, il leur demandait comme son prédécesseur Grégoire XVI, quel avait été le temps de leur séjour?

— « Trois semaines, » disait-on parfois;

« Oh! alors, à revoir, » reprenait le Saint-Père;
« Rome a conquis son visiteur. »

Je ne crois pas faire tort à mon patriotisme, en disant, que je considère le dôme de Saint-Pierre, avec plus d'amour que le clocher de mon village.

Que de fois, j'ai contemplé le soleil couchant, inondant la coupole merveilleuse; c'était comme une sorte de transfiguration de cette œuvre gigantesque, s'élevant au-dessus de la ville papale, patrie des cœurs catholiques.

Nous eûmes l'honneur d'être présentés, peu de temps après notre arrivée, au cardinal Antonelli, ministre d'État; c'est un homme de haute portée, d'une intelligence remarquable et d'une grande habileté. La taille mince, élancée, une physionomie fine et expressive rappelleraient, avec plus de douceur, les traits que la peinture donne à la grande figure de Richelieu.

Il est du reste homme d'État autant que diplomate; très versé dans les affaires européennes, causeur brillant, il s'exprime avec une clarté nette et concise. Son regard a de la chaleur, de la vivacité, avec des éclairs prouvant qu'il devine son interlocuteur enjôlé par le charme d'une séduction voilant une profonde perspicacité. J'ai eu depuis de fréquents rapports avec le ministre;

mon opinion première n'a fait que se consolider.

En partant, il nous tendit les mains; j'emportai le souvenir de son accueil sympathique et de ses mains fines, longues et soignées de prélat.

Sur la demande du général en chef, le Saint-Père nous fit la grande faveur de nous recevoir en audience. Accompagné de quelques gardes nobles et de plusieurs officiers de sa maison, Pie IX s'avança vers nous les mains tendues dans un geste bienveillant, non en souverain mais en père; et tandis qu'il nous adressait en français quelques paroles d'une voix douce et harmonieuse, que relevait, lui donnant une pointe de gaîté, un assez fort accent italien, nous eûmes le loisir d'examiner le chef de la catholicité.

Sa taille assez haute commençait à se voûter légèrement sous le poids d'un embonpoint précoce, car le pape n'a pas soixante ans; mais les chagrins ont déjà laissé leur empreinte sur cet auguste visage, qui respire l'affabilité, la bonté, l'émotion et aussi parfois une ombre de malice, si douce, qu'elle semble à la conversation comme de légères épices à un mets délicat.

Il nous parla de la France, de l'armée, avec une affection qui nous prit le cœur. Certes, j'étais né dans une famille chrétienne; j'avais sucé les bons principes avec le lait; puis lancé dès l'adolescence dans la vie des camps, j'arrivais à Rome, plein de respect pour la papauté, mais profondément ignorant de ses attributions et de son auguste rôle dans le monde.

Lorsqu'après bien des années, ma mémoire se plaît à faire revivre cette scène touchante; quand je revois notre groupe aux couleurs étincelantes, respectueusement rangé autour de cet homme à la figure angélique, apparaissant au milieu d'un cadre grandiose dans la blancheur éclatante de sa robe et l'ineffable majesté de sa bénédiction, les vers du Dante, que j'ai appris ici à connaître et à répéter, se présentent à ma pensée :

In forma dunque di candida rosa
Mi si mostrava la milizia santa
Che nel suo sangue Christo fece sposa

Alors je crois reconnaître dans ce tableau surnaturel comme une image de la papauté : « Rose blanche immaculée, entre les plis de laquelle vient se presser l'essaim des célestes milices, rouges encore du sang divin. »

*
**

Je n'ai point à donner une plus longue description de la Ville Éternelle, mais avant d'entrer dans le détail des événements de notre vie quotidienne, il importe de remonter assez loin, pour bien comprendre la pensée qui nous avait amenés à Rome et nous y maintenait.

En 1831, il y eut des agitations dans les Romagnes, une révolution était imminente; des réformes s'imposaient, disait-on. Les représentants des cinq grandes puissances à Rome se réunirent en conférence, et présentèrent au pape Grégoire XVI, un memorandum impliquant le remaniement profond de la législation.

Cinq édits, conformément aux demandes des ministres étrangers, furent promulgués par le Saint-Père le 5 juillet 1831, donnant, au dire des gens les plus prévenus, satisfaction complète aux réclamants. L'effet en demeura nul; une insurrection eut lieu à Bologne et dans les duchés; les troupes pontificales appelèrent les Autrichiens à leur secours. Ceux-ci, en même temps que Parme et Modène, s'empressèrent de réoccuper les Romagnes, à la grande satisfaction de la population tranquille des campagnes.

La France, ne pouvant tolérer que l'Autriche fût appelée à régler seule les affaires italiennes, entra brusquement en scène, et l'occupation d'Ancône, secrètement et rapidement exécutée, nous implanta sans coup férir dans les États romains.

L'Autriche accepta sans résistance le fait accompli; le pape, d'abord peu satisfait, finit par se ranger à la nécessité lorsqu'il vit que la mesure, loin d'être dirigée contre son pouvoir, n'était destinée qu'à lui donner une protection, au fond moins intéressée que celle de l'Autriche. L'habileté diplomatique de M. de Saint-Aulaire ne fut pas étrangère à ce revirement, et la convention du 16 avril 1832, ménagée par lui, régla définitivement nos rapports avec la cour de Rome.

L'occupation dura jusqu'à l'année 1839. Le gouvernement français, cédant aux instances du pape, eut le tort de consentir alors à l'évacuation d'Ancône. Tout était à recommencer. Mais la voie restait tracée et si bien jalonnée, que l'assemblée républicaine de 1848 ne put elle-même s'y tromper.

Après quelques controverses inévitables, elle se trouva forcée de décider l'expédition de Rome et le renversement de cette autre république, qui venait de chasser le pape et voulait s'implanter au Quirinal. Tout le monde connaît ces événements encore récents, la belle conduite des Oudinot, Regnaud de Saint-Jean d'Angely, Baraguay-d'Hilliers, etc.

Notre ambassadeur à Gaëte, le duc d'Harcourt, représenta dignement et noblement la France.

Ce qui est peut-être moins connu, c'est l'impression produite par le pape sur l'armée française.

Le général Baraguay-d'Hilliers envoya un officier complimenter le pape à Terracine; lui-même alla au-devant de lui à Velletri; il échelonna ses troupes depuis cette ville jusqu'à Rome. La comtesse de Damrémont, qui s'y trouvait, accompagna son frère pour voir le retour qui se fit au milieu de cris et d'ovations enthousiastes, mettant des larmes dans tous les yeux. Le général Baraguay-d'Hilliers était à la portière de droite du carrosse papal.

L'entrée à Rome fut indescriptible. La population qui devait, disait-on jadis, « jeter ses enfants par les fenêtres, sur la tête des Français, » acclamait le retour du proscrit; les officiers s'agenouillaient sur le passage du cortège; ils furent présentés au Saint-Père.

Cette réception fut touchante, et comme chacun se retirait ému, un commandant voulant faire l'esprit fort dit en riant au général Baraguay-d'Hilliers :

— « Avez-vous vu le colonel X****? figurez-vous qu'il a pleuré; est-ce assez drôle? »

— « Parbleu, je le crois sans peine; » répondit le général, « certes, vous pouvez me croire, je ne « suis pas un bigot, et j'en ai fait autant. »

Les factieux avaient tout employé pour empêcher la magnificence de la réception, faite au Souverain Pontife, et répandirent mille calomnies contre l'armée française, pour retenir le pape à Terracine.

A bout de raisons, les personnes de l'entourage qui s'étaient laissé circonvenir, disaient au Saint-Père :

— « Ayez soin de votre dignité, ne vous exposez pas aux railleries de soldats sans foi, méprisant votre caractère, refusant de s'agenouiller. »

— « Eh bien, » répondit Pie IX, « qu'importe, je les bénirai debout! »

Lorsque le pape rentra à Rome, il trouva les coffres vides; la noblesse romaine aurait pu les remplir, elle préféra faire frapper une médaille commémorative; quelque fût sa richesse, elle ne remplaçait pas les subsides absents, le nerf du gouvernement.

Les prélats entourant le Saint-Père ne pouvaient s'empêcher de faire allusion à cette pauvreté. On me citait, à ce propos, un mot charmant du vieux cardinal Salla.

Étant allé un jour rendre visite à une grande dame d'une des familles les plus considérables de Rome, il s'assit sur un des moins beaux fauteuils de l'ameublement. La princesse fit d'aimables instances pour lui faire accepter une meilleure place, mais s'attira cette réponse dont elle dut comprendre l'ironique allusion :

« È indifferente, è poiche tutta roba di san Pietro [1]. »

La leçon répétée, commentée, ne passa pas inaperçue, mais nul n'en profita.

⁂

Pour laisser se produire les manifestations sympathiques, il suffisait de museler l'élément révolutionnaire, plus turbulent que hardi et plus bruyant que dangereux.

Le général Baraguay-d'Hilliers avait l'énergie nécessaire pour produire sur les masses une salutaire impression. Quelques soldats français étant tombés sous des coups traîtreusement

---

[1]. « Qu'importe, tout cela ne fait-il pas partie du patrimoine de saint Pierre. »

portés de nuit, il fit afficher aux quatre coins de Rome, que celui qui serait trouvé porteur d'une arme quelconque, voire même un couteau, serait fusillé sur-le-champ; deux ou trois exécutions firent comprendre que la menace n'était pas vaine. L'Italien est comme l'Arabe, il lui faut voir pour croire. A dater de ce moment, il crut. Le *sacro pugnale*[1] cessa de faire des victimes et disparut par enchantement.

Le général de Rostolan, qui lui succéda, acquit à bon droit une réputation d'énergie et de fermeté dans sa lutte avec les cardinaux. Le Saint-Père lui sut un gré infini d'avoir refusé l'insertion d'une lettre fameuse de Napoléon à Edgard Ney, dont la publication était dangereuse pour l'armée française et hostile au gouvernement papal que l'on venait de rétablir. Sur l'ordre formel de livrer ce document aux journaux, le général donna sa démission. M. de Corcelles partagea cet acte courageux et se retira.

Lorsque j'arrivai à Rome, le corps d'occupation était réduit à une seule division sous les ordres du général Gémeau.

Pas plus que ses devanciers, il n'avait échappé

---

1. « Le poignard sacré. »

à la fascination irrésistible émanant du Saint-Père ; il l'avoua un jour devant moi sans réticence :

— « Le pape m'a fait hier, » disait-il, « l'hon-
« neur de m'inviter à le suivre, mais il ne l'eût
« pas demandé que je l'eusse suivi sans me ren-
« dre compte du mouvement qui m'y poussait.
« Pour Pie IX, je donnerais ma vie, me faisant
« casser la tête de grand cœur. »

Le général était fort hospitalier. La présence de trois jeunes et charmantes filles ajoutait au charme des réunions, et lorsqu'il dut quitter Rome en 1853, Mme Gémeau eut un profond désespoir, malgré la situation fort enviée de sénateur, à laquelle son mari était appelé.

Son successeur, le général de Montréal, ayant sous ses ordres les généraux Brunet et de Cotte, arriva en Italie, précédé d'une réputation qui commandait le respect et l'estime.

Quelle noble nature !... quel caractère antique !. Sa vie militaire n'a été qu'un long dévouement, ses états de services valent mieux que tous les autres titres.

L'administration de ce brave soldat fut celle d'un cœur droit et d'une intelligence pleine de sens. La Ville éternelle l'a élevé au rang de citoyen romain, le nom de Montréal est inscrit au livre d'or, c'est justice. Le Saint-Père l'eût fait si la municipalité n'en avait pris l'initiative. Ces lignes suffisent pour donner la mesure de ma respectueuse admiration pour ce chef, dont l'amitié m'est restée si précieuse.

.·.

A Rome, dans la haute aristocratie, tout respire la grandeur; s'il est vrai, comme l'a dit un penseur, que « les choses aient une âme, » elle se révèle dans ces demeures incomparables. Une interminable série de salles immenses donnant sur des ombrages séculaires, contient des objets artistiques de tous genres : tableaux de maîtres, fresques, sculptures, l'œil est ébloui !...

Ces demeures somptueuses s'étendent souvent sur plusieurs rues; par leur amplitude, elles représentent au moins trois fois les plus vastes hôtels du faubourg Saint-Germain.

L'art italien a le secret de la décoration intérieure, une élévation dans la composition, un souffle vigoureux auquel l'école moderne ne saurait atteindre.

Il est impossible de trouver une réunion plus

exceptionnelle de chefs-d'œuvre : bronzes de la Renaissance, portraits historiques, tapisseries, brocards de Gênes brodés d'or, tendus parfois dans la salle du trône avec le baldaquin pontifical, que l'on retrouve dans les maisons princières qui ont donné des papes à l'Église.

Ces magnificences racontent les origines illustres, les longues lignées de ces familles romaines. Aussi les réceptions éclipsent-elles, parfois, celles des maisons royales.

Aux *recivimenti* des Borghèse, Colonna, Salviati, Doria, Rospigliosi, etc., les bijoux brillent comme des soleils sur les belles épaules des princesses aux traits nobles, réguliers, rappelant la Rome antique.

Je ne suis pas appréciateur éclairé de la parure, mais certains diamants, de vraies merveilles, attirent forcément l'attention, ils portent des noms connus, le *Doria,* par exemple, peut presque rivaliser avec le *Régent*. On m'affirme que lorsque la princesse Torlonia met tous ses diamants à la fois, elle ne peut rester plus de deux heures au bal, le poids en étant écrasant.

Les grandes dames romaines sont faites pour le cadre qui les entoure; il faut, pour les mieux juger, les voir enveloppées de la mantille noire aux audiences du pape, aux cérémonies pieuses, et surtout dans l'humilité de leurs fonctions, lavant les pieds des pauvres le Jeudi-Saint. Le spectacle que présente alors le Vatican est émouvant, c'est Rome sainte, Rome imposante.

La famille Borghèse est certainement à la tête de la noblesse romaine; la hauteur du caractère, la supériorité de l'intelligence, tous les charmes se retrouvent dans ce milieu, dont je n'oublierai jamais l'accueil flatteur et, puisque je fouille dans les meilleurs souvenirs du temps passé, je ne veux pas perdre l'occasion d'y ajouter la note gaie.

Le prince Borghèse recevait les militaires français avec la plus grande urbanité; il me demandait toujours si quelques officiers avaient le désir de lui être présentés.

Nous avions dans la division un vieux grognard, sorti des rangs; certes, il n'avait pas été bercé sur les genoux d'une duchesse; ses boutades nous amusaient prodigieusement.

Un jour, dans une réunion d'hommes fort nombreuse, où l'on parlait de l'hospitalité parfaite des Borghèse, je vis l'œil de mon camarade nous regarder avec étonnement, il écoutait attentif :

— « Eh bien, mon brave » lui dis-je, « voulez-vous être moins sauvage et venir chez les Borghèse? »

— « Ah certes non, » répondit-il d'un ton rogue; j'arrive d'Afrique et j'en garde les bonnes habitudes; je ne fréquente pas le *Colon!* »

Un rire homérique accueillit cette boutade, qui avait au moins le mérite de l'imprévu.

La société diplomatique tient aussi une grande place à Rome. C'est la porte ouverte sur le monde entier; les rayons de tous les points de l'horizon convergent vers ce centre attractif. Aussi le luxe de l'hospitalité est-il sans bornes. Un volume ne suffirait pas pour inscrire les figures intéressantes que j'ai vues se succéder dans les magnifiques salons du comte de Colloredo, ambassadeur d'Autriche, du comte de Rayneval, du duc de Gramont, etc...

C'est une lanterne magique où l'on peut voir, dans l'espace de quelques années, défiler ce que l'Europe a de plus haut et de plus distingué. A quelque point de vue que l'on se place, les réceptions romaines présentent toujours un vif intérêt; il est fort rare de ne point voir au premier plan se profiler quelques traits qui excitent la curiosité.

Mgr Morlot et Mgr Donnet vinrent à Rome en 1853, pour recevoir le chapeau de cardinal; cette cérémonie, extrêmement curieuse, fut l'objet de fêtes fort intéressantes.

Le cardinal, qui selon l'expression italienne fait son *recivimento*, s'établit généralement dans les salons de l'ambassade à laquelle il appartient par sa nationalité; c'est donc dans les magnifiques appartements du palais Colonna, qu'une foule élégante et aristocratique vint se presser, avide de ce spectacle.

Le premier jour, on admet toutes les personnes qui peuvent revêtir une toilette convenable.

Le second jour, ce n'est plus la même chose; il faut être invité pour être reçu, et la société est très choisie. Un envoyé du Saint-Père présente le chapeau au nouveau cardinal et lui adresse au nom de Sa Sainteté une allocution, à laquelle l'archevêque répond. Malheureusement, le cardinal de Bordeaux eut la fâcheuse idée de se présenter la poitrine constellée de décorations, ce qui n'est pas l'usage (on en porte seulement une, l'échangeant selon les besoins de la cause), puis il prononça son discours en italien.

Les Romains furent mécontents d'entendre

écorcher leur langue, et les Français de voir leur idiome abandonné. Il en résulta que les sympathies allèrent plus au Nord qu'au Midi[1].

Le cardinal Morlot s'exprima avec un accent qui pénétra l'âme de tous les auditeurs; ni les uns ni les autres ne s'étonnent aujourd'hui des destinées de l'éminent prélat.

*
**

Cette même année, les fêtes de la semaine sainte furent splendides. On ne peut rien imaginer de plus merveilleusement beau que la disposition du cortège sacré; toutes les nations chrétiennes sont représentées. Le flot de la multitude se précipite dans Saint-Pierre; il semble que les milliers d'humains, qui arrivent par toutes les portes, vont s'écraser; mais par un phénomène des proportions trompeuses de cette nef immense, le flot s'y engouffre toujours et ne l'emplit jamais.

Tous les prélats dignitaires s'avançaient en

---

[1]. La carrière saintement brillante de Mgr Donnet le vengea de critiques (sans importance du reste), qui n'empêchèrent pas le nouveau cardinal d'être un des archevêques les plus éminents de son temps.

procession; le comte de Rayneval marchait en tête de toutes les puissances, portant à la main une palme plus belle que celle des autres ambassadeurs; c'était un présent du Saint-Père, qui estimait et aimait très particulièrement le caractère du diplomate chrétien.

Les fêtes de Rome ont un cachet familial très spécial; il y a toujours quelque chose de joyeux et d'aimable dans la façon de procéder.

Ainsi, l'annonce de l'année ecclésiastique est faite par les pifferari, qui descendent des montagnes de la Sabine et se chargent d'en célébrer l'ouverture par leurs chants, mêlés aux accords de la cornemuse.

Tous les échos de Rome sont éveillés dès l'aube; pas un boutiquier qui ne fasse sa neuvaine devant l'image de la madone appendue aux murs de son échoppe ou dans la pièce principale de la maison. Ces manifestations touchantes donnent à la ville papale un aspect très personnel, complété par le nombre toujours croissant des pèlerins, touristes, artistes et amateurs d'antiquités.

Dans un pareil cadre, les solennités religieuses saisissent l'âme; elles donnent même aux hérétiques le regret de ne pas appartenir à une religion qui inspire un culte si touchant.

Le plus majestueux spectacle de Rome est celui de la bénédiction *Urbi et Orbi* que le pape donne trois fois par an, avec une pompe imposante. Ce souvenir restera d'autant mieux gravé dans ma mémoire qu'il y est fixé par l'impression d'une aventure assez originale, dont je fus bien malgré moi le héros.

La vaste place de Saint-Pierre présentait, ce jour-là, un admirable spectacle. Le général en chef et son état-major étaient entourés des troupes françaises, massées au centre; un large passage avait été ménagé pour la circulation. Les profondeurs de la colossale enceinte regorgeaient d'une population bariolée; tout le pourtour était envahi par des équipages somptueux, les paysans du Transtevère et de la campagne romaine, ou descendus des montagnes de la Sabine, mettaient la note éclatante de leurs pittoresques costumes, groupés avec l'art inhérent à toute nature italienne, au pied du colossal monolythe rapporté d'Héliopolis par Caligula. Le pontife venait de paraître au balcon de la *loggia*, sa main se levait pour bénir, et les accents de la voix papale, sonores et pénétrants, traversaient déjà l'immensité de la place où le silence s'était fait comme par magie.

Le 40ᵐᵉ de ligne avait été choisi ce jour-là pour fournir le service d'honneur. A ce moment solennel, je me retourne pour commander selon l'usage : « Genou terre! »

On a bien voulu me reconnaître une assez belle voix de commandement; sous quelle impression prit-elle un développement inaccoutumé? je l'ignore; toujours est-il que sur ces mots, lancés avec éclat et accompagnés d'un geste énergique de mon sabre, les Romains, pris d'une panique inouïe et convaincus que mille fusils vont s'abaisser pour les foudroyer, se sauvent à toutes jambes, se bousculant dans toutes les directions; il y eut maintes chutes, forces bourrades, je restai ahuri!...

Il fallut un certain temps pour reconnaître l'erreur, rétablir l'ordre et achever la cérémonie.

Sur le visage de Pie IX, au milieu de l'irradiation céleste que revêtait sa physionomie en semblable circonstance, on vit poindre (m'a-t-on dit,) un sourire... humain!...

Quelque temps après, ayant eu la faveur de rencontrer le Saint-Père, je fus abordé par lui et comme honteux encore de cette aventure, je cherchais à lui en exprimer mes regrets; me mettant la main sur l'épaule avec un geste de paternelle bonté :

« — Je sais reconnaître mes brebis, me ré-
« pondit-il, même quand elles prennent la voix
« du loup. »

. . . .

J'avais le bonheur de me trouver souvent sur le passage du Souverain-Pontife qui dirigeait volontiers ses promenades du côté de Ponte Molle et de la Farnesina, sur le Champ de Mars où je fis si souvent manœuvrer mon régiment.

Alors je lui faisais rendre des honneurs spéciaux : les troupes rangées en ligne s'agenouillaient, la voiture pontificale passait lentement au pas de ses chevaux noirs, s'arrêtait parfois et, lorsque la main du saint pontife s'élevait pour bénir, les tambours battaient aux champs, l'attitude du plus profond respect s'imposait d'elle-même à tous les soldats.

Sa Sainteté m'avait su beaucoup de gré de ces hommages spontanés ; je n'y avais nul mérite, car le caractère de Pie IX était la séduction même, portant l'empreinte d'une mansuétude attachante reflétée par ses paroles.

Nul mieux que lui ne trouvait le mot qui va à l'âme ; on aurait pu croire qu'il pressentait l'avenir réservé à ces étincelles de bonté tombées dans le cœur de ceux qui l'écoutaient.

Personne n'a été persécuté autant que le saint Pontife; en revanche, jamais une autre cause n'a provoqué d'aussi passionnés dévouements.

CHAPITRE XIII

Le roi de Bavière à Rome. — Illumination du Colisée. — Visite au « Météore. » — Complot contre les Français. — La guerre de Crimée. — Le choléra et le dévouement du Saint-Père. — Anecdotes. — Le brigandage dans les États pontificaux. — Vendetta, ses exploits. — La promulgation du dogme de l'Immaculée-Conception. — Mgr Sibour. — Tragique accident du couvent de Saint-Agnès. — Portrait du pape, ses réparties. — Réponse à une grande dame romaine. — Tentative d'assassinat sur le cardinal Antonelli. — Visites princières dans la métropole. — L'empereur Maximilien. — Aventure d'un curé de province. — Le Saint-Père et les cardinaux. — Mot de Pie IX.

Lorsque s'ouvrit l'année 1853, tout était encore au calme et à la gaîté. Le gouvernement impérial régnait sans conteste, le parti démocratique, enfoui dans les bas-fonds tant en Italie qu'en France, se faisait oublier; aussi le carnaval, qui a toujours été un des spectacles intéressants de Rome, fut-il particulièrement brillant.

La visite du roi de Bavière devint le prétexte

d'une recrudescence dans les réunions et les plaisirs. Déjà le 30 janvier, le prince avait donné un magnifique bal costumé dans les salons du comte de Spaur, son ambassadeur, qui jadis, avait si efficacement, d'accord avec le duc d'Harcourt, contribué à assurer la retraite du pape à Gaëte.

Il s'y montra sous un déguisement représentant l'aurore aux doigts de rose entr'ouvrant les portes de l'Orient. Son domino, de la nuance la plus tendre, était couvert de dentelles, d'une finesse et d'une richesse inouïes; il fit sensation.

Ce souverain, en même temps très moderne et très artiste, a pour la ville papale un culte passionné; amateur éclairé, il recherche dans le passé aussi bien que dans le présent tout ce qui peut être une source d'impressions nouvelles, et nous offrit un tableau que je n'oublierai de ma vie.

Par son ordre, le Colisée fut entièrement illuminé dans son immensité. Rien ne peut donner l'idée du spectacle grandiose de ces ruines imposantes rajeunies, je dirai presque réédifiées, par la clarté de milliers de torches et flambeaux. L'illusion fut complète : une de ces fêtes tragiques de la Rome païenne, où le sang des martyrs empourprait l'arène, où cent mille têtes s'agitaient sur ces gradins monstrueux, dans la fièvre de la lutte et du carnage, se déroulait sous nos yeux émerveillés.

Des lueurs fantastiques jouaient sous ces trois étages de voûtes cintrées, faisant briller comme des tentures, les escarpements verts, les enroulements de plantes grimpantes légèrement balancées par un moelleux zéphyr. Les hôtes ailés de ces ruines, troublés dans leurs nocturnes habitudes, tourbillonnaient effarés sur nos têtes; on eût cru revenu le temps propice aux mystères de la sybille antique, si l'emblème chrétien de la croix, planté au centre du cirque, ne nous rappelait que la doctrine de miséricorde avait remplacé la religion de la force brutale, et que sur les débris du monde païen le christianime se dressait triomphant. Ces fêtes furent renouvelées au temple de la paix, au forum, où Sa Majesté se plaisait à rêver. L'ambassade de France ne voulut pas être la dernière à honorer les hôtes brillants et couronnés de la saison; une réception de gala y fut donnée, au cours de laquelle, sur un théâtre improvisé, du plus charmant effet, on joua plusieurs comédies, entr'autres une jolie pièce de Musset : *Il faut qu'une porte soit ouverte ou fermée.* La comtesse de Rayneval y tint les premiers rôles aux applaudissements mérités de l'élégant auditoire. MM. d'Andigné, d'Andlau, de Belcastel, lui donnaient spirituellement la réplique.

Au mois de mai, la corvette française *Le Météore* vint mouiller à Porto-d'Anzio où le Saint-Père avait le projet de creuser un port. Le pape s'y rendit et fit à l'équipage le très grand honneur de monter à bord.

Le temps, malheureusement exécrable le premier jour, rendit impossible l'abordage du bâtiment. Pie IX eut même le bras froissé en embarquant dans la chaloupe; mais se souvenant qu'il était l'héritier et le successeur d'un pêcheur, il renouvela le lendemain sa tentative.

Cette fois, un soleil radieux illumina une délicieuse journée. *Le Météore* arbora, en l'honneur du chef de la catholicité, l'étendard blanc sur lequel était peint un immense crucifix. On se rendit à San-Felice; tous furent, paraît-il, enthousiasmés de la bonté du Saint-Père, qui voulut, de ses mains augustes, servir les matelots. Il leur donna de l'argent; il distribua aux mousses le contenu d'une bonbonnière qui ne le quittait jamais, fit des présents aux officiers, et son affabilité lui gagna le cœur des marins, aussi facilement qu'elle lui avait attaché celui de nos soldats, lorsque, dans ses promenades à la porte Pia, il leur donnait des médailles, en causant familièrement avec eux.

Certes, si la France avait rendu service au Saint-Père, celui-ci n'avait pas le cœur ingrat; il témoignait, en toute occasion, de son attachement à la nation française. Quelques années plus tard, alors que déjà bien des déboires l'avaient assailli et avaient pu émousser son affection pour un gouvernement qui minait son pouvoir, il disait, devant moi, au général de Goyon :

— « Je suis très reconnaissant des services rendus par l'armée française, et bien qu'il y ait, je le sais, plus d'un degré dans le sentiment de la reconnaissance, je vous dirai, en toute sincérité, que j'éprouve le plus vif, le plus profond. »

Lorsque le saint Pontife quittait Rome, ce qui lui arrivait de temps en temps pour des expéditions de ce genre, le départ se faisait avec un cérémonial imposant.

Dans la basilique vaticane, on chantait solennellement la prière des voyageurs. Les princesses romaines, prosternées sur les degrés, attendaient la bénédiction pontificale; le général commandant l'armée française se plaçait à la portière du carrosse où l'ambassadeur, chapeau bas, avait conduit le Saint-Père; une foule énorme et sympathique faisait la haie ou courait à sa suite en criant : « Vive Pie IX, notre père ! » Or pendant que le peuple acclamait, les révolutionnaires n'avaient pas perdu tout espoir; dissimulés dans l'ombre et ne redoutant plus la sévère férule du général Baraguay-d'Hilliers, ils avaient formé un vaste complot, dont le but était le massacre de l'armée française et le meurtre de ses chefs; mais la mèche fut éventée, et la lugubre troupe prit sa volée, sans doute pour revenir bientôt.

Toutefois à ce moment, ces événements passèrent, pour moi, presque inaperçus; un affreux malheur venait de m'atteindre et pendant l'année qui suivit, je cherchai dans le strict accomplissement de mes devoirs militaires le seul remède aux grandes douleurs [1].

Cette année 1854 s'annonçait d'ailleurs sous de sévères auspices.

L'horizon politique se chargeait brusquement. La guerre de Crimée éclata, et ce n'était pas une

---

1. Le général de Bailliencourt avait épousé, le 10 mars 1853, Athénaïs de Guat; elle mourut en couches, le 4 décembre de la même année, et son fils ne vécut que dix jours.

petite affaire que de recommencer l'œuvre de Napoléon Ier, en allant attaquer le colosse russe dans son antre glacé.

La guerre n'a d'appas que pour ceux qui ont mission de la faire; vue de loin, elle prend toujours un caractère sombre et inquiétant; nous qui étions chargés de représenter en Italie la patrie absente, nous ne pouvions que suivre de nos vœux et de nos désirs ceux qui allaient là-bas relever encore la gloire du nom français.

Un ennemi plus terrible nous guettait ici. Le choléra fit, en effet, son apparition à Rome où il prit un rapide développement. Le Saint-Père donna la mesure d'un héroïque dévouement, visitant les hôpitaux, distribuant lui-même les indulgences et les sacrements aux mourants.

L'abbé Bastide, qui était chapelain de l'hôpital militaire français près de l'église Sainte-Thérèse, ne tarissait pas sur les preuves de sublime générosité dont il était le témoin. Aussi le pape était-il vénéré comme un saint; on lui attribuait des guérisons miraculeuses. Je ne puis garantir l'authenticité de ces faits, mais je ne trouve pas téméraire d'y croire.

Sa Sainteté se rendit un jour à l'hôpital Saint-André; un jeune soldat, dont la conduite était exemplaire, venait de mourir comme un saint ; déjà le drap était jeté sur son visage.

« — Très Saint-Père, » dit la garde-malade, « si vous saviez combien de fois il a sollicité la bénédiction de Votre Sainteté!... trop tard, hélas! » Le pape s'approche du lit, fait lever le linceuil, bénit le corps et prie.

A l'instant, celui que l'on croyait mort, ouvre des yeux brillants déjà d'une flamme céleste :

« — Oh! Saint-Père, » dit-il, « je viens du ciel; si vous saviez comme c'est beau! » et il expire. On peut juger de la stupéfaction générale!............

J'ai été témoin d'un autre fait assez curieux : on venait de construire une maison grande, belle et solide *en apparence*. Pie IX fut prié de la bénir, il s'y rend. La cérémonie à peine achevée, on entend un craquement sinistre!... L'édifice s'écroulait au moment où la dernière personne sortait processionnellement avec le cortège. Grande rumeur!... on crie à la *jettatura,* au mauvais œil!... Le pape désolé disait tristement :

« — Hélas, c'est la première fois que la bénédiction d'un père porte malheur à son fils[1]. »

---

[1]. J'assistais à la cérémonie, et c'est de la fenêtre d'une maison voisine que j'ai pu voir cet étrange événement.

Quelque temps après, on apprit que les propriétaires de l'immeuble étaient de perfides et hypocrites sectaires, avec les principes les plus détestables. Ce logis avait une destination tout autre... que religieuse.

C'était un piège tendu à la bonté du saint pontife; ce désastre était donc une justice providentielle.

Le peuple le sut et plus que jamais on entendit le cri si souvent répété :

« — *Evviva benedizione padre!* »

Dans le caractère, les actions, les paroles de Pie IX, dans le charme invincible qu'il excerce sur les âmes, je retrouve une foule de traits qui sont comme les signes précurseurs de la prédestination.

Pendant ces tristes années 1854 et 1855, non seulement les provinces romaines furent désolées par l'épidémie, mais des bandes s'organisèrent pour piller les églises et les presbytères. Dans la seule province de Verceil, on compta dans l'espace de quelques jours trois tentatives de ce genre.

Le curé de Portenzo, plus courageux que les autres, alla chercher du secours et chargea, sans cérémonie, les brigands à coups de fusil; malheureusement, ils s'avisèrent d'un procédé inattendu : ils jetèrent quelque argent aux paysans qui, plus ou moins affiliés à la bande, laissèrent les voleurs passer sans coup férir, les accompagnant de leurs acclamations. Ces brigands diffèrent peu des *brigands* d'opéra-comique, et surtout de ceux des Abruzzes; ils portent à peu près le même costume : chapeau pointu à bords étroits, orné de rubans multicolores; veste de velours bleu avec galons et boutons d'argent pour les chefs; aux pieds, des cothurnes avec l'effigie de saint Michel en agraffe. Le plus célèbre de cette époque était Vendetta; les journaux racontèrent une aventure originale dont il fut le héros.

Une princesse romaine fort riche mourut. Selon l'usage, on la présenta découverte à l'église de Sainte-Marie-Majeure, revêtue d'une toilette somptueuse et chamarrée de joyaux.

Au moment solennel de l'élévation, une voix sépulcrale se fait entendre dans le silence, reprochant au mari d'avoir des idées de joie et des pensées de second mariage, puis à chaque moine, appelé par son nom, ce fut une mercuriale sur ses faiblesses et ses péchés. La vérité, seule, offense, dit-on; ce qu'il y a de certain, c'est que la frayeur prit l'assistance et le clergé, chacun s'enfuit à toutes jambes; lorsque les moines, armés des saints évangiles, de croix, à grand renfort de goupillons, se hasardèrent à revenir, ils trouvèrent le cadavre absolument dépouillé de ses ornements et de ses bijoux. La farce était jouée ! Dans la Marche et l'Ombrie, on fait une campagne ouverte contre les brigands. Le 2me bataillon Suisse occupe Spolète et Foligno. Là, c'est un certain Lazzarini, dont la bande rançonne les campagnes et se retire ensuite dans des montagnes inaccessibles. On promet des sommes considérables pour la capture des chefs, mais ils se livrent rarement entre eux.

La fin de 1854 nous donna les émotions et le spectacle d'une des cérémonies les plus imposantes dont Rome ait jamais été le théâtre.

C'est le 8 décembre qu'eut lieu la promulgation solennelle du dogme de l'Immaculée-Conception. Plus de deux cents évêques, une foule considérable de prêtres et de moines, venus des quatre coins du monde, encadraient ce tableau, où figurait l'attachante physionomie du pape, dont l'âme semblait planer dans les sphères célestes.

L'archevêque de Paris eut la première place, en tête du cortège, et le cardinal de Bonald archevêque de Lyon, primat des Gaules, fut choisi pour interprète de l'Église entière. Son discours, *par ordre*, fut prononcé en français; tous les honneurs furent donc pour notre patrie.

L'aspect de la ville était indescriptible. Le soleil avait voulu, malgré la saison avancée, réserver pour ce jour solennel son dernier sourire; il faisait scintiller les bijoux enchâssés dans les ornements, les croix; il dorait les tapisseries, brocards, broderies somptueuses qui décoraient les murs et les façades des palais; les cloches sonnaient, le canon tonnait au fort Saint-Ange, et des orchestres placés dans la coupole de Saint-Pierre et au Capitole versaient des torrents d'harmonie.

Le Saint-Père, sur la *sedia gestatoria,* entouré de lévites portant des palmes et d'immenses éventails en plumes de paons, rappelant la soumission à l'Église des cinq parties du monde, était précédé de l'immense calice d'or enrichi de diamants détachés de la selle que le sultan avait offerte en présent.

Le Saint-Père pleura, dit-on, lorsqu'il prononça les paroles sacramentelles et posa sur la tête de la Vierge la couronne merveilleuse donnée par le cardinal Antonelli, et qui valait au moins cent mille francs.

Mgr Sibour avait l'honneur de porter le cierge

devant le pape. Il avait cependant soumis de respectueuses observations, alors que le concile donna sa sanction à cette croyance controversée par tant de libres penseurs.

Deux ans plus tard, il tombait, comme un soldat du Christ, assassiné dans l'église de Saint-Étienne-du-Mont, par un prêtre interdit nommé Verger. Les Italiens, toujours superstitieux, attribuèrent cette issue fatale au défaut de protection de la Madone, punissant des hésitations bien respectables sur l'opportunité de la promulgation du dogme de l'Immaculée-Conception [1].

Ils faisaient ainsi la comparaison avec la sauvegarde dont avait bénéficié le Saint-Père d'une manière presque miraculeuse, dans la chapelle du couvent de Sainte-Agnès, lorsque le plancher s'écroula, entraînant dans une chute de plus de vingt pieds la cour pontificale et Sa Sainteté, qui se releva sans la moindre égratignure.

---

1. On confond facilement en Italie l'action de la Providence avec la superstition. La crainte de la Jettatura joue un rôle prépondérant; on s'écarte comme d'un pestiféré de l'homme qui passe pour avoir ce don fatal : « Jettatura nasco come poëta » « on naît Jettatura comme on naît poëte », dit sentencieusement l'Italien, puis il tourne vers l'objet de ses craintes la pointe d'une petite corne et s'enfuit. Des talismans de ce genre ornent souvent les maisons de la campagne.

Cet événement se passait le 14 avril 1855, quelques mois après la fête que je viens de narrer.

L'accident aurait pu avoir des conséquences terribles; toute l'assistance étant tombée à l'étage inférieur, d'où l'on venait par miracle de faire sortir les chevaux de la garde noble. Pie IX montrait, en signe de protection, une tabatière sur laquelle l'image de l'Immaculée-Conception se trouvait sous un verre : le cristal fêlé représentait des rayons qui se dirigeaient vers les étoiles de la couronne, comme si la chose eût été faite intentionnellement. Le général de Montréal moins heureux, fut ainsi que le général autrichien comte Hoyos, du nombre des personnes fortement contusionnées. Nous assistâmes à un *Te Deum* solennel, et les mauvais plaisants racontaient que dans cette aventure « le général français avait brisé son épée et l'autrichien perdu sa botte [1]. »

Le pape, toujours prodigue de mots aimables, disait au général commandant pour le consoler :

« — Que cet entraînement mutuel était la « meilleure preuve de la solidité de leur union. »

La physionomie de Pie IX variait d'une façon

[1]. Allusion à la configuration de l'Italie et à l'occupation autrichienne puis française.

singulière, selon les impressions ressenties par le pontife. Dans la pompe des cérémonies religieuses, sa taille se haussait, sa figure devenait inspirée, ses yeux brillaient d'un éclat surnaturel; l'inspiration divine frappait les moins prévenus. Lorsqu'il accueillait en audience les pèlerins, lorsqu'il parlait aux soldats, sa bonhomie, sa franche gaîté, son accueil affable lui gagnaient, en un instant, toutes les sympathies, même les plus récalcitrantes.

Mais lorsque surgissait un prétexte quelconque motivant une observation de sa part, alors ses yeux scintillaient d'une douce ironie; le pli naturel de sa lèvre se creusait encore dans un sourire malin et le trait toujours vif de sa répartie partait en chatouillant légèrement l'épiderme, mais sans pénétrer profondément; puis l'ineffable bonté revenait vite sur ce visage mobile; une parole, un geste enlevait jusqu'à l'apparence d'une blessure, et cependant le mot restait.

Tout le monde a su sa réponse, lorsqu'une noble dame française voulut acheter jadis la principauté de Monte-Vecchio conférant le droit au titre héréditaire; il fallait l'autorisation pontificale pour la validité de la cession; le prince n'osant trop se risquer à la demander, y envoya sa belle-mère, la marquise Potenziani.

La demande exposée : « Oh! » dit Pie IX, en riant malicieusement, « votre gendre n'est pas « dégoûté. Il avait la fumée et veut la changer « contre le rôti. Enfin, qu'il soit fait selon sa vo- « lonté et celle de Mme de X. » Effectivement, l'armorial français s'est enrichi d'un titre de prince, qui ne pouvait, du reste, tomber en plus dignes mains.

∴

J'ai parlé tout à l'heure du cardinal Antonelli et de ses générosités, à propos des pompes religieuses. Il en était le grand inspirateur; sa libéralité en tout était fastueuse; j'ai vu dans une église un bouquet qu'il avait envoyé : camélias, violettes, giroflées, il mesurait six mètres de tour; pour la messe pontificale, il a fait don d'un calice en or, rubis et brillants d'une valeur immense. Ce prélat, d'un autre âge, possède, du reste, une des fortunes les plus considérables de Rome; j'étais souvent reçu chez lui; je n'ai jamais vu un luxe plus étincelant d'argenterie, une tenue de maison plus somptueuse.

Ses appartements sont situés au Quirinal, au-dessus de ceux du pape, et s'en distinguent par une plus grande élégance. Les salons pontificaux, sont d'une simplicité absolue : des meubles en bois, de grandes tentures rouges, l'écusson du Saint-Père en broderies et c'est tout.

Le 12 juin 1855, le cardinal, accompagné de quelques domestiques dont l'un, selon l'usage, portait *l'ombrellone*, descendait le grand escalier, lorsqu'un fanatique, sous prétexte de présenter une supplique, tirant un couteau de sa poche, se précipite sur le ministre. Un valet voit le geste et fait dévier le bras homicide. L'Éminence remonte précipitamment les marches et l'agresseur retenu, lui jette dans sa rage le poignard qui, heureusement, manque son but[1].

Pendant l'année 1855 et les suivantes, les visites princières se multiplièrent. Au roi de Bavière vinrent se joindre le prince Adalbert, le comte et la comtesse de Trapani, le roi de Prusse, le prince Albert et la princesse Stéphanie de Prusse, la grande-duchesse Marie, la reine d'Espagne, le duc de Porto, don Pedro, le duc et la duchesse de Brabant, et enfin l'archiduc Maximilien, frère

---

1. Arrêté, condamné, Antoine Defelice avoua qu'il remplissait l'arrêt des sociétés secrètes, et fut exécuté, ce qui n'était que justice.

de l'empereur d'Autriche. Des officiers français furent désignés pour accompagner ce dernier; j'eus l'honneur d'en faire partie.

Le cardinal Antonelli, préfet du palais, fit à cette occasion illuminer de la façon la plus brillante les galeries vaticanes. Rien de saisissant comme ce monde de statues antiques, vivifiées par une lumière savamment ménagée, et prenant des poses et des attitudes qui donnent l'illusion de la réalité. On voit que ce ministre habile et expert ne négligeait rien afin d'augmenter l'attrait des étrangers pour la cité sans rivale.

Aimable avec tous, il avait un empressement du meilleur ton pour les femmes, et les plus jolies n'étaient pas les moins bien accueillies; du reste, son écusson porte une sirène sortant de l'onde... et... noblesse oblige.

Ses salons sont encombrés de coussins enrichis de perles fines, d'écrans brodés par des mains habiles et aristocratiques : la dévotion féminine a multiplié ses ex-voto. Je ne puis m'empêcher de citer, à ce propos, certaine anecdote qui m'a beaucoup amusé : J'avais reçu chez moi une vieille connaissance, bon curé d'une petite ville de Provence; il venait quêter pour son église. Je le présentai au Saint-Père, ensuite au cardinal;

nous étions dans l'élégant cabinet de Son Éminence, lorsqu'on vient annoncer que la marquise X... demande à le voir; le cardinal nous abandonne, se précipite, traversant plusieurs salons, arrive ainsi à l'antichambre et nous le voyons, par l'enfilade des portes restées ouvertes, étendre les bras, dans un geste de bienvenue, si... expressif, que le bon prêtre n'en croyait pas ses yeux.

Nous sortîmes, sans prendre congé, et mon compagnon de s'écrier en joignant les mains : — « Par sainte-Marthe, ma patronne, et par sa magique ceinture [1], je ne voudrais pas pour toute mon église provençale avoir vu ce que je viens de voir. »

Le soir même, il quitta Rome en secouant la poussière de ses souliers. J'avoue avoir ri de bon cœur de l'étonnement de mon brave curé, peu accoutumé aux formes démonstratives des mœurs italiennes et qui oubliait, en outre, que le cardinal n'est qu'un prélat... laïque. J'eusse voulu voir la figure du directeur reconnaissant, plus tard, à travers la grille du confessionnal, les traits

---

1. La légende dit que sainte Marthe étrangla la tarasque avec sa ceinture.

de sa belle et spirituelle pénitente, lorsqu'ils se retrouvèrent dans le pays de sainte Marthe et de sa « magique ceinture ».

D'ailleurs, avant la promulgation du dogme de l'Immaculée-Conception, le port de la soutane n'était pas en usage pour tous les cardinaux; c'est à ce moment seulement que Pie IX le rendit obligatoire. Ils portaient les bas rouges, la culotte courte et une sorte d'habit à la française avec un collet comme les abbés de cour du siècle dernier. La couleur des bas pour certains prélats variait même parfois, suivant qu'ils se trouvaient dans les murs ou hors les murs. Malgré sa bonté si connue, Pie IX savait paternellement rappeler à la discipline ceux qui parfois étaient tentés de s'en écarter.

Le Saint-Père, par mesure d'hygiène, faisait habituellement une partie de billard; il jouait d'ordinaire avec les cardinaux, quelques officiers français y furent, par exception admis dans la suite. Le comte de Courcy, gendre et aide de camp du général de Goyon, à ma connaissance, eut cet honneur.

Un jour, un des fringants monsignors, bien que n'étant plus de la première jeunesse, se présente à la partie du Saint-Père, frisé, pommadé, tiré à quatre épingles, dans la tenue d'un vrai petit maître.

Pie IX le regarde avec surprise et lui fait compliment sur ce retour à la jeunesse. Puis, souriant de ce sourire malin, réveillé, sans doute, par quelque vieux souvenir :

— « *Carissimo!*.. Ce n'est pas sans cause, lui
« dit-il, que l'on va boire à la source de Jou-
« vence.

« Enfin!... puisque l'effet est produit, gardez
« bien l'effet... mais c'est le cas maintenant, pour
« votre tranquillité et la mienne, d'oublier la
« cause! »

L'histoire n'ajoute pas qui du pape ou du prélat gagna la partie.

CHAPITRE XIV

La prise de Sébastopol. — Rome illumine. — La grande-duchesse Hélène de Russie. — Succès des musiques militaires. — *Te Deum* pour la naissance du prince impérial. — Le pape est parrain du prince. — Envoi de la rose d'or. — Le congrès de Paris. — Intrigues du Piémont. — Le duc de Gramont, ambassadeur. — Accident de chasse. — Promenades à Albano et Castel-Gondolfo avec le général de Noué. — Viterbe. — Le colonel Blanchard réprime le brigandage. — Gasperone et Vendetta. — Épisodes. — La vierge de Velletri. — Le général-comte de Goyon, commandant en chef. — Préparatifs de départ. — Dernière audience du Saint-Père. — Adieux au cardinal Antonelli. — Le grand cordon de Saint-Grégoire. — Lettre du prince B***. — Lettre du comte de B*** sur la situation. — Brouille avec l'Autriche. — La guerre est déclarée. — Révolution et troubles dans les Romagnes. — Adieux à la société de Turin. — Rentrée de la brigade en France. — Passage du mont Cenis.

La guerre de Crimée continuait avec une sombre énergie; les échos nous en arrivaient assez rapides, car nous étions sur la voie de France; ils jetaient successivement à nos oreilles attentives les noms connus et aimés de Canrobert et de Mac-Mahon, puis vint celui du suprême vainqueur, Pélissier.

Je suivais attentivement les phases de cette brillante expédition, où la fortune n'avait pas marqué ma place, mais où mon nom se trouvait dignement représenté[1].

Le 8 septembre, alors que Rome illuminait en l'honneur de la Vierge, Sébastopol tombait entre nos mains. J'eus la chance d'apprendre, un des premiers, l'heureuse nouvelle, et de l'annoncer à tous mes camarades réunis au cercle militaire; inutile de dire l'enthousiasme de chacun. Le soir, une illumination splendide apprenait aux Romains le succès de nos armes. Le Saint-Père, comme tout ce qui tenait au parti pontifical, prit une part sincère à notre joie; les mazziniens furent désolés et nous ne nous en étonnâmes pas.

La guerre n'est pas l'écueil forcé des sympathies; nous restions pleins d'admiration pour les qualités du peuple russe et pour sa vaillance. Aussi la grande-duchesse Hélène de Wurtemberg, épouse du grand-duc Michel de Russie et tante du czar, trouva-t-elle auprès des chefs de

---

1. Par M. Edmond de Bailliencourt, mon cousin, aujourd'hui chef d'escadron, ensuite colonel.

l'armée d'occupation un accueil aussi courtois qu'empressé. Cette princesse d'un haut mérite et d'une distinction extrême, avait pris ses habitudes à Rome; son palais était ouvert à une hospitalité large et raffinée; un essaim de jeunes beautés l'entourait, rappelant les neuf muses par le chant et la variété de leurs talents, donnant un charme tout particulier à des réunions où chacun trouvait la satisfaction de ses goûts et de ses aptitudes.

La charité de la grande-duchesse n'était pas au-dessous de ses autres vertus; elle en avait donné la preuve au début de la guerre de Crimée, en fondant un espèce d'ordre religieux ne différant des nôtres que par la durée des vœux qui ne pouvait excéder un an. Les jeunes filles qui en faisaient partie, soignaient les blessés et les malades avec un dévouement et un héroïsme dont nos vaillantes sœurs de charité leur avaient donné l'idée et l'exemple. Ne voulant pas être en reste de courtoisie, j'envoyai plusieurs fois la musique de mon régiment jouer sous les fenêtres de la grande-duchesse, qui m'en fit officiellement remercier par son chambellan, le comte Kisseleff. Ce fut le début de relations qui prirent un caractère, j'oserai presque dire amical, car je resterai toujours pénétré de reconnaissance pour le très grand honneur que Son Altesse voulut bien me faire plus tard.

Traversant Lyon, l'année qui suivit la guerre d'Italie, Elle daigna m'informer de son passage et prit l'initiative de s'arrêter quelques heures sous mon modeste toit, dont une très jeune et récente mariée devait lui faire les honneurs.

Peut-être s'étonnera-t-on que j'aie parlé, presque avec emphase, de la musique de mon régiment; j'avouerai très franchement que j'en étais fier et que j'acceptais, sans aucune modestie, les compliments qui m'étaient faits à son endroit.

Dans ce pays d'impressions vives et de perpétuelles harmonies, nos musiciens, gagnés par l'influence du milieu artistique, étaient arrivés par l'émulation à une remarquable perfection. Aussi leur présence était recherchée dans les cérémonies publiques ou religieuses qui, en Italie, sont toujours accompagnées de réjouissances parlant aux yeux, aux oreilles, en même temps qu'au cœur. En France, tout finit par des chansons; en Italie, pour que la fête soit complète, il faut ajouter aux chansons, un *sparo di mortari*, autrement dit *les pétards*.

J'ai lu quelque part cette maxime : « Si fueris Romæ, romano vivito more. » La mettre en pratique a toujours été mon but, et les Romains peuvent me rendre la justice qu'ils m'ont trouvé de bonne volonté toutes les fois que l'on m'a demandé mon régiment ou ma musique.

L'habitude en était si bien prise, que l'on avait fait dans la suite au Pincio des kiosques où nos musiciens jouaient périodiquement, en concurrence avec la musique italienne.

Lors de la réouverture de San Lorenzo in Lucia, au mois de juillet 1858, la mienne fut installée sur la place et joua pendant quatre jours consécutifs; elle y obtint un véritable succès; la ville entière vint l'entendre et sa réputation s'établit, tant et si bien, grâce au talent et au zèle de son excellent chef M. Bosche, que les religieux lui offrirent une forte somme d'argent qui fut refusée, comme on doit bien le penser; on n'accepta que l'expression d'une vive et très sincère reconnaissance.

Au mois de mars 1856, une grande nouvelle vint remuer les cœurs français. Un prince impérial était né, assurant l'avenir de la dynastie; la joie fut générale. Le *Te deum* d'actions de grâce fut chanté solennellement, en présence de toute l'armée d'occupation et du corps diplomatique, ayant à sa tête le ministre des affaires étrangères, le cardinal Antonelli.

Jamais les relations de l'Empire et du Saint-Siège n'avaient été meilleures; Pie IX accepta d'être le parrain du nouveau-né et le cardinal Patrizzi fut chargé de le suppléer. Il porta, à cette occasion, la rose d'or symbolique dont le pape fit hommage à l'Impératrice. Nous fûmes admis à voir les présents pontificaux. La rose sortait d'un rosier d'or, planté dans une vase également massif et supporté par un socle en lapis, avec bas-reliefs. Le prince impérial recevait un reliquaire en émail d'un travail merveilleux rehaussé de pierres précieuses.

Cependant, l'année 1856 ne devait pas se terminer sans qu'un premier coup fût porté à ce pouvoir temporel dont la garde était en nos mains.

Au congrès de Paris, M. de Cavour demanda la sécularisation des Légations; il apparut clairement à tous que cette motion cachait le vrai but de la pensée du ministre piémontais et que ses plans allaient enfin se dévoiler. Le rôle temporisateur des La Marmora et des d'Azeglio était fini, on passait à l'action. Nous comprenions enfin l'énigme qui nous avait si souvent préoccupés, l'intervention tardive du Piémont envoyant un corps insignifiant (quelque bien composé qu'il fût) au secours de l'armée alliée, plusieurs mois après l'arrivée de nos troupes en Crimée.

Mes relations d'intimité avec M. de Rayneval me permirent de m'entretenir souvent d'une situation qui commençait à devenir inquiétante. Je savais qu'il s'efforçait de détourner le péril menaçant; mais son dévouement devait lui être fatal. J'ai raconté à la suite de quelle aventure il dut, en 1857, quitter l'ambassade de Rome où une tâche bien difficile attendait son successeur.

Le duc de Gramont débutait dans des circonstances particulièrement délicates; et, s'il dut parfois céder à une volonté plus forte que la sienne, ce ne fut pas sans des protestations indignées. Il avait au suprême degré le souci de l'honneur français, et consacra le temps de sa mission à adoucir, autant que possible, ce que la situation comportait de douloureux pour le Saint-Père[1]. Il fut le protecteur d'une noble cause

---

[1]. Mme la duchesse de Gramont, aussi distinguée qu'éclairée, le prouva en se convertissant à la religion catholique après son séjour à Rome; son salon était fort agréable; elle avait l'art de la réception et gardait de son origine anglaise le talent de tenir une maison avec un luxe égal à l'ordre admirable qui y régnait.

et un vaillant soldat de la diplomatie, car il ne déserta point, malgré des déboires continuels, le poste qu'il occupait à son honneur, sans avoir aucune illusion sur les résultats de son dévouement. Il me le dit et me l'écrivit en 1859 et 1860[1].

1. Rome, 12 avril 1859

Mon cher Général,

J'ai été bien sensible à l'empressement avec lequel vous avez profité de la promotion de mon frère, pour m'écrire votre aimable lettre et j'y eusse répondu plus tôt, si ce n'était depuis longtemps une fatale habitude chez moi de ne jamais faire ce que *je veux, quand je le veux et comme je le veux*. Quand je dis habitude, je me trompe, je devrais dire destinée ou nécessité de position ; car de même que toute notre jurisprudence est organisée en faveur des coupables, de même tout conspire pour rendre les chefs esclaves de ceux à qui ils commandent ou sont censés commander.

Ceci, convenez-en, n'est nulle part aussi vrai qu'à Rome... Et cependant, puisque nous parlons de Rome et de ses fautes, il faut bien reconnaître aussi ses qualités, car elle en a, cette bonne et vieille ville, puisqu'on la regrette et qu'on s'y attache. Sans vouloir vous faire de compliments, mon cher Général, je vous assure que Rome vous le rend et que vous y êtes très regretté. Voilà plusieurs fois que j'entends dire près de moi : « Bailliencourt nous manque, » et je ne sais si vous êtes aussi facile à contenter que moi, je ne désirerais jamais d'éloge plus pompeux. Quand je considère le nombre immense de gens dont le départ soulage, je trouve qu'il y a de quoi être fier quand votre absence laisse un vide que l'on ressent, quand on manque, en un mot.

Du reste, je joins ma voix à celle du peuple et vous regrette souvent.

Je ne vous dis pas un mot de politique, vous en savez aussi

L'Autriche était alors représentée par le comte de Colloredo, aujourd'hui plénipotentiaire au congrès de Zurich [1].

Mes relations avec lui avaient été facilitées par l'occasion qui s'était présentée de lui rendre un fort léger service. Le comte Papafava, de Padoue, sujet autrichien, avait eu un grave accident de chasse dans les environs de Castel-Gondolfo : son fusil éclatant lui avait enlevé une partie de la main gauche; on s'était vu forcé de lui faire l'amputation. Le chirurgien Massoni passait une partie de la journée près de lui et ne rentrait que fort tard dans la nuit. Mon régiment était à ce moment préposé à la garde des portes de Rome; je délivrai tous les permis nécessaires pour que les entrées et les sorties fussent facilitées au gré du malade. Le comte de Colloredo qui m'avait écrit à ce sujet, me sut un gré infini de cette

long que moi; elle est passée dans le domaine public et c'est toujours un mauvais signe.

Mᵐᵉ de Gramont me charge de la rappeler à votre souvenir et vous remercie de vos gracieuses paroles. Adieu, ou plutôt, à revoir, car j'espère continuer nos bonnes relations, et nous n'oublierons jamais que nous avons servi ensemble. Croyez.

GRAMONT.

1. Le comte de Colloredo mourut à Zurich d'une attaque d'apoplexie foudroyante.

complaisance bien naturelle, et ne perdit aucune occasion de me le témoigner.

Cet endroit pittoresque de Castel-Gondolfo était souvent le but d'intéressantes excursions. J'eus plusieurs fois le loisir d'y aller ainsi qu'à Albano avec le général comte de Noué, dont la gaieté spirituelle et communicative, faisait le charme de ces voyages. Suivant les allées de chênes séculaires dressés comme des géants au-dessus d'un peuple d'arbustes nains et de buis rabougris, nous apercevions sous nos pieds, à travers la déchirure d'une colline, le lac enchanté qui a près de douze kilomètres de tour et cache les débris d'Albe-la-Longue. Des hauteurs qui surplombent ces eaux d'azur, surgit le mont Cavi, monstrueux et tragique. Sur la cime, un couvent de moines ; à gauche, Castel-Gondolfo, le palais papal avec ses murailles blanches ; ici un monastère de capucins, partout des villas reproduites dans le miroir qui passe du ton bleuté à la couleur d'étain.

Le soleil met son éternelle clarté sur ce paysage, tranchant comme un oasis dans l'infini de la campagne romaine.

Nous allions parfois jusqu'à Genzano ; là on chassait le porc-épic, n'ayant à redouter que deux ennemis vraiment dangereux : la vipère rouge et les brigands. Viterbe fut aussi le but d'un plus long voyage, toujours dans l'aimable société du général de Noüe.

La ville, située au pied du Cimino, est remarquable par sa cathédrale et l'immense quantité de ses églises et monastères.

Nous trouvâmes dans celui des dominicains, plusieurs de nos compatriotes qui nous firent un chaleureux accueil. Nous visitâmes la ville, les prisons, et fûmes fort étonnés de trouver les détenus gais, alertes et la chanson aux lèvres.

C'étaient, paraît-il, des condamnés à mort. Il faut savoir, que sous le gouvernement de Pie IX, si attaqué, si décrié, si *tyrannique*, les condamnés à mort attendent toute leur vie l'exécution d'une sentence qui n'est généralement point appliquée.

Il y en avait là depuis plus de vingt ans. Presque tous avaient sur la conscience quelque meurtre, car la vengeance et le brigandage sont la cause de tous les crimes.

D'ailleurs, aucun d'eux n'a de remords; ils racontent avec orgueil leurs hauts faits et ajoutent volontiers en hochant la tête :

— « Ah ! c'était le bon temps. »

La pudique presse anglaise devrait venir ici chercher ses renseignements; le Saint-Père exige que les gardiens montrent tous les égards compatibles avec la situation des condamnés et visite souvent les geôles de Rome.

Nous ne quittâmes point Viterbe sans nous rendre, en bons chrétiens, au sanctuaire de sainte Rose. Le corps miraculeusement conservé est demeuré intact et, dit-on, flexible comme si la vie ne l'avait point abandonné; il est vêtu d'or, couronné de fleurs, dormant au sein des roses son éternel et mystique sommeil, depuis plus de cinq siècles.

Le colonel Blanchard, aujourd'hui général, qui est un de mes bons amis, fut gouverneur de Viterbe après le retour du pape à Gaëte. Il assista à la translation et constata, m'a-t-il dit, le prodige, en baisant la main de la sainte, qu'il trouva fraîche et souple. Cette héroïne souleva jadis la ville contre la tyrannie de Frédéric II, et fut, dit-on (honneur insigne), canonisée de son vivant.

Sa protection vint sans doute en aide au gouverneur de Viterbe, si heureux dans ses expéditions contre les brigands où il eut pleine réussite [1].

[1]. Voir aux pièces justificatives le brevet de citoyen de Viterbe accordé à cette occasion au général Blanchard. Note P.

Le brigandage est la grande plaie de l'Italie, il existe partout; ce n'est pas une exception, c'est une profession; à côté d'actes d'atrocité sauvage, on se trouve parfois en présence de traits d'ingéniosité et même de générosité qui touchent au roman. Un certain *cicerone* à cheveux blancs, à visage hâlé, qui nous accompagnait, nous conta cette aventure qu'il attribuait à Gasperone.

Dans un couvent, sur la route de Rome à Naples, réputé pour être un des plus riches d'Italie, les familles illustres confiaient leurs enfants aux moines.

Le brigand trouva moyen, par un adroit subterfuge, de se faire accepter comme frère portier. Pendant deux mois, les religieux s'édifièrent de ses vertus.

— « Ah! » répétait le prieur, « *fra Antonio* est un ange, un saint! » Un jour des hommes armés pénètrent dans le couvent, bâillonnent les élèves qui n'ont pas le temps de crier, et ceux qui appartiennent aux maisons les plus considérables de la province se trouvent, sur le cou d'un cheval, emportés violemment dans la montagne.

Le lendemain, on retrouve les religieux garottés dans leurs cellules. Aussitôt libres, ils vont visiter le trésor : or, reliques, vases précieux...

tout était pillé. Les enfants furent rendus à leurs parents contre une somme d'argent variant selon la fortune de chacun. Mais le frère portier avait disparu.

Tous déclarèrent avoir reconnu *fra Antonio* dans le chef de la bande. Le supérieur en eut la certitude, en recevant la grosse clef de la serrure d'entrée qui lui fut renvoyée avec ces mots :

— « Garde-la mieux! »

Il est impossible de traduire l'emphase avec laquelle le narrateur nous fit ce récit; il conclut avec un soupir si gros, qu'il nous vint quelques doutes sur son passé. Un officier de ma connaissance, me racontait sur ce chef une anecdote qu'il tenait, disait-il, de sa propre bouche, l'ayant visité dans sa prison. Un soir, Gasperone rencontra sur la route une dame voilée qui allait à cheval rendre visite à une de ses amies récemment accouchée; la nuit commençait à venir; le valet qui accompagnait la dame prend la fuite, le brigand saisit la bride du cheval et l'entraîne dans la montagne. La femme désolée se jette aux pieds de Gasperone, lui demandant d'épargner sa vie et son honneur :

— « Votre honneur ne court aucun danger, » lui répond le chef, qui avait fort bien vu qu'elle n'était pas jolie. « Quant à votre vie, c'est autre chose; pour la racheter, il me faut deux mille écus; écrivez à votre mari qu'il me les envoie, s'il tient à vous. »

La prisonnière, malgré ce que cet aveu a de pénible pour la vanité féminine, est obligée de convenir que son mari partage sur sa beauté l'opinion du bandit, et qu'il n'y a point à compter sur une rançon; mais comme la peur rend l'esprit inventif, elle se souvient de certain oncle, fort riche, et il est convenu que c'est à lui qu'on s'adressera.

Chemin faisant, la dame passe devant la maison de l'amie qu'elle allait visiter; le brigand devenu galant propose de s'y arrêter; puis apprenant qu'elle appartient à l'intendant du prince Colonna, il pense que ce n'est pas la peine de déranger le vieil oncle. Faisant cerner la maison, Gasperone attire au dehors le mari de l'accouchée, rend la liberté à sa prisonnière avec force excuses, emmenant l'autre en garantie de ses deux mille écus. Sa galanterie avait le mérite de ne rien lui coûter et de lui éviter un long trajet.

Il fut plus franchement généreux avec le marquis de Roccaguglielma. Comme il lui demandait une rançon énorme, celui-ci répondit :

— « Dans ce cas, il ne me resterait demain qu'à faire comme vous. » Le bandit trouva la plaisanterie bonne et le tint quitte pour une modique somme, dont il lui permit même de fixer le taux.

Tout le monde sait comment Vendetta, après avoir enlevé l'année dernière la célèbre et vénérée Vierge de Velletri, pour la rendre contre une rançon, exaspéra si bien l'opinion publique, qu'il fut livré au gouvernement après avoir failli faire écharper les jésuites que l'on accusait du larcin.

Vendetta attend encore son jugement; Gasperone et sa bande expient leurs crimes à Cività-Castellana, en attendant que les Piémontais, qui crient si fort (poussés et soutenus par les Anglais), contre la *barbarie* du gouvernement, leur en ouvrent les portes [1].

L'armée française porta un coup fatal au brigandage; et le général de Goyon, auquel venait d'échoir le commandement supérieur, prenait aussi bien ses mesures contre les voleurs, que contre les perturbateurs politiques.

Il fut, lui aussi, dévoué de cœur au Saint-Père, mais les circonstances politiques ne lui permirent

---

[1]. La chose a été faite depuis à Naples et dans l'armée de Garibaldi; il y a un régiment entier de forçats sous le commandement d'un colonel anglais (C^{el} Dune).

pas de donner au Saint-Siège, un appui efficace, tel qu'il l'aurait voulu [1].

Il faut reconnaître qu'avec un gouvernement aussi irrésolu dans ses actions, il devenait bien difficile à ses représentants de montrer la décision qui eût été nécessaire.

De toutes parts, les menées du Piémont se faisaient sentir ; le pape n'avait pu, malgré sa douceur, s'empêcher de témoigner qu'il n'était pas dupe ; et lors de son voyage à Bologne, il fut forcé de répondre assez sèchement à l'envoyé sarde, M. Buoncompagni, qui avait l'audace de lui vanter la fidélité du roi Victor-Emmanuel et de lui proposer ses services.

La situation se gâtait d'ailleurs, à la fin de cette année 1858 ; les relations tendues avec l'Autriche laissaient prévoir la guerre.

Je devais rentrer en France où m'attendait l'épaulette de général ; je dis adieu, non sans un vrai regret, tempéré par l'espoir du retour, à cette ville où venait de s'écouler une des périodes

[1]. La comtesse de Goyon, fille du duc de Montesquiou-Fézensac, recevait ce qu'il y avait de plus distingué à Rome : son hospitalité était fort appréciée ; les hauts personnages étrangers se faisaient un plaisir de fréquenter un salon dont les honneurs leur étaient faits avec un tact exquis, par une vraie grande dame.

les plus intéressantes de ma vie militaire ; mais la patrie appelait ses enfants, et je rentrai dans cette ville de Valence, sentinelle de la frontière, où je m'attendais, en cas de guerre, à n'être point oublié.

Le moment des adieux fut pénible ; tant de choses me tenaient au cœur ; mais j'emportais le souvenir, cette plante rare qui fleurit en dépit des aridités de la politique, des déceptions humaines, et comme le lierre, se plaît surtout sur les ruines.

Lorsque j'obtins ma dernière audience, le Saint-Père m'exprima de la manière la plus flatteuse, son regret de mon départ ; me disant avec une bonté dont l'impression est ineffaçable, son désir de me voir revenir.

« Je connais, » ajouta le Souverain Pontife, « vos excellents rapports avec l'armée romaine, et je sais que vous avez toujours fait preuve des meilleurs sentiments... je voudrais voir sur votre uniforme de général, la décoration que je veux placer là. »

En disant ces paroles, le saint pontife me passait doucement la main sur le côté gauche de la poitrine, dans un geste affectueux qui pénétrait jusqu'à l'âme ; je sortis comme toujours très ému ; mon dévouement pour le Saint-Père est sans bornes.

Je me rendis alors chez le cardinal Antonelli, qui m'annonça que j'étais nommé grand cordon de Saint-Grégoire-le-Grand. Son Éminence me parla aussi de la guerre.

— « Il est bien dangereux, » me dit-il, « de surexciter les appétits. La secousse produite en amènera fatalement d'autres ; en tous cas, c'est un acheminement aux idées de conquête, l'exemple est une chose dangereuse. Quant à la politique religieuse, elle n'a qu'une direction qui est son essence : la *patience*. La force d'inertie est une grande puissance, quand elle a son axe dans la foi, dans la perpétuité, dans l'espérance. Comprenez-vous le sens profond de cette résistance passive ?

— « Il est certain, » répondis-je, « que la force de l'épée ne peut être mise en parallèle. »

— « Le plus grand conquérant du monde, » continua le prélat, « nous envierait ce poids dans la balance ; il détruit l'équilibre humain. »

Ceci se passait la veille de mon départ, le samedi 15 janvier 1859.

.˙.

Cependant, en Italie, le flux et le reflux des idées révolutionnaires, cherchait à jeter sur les écueils le gouvernement pontifical; mon retour en France ne m'avait pas fait perdre de vue Rome, où de bons amis me tenaient au courant des événements. Il était clair que le peuple, ballotté par des courants contraires, conservait, lorsqu'il était livré à lui-même, sa fidélité aux traditions pontificales, et d'autre part se soulevait contre les Autrichiens, à la voix des révolutionnaires. On reprochait parfois au pape de parler de l'épée de saint Pierre; et on s'irritait à d'autres moments de voir qu'il ne voulait pas prendre parti contre les Autrichiens.

L'aristocratie, elle-même, était fort ennuyée de ce mouvement où elle risquait de perdre sa situation.

En mars 1859, le prince B***, qui m'avait toujours témoigné une amitié dont je lui suis resté profondément reconnaissant, m'écrivait en ces termes, après les compliments d'usage sur ma nomination :

« Je ne sais si l'armée ne sera pas appelée
« à dénouer le nœud gordien que la diplomatie

« semble disposée à emmêler en ce moment. On
« s'occupe malheureusement beaucoup de nous,
« et vous ne sauriez croire combien il nous arrive
« de fois de désirer n'avoir pour juges de notre
« position politique et sociale que ceux qui
« comme vous, mon cher général, ont séjourné
« longtemps parmi nous, et se sont trouvés à
« même de voir de très près les différentes
« classes de la société romaine.

« Nous laissons à de plus hauts placés que
« nous le soin de juger nos affaires, puisque dans
« ce siècle on n'est plus maître chez soi... »

Un de mes amis de la diplomatie, le comte de
B***, m'écrivait presque en même temps :

« Vous avez bien manqué, vous qui cherchez
« tout ce qui a de la couleur locale, en n'assis-
« tant pas à la manifestation qui a eu lieu peu
« de jours après votre départ.

« Le pape a reçu à la Minerve une députation
« de deux-cent-cinquante pêcheurs, venus de
« Cività-Vecchia, par le train d'inauguration;
« ces braves gens ont apporté à l'héritier de
« saint Pierre une pêche vraiment miraculeuse,
« des milliers de livres de poissons : thons, lam-
« proies, turbots énormes dans des paniers en-
« guirlandés; c'était un spectacle unique.

« Le Saint-Père les a reçus avec son affabilité
« ordinaire; leur a parlé avec ce tact et ce
« charme inoubliables, quand on l'a entendu une
« fois. L'ovation a été chaleureuse; le pape est
« triste cependant, et l'horizon gros de complica-
« tions.

« Il a officié selon l'usage le 24 avril, jour de
« Pâques, mais avec un visage abattu qui fai-
« sait peine. La foule est restée pour voir le cor-
« tège, mais aussi avec une intention évidente
« de manifester... en notre faveur...

« Lorsque le duc de Gramont et le général
« de Goyon vinrent à passer, ce fut une tempête
« de vivats et d'applaudissements, soulignant
« encore le silence qui accueillit l'ambassadeur
« d'Autriche. Ce sympathique Colloredo, qui est
« aimé de tous, paraissait attristé.

« Notre ministre de France l'a été aussi,
« le 7 mai dernier, lorsqu'il a porté au pape une
« dépêche de l'Empereur l'assurant de son dé-
« vouement; le pape l'a remercié brièvement;
« puis lui montrant le crucifix, il a ajouté : Voilà
« celui en qui je me confie.

— « Que sortira-t-il de cet imbroglio ? »

En effet, peu de jours après la guerre était
déclarée; nous la voyions arriver avec plaisir

comme tout soldat, rongé par l'impatience d'une vie inactive; mais nous comprenions cependant fort bien ce qu'elle pouvait avoir de dangereux dans ses conséquences.

Certes, il ne nous était pas possible de tolérer l'ingérence de l'Autriche dans les affaires italiennes, et nous ne pouvions laisser arriver jusqu'à Rome la pointe de son épée; mais avant de rompre, il fallait épuiser toutes les ressources de la diplomatie, ce qui n'a pas été fait. Il est facile de retourner l'opinion publique; on a fait croire au peuple français que l'Autriche avait tous les torts et que son invasion brutale du Piémont, après un ultimatum de trois jours, suffisait pour lui imputer la responsabilité de la guerre.

Nous qui avions suivi la préparation de ces événements, nous ne pouvions être dupes.

L'Empereur Napoléon, dans son désir d'abaisser les prétentions de l'Autriche et de prouver au monde que la science militaire est une tradition de famille, ne pouvait avoir l'intention de donner à cette guerre un caractère aussi révolutionnaire; et pourtant, sous le couvert de la participation à la croisade contre l'Autriche, la révolution installait partout ses comités et sa propagande. Dans les duchés, à Bologne, à Florence, sous le prétexte d'organiser la résistance et l'enrôlement de volontaires (qui n'existaient pas), on nommait des commissaires piémontais; et les Pepoli, Garibaldi, Malvezzi, etc., formaient un noyau de conspirateurs contre les gouvernements établis!

J'avais conservé l'habitude de me faire envoyer les journaux italiens; j'y trouvais des renseignements typiques. Les promenades de Garibaldi, ses proclamations, tout prouvait que l'on visait autant la conquête des Romagnes et des légations que celle de la Lombardie; Bologne était terrorisé par Pepoli et sa bande; on ne voyait que chemises rouges, manteaux blancs dans les rues; tantôt des Piémontais à la grande capote de laine bleue, tantôt des officiers à tunique verte galonnée d'argent. Les jeunes gens étaient enrôlés de gré ou de force sous la menace du poignard; les campagnes fidèles étaient tyrannisées.

Dans une propriété du duc de Valmy, près de Bologne, un religieux, Dom Rossi, s'occupait d'agriculture; on le savait dévoué à la cause pontificale; on lui offrit un sauf-conduit pour se retirer à Rome; il refusa et arbora le drapeau français sur la propriété du descendant de Kellermann. Le comte Malvezzi le menaça de nouveau ; des sicaires furent envoyés auxquels le courageux moine résista à coups de fusil ; mais bientôt il dut fuir, et de son refuge envoya une lettre en latin aux serviteurs du duc. Le billet fut saisi, il se terminait par ces mots : « *nota manus, notum cor*[1]. » Les domestiques incriminés furent l'objet, à ce propos, de mille vexations et menaces. C'était tout simple : un Français était en cause ; et ces scènes se passaient au moment même où notre avant-garde franchissait les Alpes.....

**

Ces faits me revinrent à la mémoire à Turin, lorsque je rencontrai l'honnête mais faible d'Azeglio, sous le gouvernement duquel tant d'atrocités avaient été commises.

Il tremblait de frayeur, cependant, sous les foudres pontificales qui venaient de l'atteindre ; et, bien que je ne le tienne pas pour un méchant homme, je ne puis m'attarder à le plaindre.

Le prince de la Tour-d'Auvergne m'exprima, ce soir-là, ses craintes ; déjà le traité de Villa-

---

[1] « Qui connaît la main, connaît le cœur. »

franca était clairement dénoncé. Les garanties pour les duchés, pour les Romagnes, la confédération italienne avec présidence honoraire du pape, cela n'était même plus discuté. La révolution voulait marcher, le Piémont voulait tout prendre; il nous trouvait sur sa route et, sans se souvenir des services d'hier, il nous haïssait comme l'obstacle du lendemain.

De Saint-Pétersbourg, le baron Baude m'écrivait sur le même ton :

« Il est vraiment incroyable, que toutes ces in-
« fluences ne parviennent pas à balancer dans
« l'esprit de l'Empereur les perfides conseils du
« prince Napoléon et de ses amis! Quel aveu-
« glement! »

Voilà donc où en étaient les choses dans la Péninsule au 15 août 1859. Les résultats de nos victoires paraissaient déjà tourner contre nous; mais je n'en devais pas voir la fin. Je reçus définitivement l'ordre de quitter l'Italie et de rentrer en France avec mes régiments.

Il fallait dire adieu à mes souvenirs de Rome, encore si palpitants. Il fallait me séparer de cette société turinoise qui m'avait tant intéressé, aimable, malgré ses défauts, attachante, malgré sa mobilité.

La vie du soldat n'a pas le temps de jeter les fortes racines des plantes vivaces; ses joies ne peuvent avoir que des floraisons subites ou rapides.

Plaisirs, amours... En avant marche, il faut tout quitter!

Donc, le 10 août, à 2 heures du matin, à la tête de ma brigade, je sortis de la ville, traversant Collegno et Alpignano pour arriver à Rivoli qui fut notre première étape.

Logé au château de la comtesse de Colombiano, veuve du diplomate sarde, j'eus le regret de ne point présenter mes hommages à la maîtresse de céans : elle est allemande et déteste les Français; ce sentiment, que l'on eut soin de me faire connaître, me consola de son absence.

Cette soirée ne fut point solitaire; le prince et la princesse Galitzin et plusieurs aimables personnes de la société de Turin vinrent me retrouver; elles repartirent fort tard dans la soirée. Les paysans du voisinage étaient venus en grand nombre visiter notre bivouac. Je voulus organiser pour les amuser et divertir mes hôtes un bal champêtre au son de la musique militaire; mais la gouvernante de la comtesse de Colombiano y mit une opposition peu gracieuse.

Nous remîmes la fête au lendemain, sur les bords enchantés du lac d'Evigliano. Cette petite ville est située à l'extrémité de la plaine fertilisée par les eaux du Pô.

Dès le 21 août, nous nous engagions dans les défilés du mont Cenis. *Cenis* veut dire *incendie,* à cause des immenses forêts qui le couvraient et qui ont été détruites par le feu. Cette étymologie me fut donnée par un bon curé, qui s'en allait pédestrement disant son bréviaire; cela se passait probablement au temps où les héros de l'antiquité franchissaient ces pentes abruptes, alors sans chemins tracés. En admirant ces masses énormes, je songeais à tous les exploits, inspirés par une idée de vengeance, de haine ou de gloire.

Je songeais à Annibal, qui se frayait un passage dans ce nœud des Alpes, pour aller combattre les Romains; à Catinat qui, en 1631, fit tracer le premier chemin par ordre du Roi Soleil, au moment des succès remportés sur le duc de Savoie.

Mais ce fut Napoléon Ier qui, de 1800 à 1812, fit construire la magnifique route que nous suivions, établissant des maisons de refuge, relevant l'hospice de la Madelaine, fondé par Charlemagne. Les rossignols, qui aiment, dit-on, le voisinage des humains, vinrent alors nicher sur les aliziers fleuris, dans les creux protégés; et les roulades exquises de l'oiseau chanteur accompagnent désormais le cri de l'aigle.

Nous montions toujours, l'air devenait de plus en plus transparent; le jour se levait merveilleux, illuminant peu à peu la crête des cimes; la buée comme un rideau soulevé par la brise s'élevait des précipices, chassée par la lumière.

Dans un gracieux fouillis de bouquets de sapins, les hameaux de San-Antonino, Condove s'éveillaient, étagés sur la rivière Doria Riparia qui sort bouillonnante du Genèvre.

Bussolino fut le lieu de repos. Ce joli village est jeté dans un vallon creusé entre deux contreforts; il fait l'effet d'un oasis si l'on considère les gouffres profonds, le paysage tourmenté qui forme plus haut la principale vue de la montée de la Novalaise. Certes, ce ne fut pas pour moi le désert.

A Suze. Je trouvai le bourg en fête, encombré d'équipages élégants; Mme la duchesse de Caumont La Force était venue nous faire ses adieux;

elle avait invité l'ambassade de Russie, d'aimables châtelains du voisinage et quelques personnes de Turin.

Les officiers de ma brigade vinrent passer la soirée; il était convenu que le lendemain nous partirions à onze heures du matin pour le plateau du mont Cenis. A l'heure indiquée, nous nous mîmes en route... Nous formions un cortège vraiment royal; notre voiture était attelée de huit chevaux et plusieurs véhicules de suite, traînés par des mulets, emportaient la musique du 19° de ligne.

Les paysans étonnés, population misérable de ces sites infertiles, se demandaient si un nouvel Alexandre de Russie passait à Suze.

Le voyage fut aussi gai qu'intéressant; nous arrivâmes pour dîner à l'auberge du mont Cenis. Tout avait été préparé d'avance par le maître d'hôtel du prince Galitzin. Les truites du lac poissonneux, les jambons renommés de Turin, les vins généreux, rien ne manquait; prouvant, sans calembourg, que la magnificence peut s'élever à toutes les hauteurs, argent et intelligence aidant.

Il n'est pas de bonne fête sans lendemain. Le 24, nous faisions une halte dans l'île charmante, située au milieu du lac; la journée était lumineuse; entraînés par la beauté du spectacle, nous y restâmes jusqu'au soir.

Les pics neigeux resplendissaient dans la pompe du soleil couchant, qui jetait des feux magiques sur les glaciers.

La roche Michel prenait des tons lilas, qui accentuaient la dentelure de ses arêtes [1].

Le 25, je partis avant le jour par un clair de lune qui donnait aux sites de la montagne une majesté incomparable. L'auréole blanche des glaciers suspendus, s'éloignait, profilant des lignes vaporeuses, indécises; nous descendions vers la France. On n'entendait d'autre bruit que celui des cailloux roulants du chemin; chacun cheminait silencieux, absorbé par ses réflexions.

Bientôt le mont Cenis devint perpendiculaire au-dessus de nos têtes, le ciel se teignit d'un bleu rosé,... brusquement, le jour s'éleva flamboyant!...

Cette admirable vue d'ensemble reste gravée dans ma mémoire avec tant de souvenirs attachants. C'est ainsi que je quittai pour toujours l'Italie, dans l'allégresse de la nature et la tristesse des adieux.

1. Le point culminant du mont haut de 3,493 mètres.

CHAPITRE XV

Retour à Lyon. — La situation après le traité de Zurich. — Application du principe de non-intervention. — Lettre du comte de X***. — L'Empereur écrit au pape. — Lettre du comte de B***. — Une émeute à Rome. — Correspondance avec le général X***. — L'esprit de l'armée. — Turin, le carnaval, l'état des esprits au début de l'année 1860. — Lettre de M*** X***. — La ville et la cour. — Réorganisation de l'armée pontificale. — Le général La Moricière à Rome. — Les volontaires pontificaux. — Civita-Vecchia fortifiée. — Inauguration. — Inaction de la France. — Ses principales causes. — Lettres du général X***. — L'affaire des décorations.

Je reste trop sincèrement attaché au Saint-Siège, je suis trop identifié à la vie romaine, pour ne pas demeurer anxieux, attentif, l'esprit tendu.

Le drame se déroule au-delà des Alpes, tout s'assombrit.

Avide de nouvelles, désœuvré dans ma garnison lyonnaise, dont le brouillard me fait doublement regretter le ciel d'Italie, j'entretiens une active correspondance avec les amis que j'ai laissés là-bas.

Les regards de l'Europe entière se fixent sur le vainqueur de Solferino, arbitre des destinées de la péninsule. Que fera-t-il ?

Les conjectures sérieuses viennent remplacer l'exaltation de la victoire. On se demande quelles vont être les savantes combinaisons de la politique.

Le traité de Zurich avait stipulé des articles en faveur des souverains dépossédés. Le plébiscite seul s'impose et dans quelles conditions ! Pour tout le reste, lettre morte !...

Y a-t-il accord tacite entre les gouvernements français et italien ? Ce qui est sûr, c'est que le char révolutionnaire nous entraîne fatalement à l'ornière. Cahin-caha, nous marchons au service de l'unité italienne.

Le gros obstacle, la question romaine, est pour les uns un embarras, pour les autres un remords ; pour tous une anxiété.

Les conservateurs poussent des cris d'alarme ; les évêques, les orateurs relèvent le gant jeté aux principes religieux, au droit des gens... Brochures, discours, polémiques, tout semble inutile. Le principe de « non-intervention » est définitivement adopté.

Dans le déchaînement de ces éléments divers, le pape reste ferme comme le roc. « *Tu es Petrus.* » C'est son unique devise; elle est gravée à la coupole de sa basilique, il n'y faillira pas.

Les agitateurs italiens essayèrent de provoquer à Rome des mouvements analogues à ceux des Romagnes, mais l'ordre ne fut pas sérieusement troublé; l'armée française veillait.

Voici ce que m'écrivait à ce propos un jeune et charmant secrétaire d'ambassade, le comte de X...

« Rome, 13 octobre 1859.

« Le bruit a couru que vous nous reveniez à
« la tête des renforts qu'on annonçait et je m'en
« réjouissais... mais nous n'avons pas vu plus de
« renforts que de général...

« La semaine dernière, nous avons été légère-
« ment émus (histoire de ne pas en perdre l'ha-
« bitude.)

« Grâce aux mesures sages et imposantes du
« général de Goyon, nous en avons été quittes
« pour la peur, et tout s'est passé aussi tranquil-
« lement... que je le prévoyais.

« Malgré toutes ces manifestations plus ou
« moins sérieuses, le gouvernement pontifical,
« que bien vous connaissez, ne s'émeut pas. Il
« persiste à trouver que ses fidèles sujets sont
« fort heureux, et n'ont nullement besoin des ré-
« formes administratives qu'on veut leur impo-
« ser. C'est assez mon avis.

« Certes, ni le langage des prélats français,
« ni les dispositions apparentes des grandes
« puissances, ni la platitude de l'Espagne
« (que je soupçonne devoir, un jour ou l'autre,
« nous jouer un mauvais tour), ni les discours
« de Mazzini, ni en un mot la connaissance
« exacte que le cardinal Antonelli a de la si-
« tuation; rien de tout cela, dis-je, ne me semble
« de nature à inspirer sérieusement la nécessité
« d'un changement de système. Il est trop tard
« ou trop tôt.

« Le roi Victor-Emmanuel joue gros jeu, la
« partie est dangereuse... et la cause, je la trouve
« dans les paroles mêmes de Mazzini! »

Hélas! à cette époque, on avait encore de l'espoir; et le pape cherchait par tous les moyens à
prouver sa sympathie et sa reconnaissance pour
l'armée française.

Le général de Goyon, son chef, était à la fin de 1859 nommé citoyen romain, et Pie IX lui décernait trois médailles d'or, d'argent et de bronze, entre autres la médaille « Bene merenti ».

Il me l'écrivait, en m'annonçant qu'il m'avait demandé pour commander les renforts.

L'aveuglement continuait en France ; une brochure intitulée : « *Le Pape et le Congrès,* » portait un trouble nouveau en justifiant la séparation des Romagnes.

L'Empereur, dans un de ces mouvements de reflux qui lui étaient familiers, voulut rassurer le Saint-Père.

Je tiens de source certaine que le duc de Gramont alla trouver Pie IX, chargé de lui annoncer une lettre autographe de Napoléon désapprouvant cet écrit. La lettre fut-elle envoyée, c'est ce que je n'ai pu éclaircir.

Dans les premiers jours du mois de mars de l'année 1860, je recevais du comte de B*** ces quelques lignes.

« La guerre, me disait-il, a jeté Rome dans
« une crise dont nul ne peut prévoir l'issue.
« L'année qui vient de débuter est grosse de
« périls.
« Vous savez sans doute que les Garibaldiens

« terrorisent les légations; à Rimini, ils ont en-
« vahi et pillé les couvents, ne reculant devant
« aucun brigandage, aucun sacrilège. Il en est
« ainsi dans bien d'autres endroits.

« A Rome même, les agitations révolution-
« naires n'ont qu'un reflet passager; le peuple
« revient vite à la raison, il aime Pie IX et l'en-
« toure de marques d'amour d'autant plus ac-
« centuées.

« Après la manifestation de janvier au Pincio,
« le pape fut l'objet d'une ovation chaleureuse.
« La foule l'acclamait avec un vrai délire; et le
« bruit ayant couru qu'il songeait à quitter Rome,
« tous criaient : « *Forza, Forza, Santo Padre.*
« Courage, courage, restez avec nous.

« Les propositions Thouvenel ne sont pas faites
« pour lui agréer. C'est l'ambassadeur qui a eu
« l'ennuyeuse mission de les présenter à Anto-
« nelli.

« Pauvre Gramont; il a eu naturellement la
« seule réponse qu'il pouvait avoir.

« Victor-Emmanuel a, dit-on, fait faire une dé-
« marche directe près du Saint-Père, lui offrant
« appui et *conseils*. Il a refusé l'un et l'autre, le
« renvoyant à l'Encyclique; et comme la malice
« ne perd pas ses droits, il a ajouté : « Le roi

« comprendra facilement, car elle est écrite en
« langue vulgaire. »

La mauvaise presse s'étant emparée de quelques troubles qui avaient eu lieu, et en ayant dénaturé complètement la portée, je reçus les détails exacts de ce qui s'était passé. Je ne veux rien changer au récit que m'en fit le général X...

« Rome, le 26 mars 1860.

« Mon cher ami, les journaux vont vous ap-
« porter des nouvelles de Rome et vous racon-
« ter tronqués, défigurés, les faits qui se sont
« passés ici le 19 courant. Comme votre ancien
« régiment y a pris part, je veux que vous sa-
« chiez la vérité.

« Le 19 au matin (jour de Saint-Joseph), une
« manifestation des patriotes romains m'était an-
« noncée à la porte Pia, une autre en dehors de
« la porte Saint-Pancrace.

« J'allai moi-même vers une heure et demie à
« la porte Pia et je poussai jusqu'au pont Nomen-
« tano. Il y avait beaucoup de monde, mais c'é-
« tait calme. Les auberges où devaient se réunir

« ces messieurs pour fêter le saint patron de Maz-
« zini et de Garibaldi étaient fermées par ordre
« de police.

« Je vis qu'il n'y avait aucun danger à crain-
« dre, je rentrai chez moi.

« Vers 4 heures, un billet du général de Goyon
« m'apprit qu'il allait lui-même à la porte Saint-
« Pancrace, mais que j'avais à prendre des pré-
« cautions pour le Corso, où les promeneurs de la
« porte Pia désappointés allaient probablement
« se réunir. J'envoyai de suite prévenir les com-
« pagnies de piquet de se tenir prêtes à marcher,
« et je donnai ordre à M. G... d'aller place Co-
« lonna où une compagnie devait se rendre.

« Je lui enjoignis de faire évacuer la place si
« les émeutiers s'y présentaient.

« Le Corso s'emplit de monde, et des gendar-
« mes pontificaux voulurent arrêter deux indivi-
« dus contre lesquels ils avaient (assure-t-on) des
« mandats d'amener. Après quelque résistance,
« ils parvinrent à les amener place Colonna.

« Au moment où ils arrivèrent près du Cercle,
« ils furent accablés de huées et de sifflets. G...
« leur ordonna de faire évacuer la place, en
« même temps que le poste prenait les armes et
« les appuyait.

« Les gendarmes firent volte-face, tirèrent
« leurs sabres et s'élancèrent sur la multitude
« qui se sauva comme une volée de pigeons.

« Mais en même temps que cette petite poignée
« de gendarmes exécutait ce mouvement, une au-
« tre troupe de la même arme sortit de Monte-Ci-
« torio. Composée d'hommes à cheval et à pied,
« elle se rua sur les émeutiers déjà poussés par
« ses camarades; et, non contente de dégager
« la place, poussa par le Corso en frappant à
« droite et à gauche, arrivant ainsi jusqu'à la
« place du Peuple où elle regagna sa caserne.

« La débâcle fut générale; la compagnie de
« la Minerve arriva sur ces entrefaites, mais le
« calme était déjà rétabli.

« G... avait pu faire arrêter près de lui un
« des siffleurs; il y a eu, dans le Corso, plusieurs
« personnes blessées par les gendarmes, mais
« légèrement.

« Il y en avait d'innocentes, je veux bien l'ad-
« mettre, mais qu'y faire.

« D'après les renseignements pris par Mangin
« auprès des présidents des *Rione*[1], il y a eu une
« douzaine de personnes en tout blessées ou ren-
« versées.

1. Les *Rione* sont les divers quartiers de Rome.

« Voilà l'*exacte vérité*. Nous sommes loin des
« racontars de la presse.

« Tout est rentré dans l'ordre; les chefs des
« émeutiers sont arrêtés. Ce sont les Silvestrelli,
« Titone, Santo Angeli, etc., etc.

« Ce qui a occasionné toute l'histoire, c'est que
« deux officiers du 10mo, en bourgeois, avaient
« fait mine de se jeter au-devant de G... pour
« l'empêcher de donner l'ordre. Il dut les ra-
« brouer; englobés dans la foule, ils furent
« bousculés et légèrement blessés.

« On s'en prit à G..., que l'on mit en quaran-
« taine, bien qu'il eût exécuté strictement son
« devoir.

« Les explications n'ayant pas réussi, le géné-
« ral en chef a dû intervenir; on a distribué des
« arrêts, et MM. X*** et XX*** sont pour un mois
« au fort Saint-Ange.

« Voilà, mon cher, où en sont les choses dans
« votre ancien régiment. C'est la conséquence de
« dix ans de séjour à Rome au milieu d'une po-
« pulation travaillée, des accointances avec les
« *patrones de case*, les gens du *mezzo ceto*[1]; cette
« bourgeoisie impatiente, remuante, exaltée,

---

1. La petite bourgeoisie.

« tous ces gens leur montent la tête ; et quand on
« leur fait des observations, ils répondent que
« cela ne les empêchera pas de remplir leur de-
« voir à l'occasion.

« J'ignore comment les choses vont tourner.
« On annonce que nous allons rentrer ; il faudrait
« pour cela que la France soit bien sûre de la ré-
« conciliation du Piémont avec le Pape ; que la
« propagande effrénée des sociétés secrètes dans
« les États pontificaux fût arrêtée ; que des dé-
« clarations franches, positives de l'Empereur,
« garantissent ce qui reste au Saint-Père dans
« son intégralité.

« Alors les agitateurs perdant tout espoir
« comprendraient que la rébellion est inutile.

« S'il en était ainsi, l'armée papale, forte de
« 14,000 hommes, suffirait pour garder l'Ombrie
« et les Marches.

« Nous attendons ce que notre souverain dé-
« cidera... »

X***

Que se passait-il à Turin, pendant ce temps, où l'on cherchait à endormir la vigilance de la France, à corrompre son armée, à la séduire par la perspective de la cession d'une province qui n'était que la juste compensation de tous ses sacrifices. On jugera de l'état d'esprit de la capitale piémontaise par la lettre que m'écrivait une charmante femme, que j'avais connue pendant mon séjour. Je ne veux rien changer à cette peinture pleine d'entrain, et dans laquelle la profusion de fleurs ne suffit pas à cacher l'épine.

« Turin, le 2 mars 1860.

« Depuis bien des jours, mon cher Général,
« j'ai voulu vous écrire; mais ici la vie est un
« tourbillon pendant ce carnaval. On veille la
« nuit, on dort le jour. Partout bal ou veglione,
« ou encore petites soirées intimes :
« *Sino alle due dopo mezza notte* [1].
« On cause, on danse, on prend du thé, on
« magnétise...
— « *Che so io, tutti lo allegrie che si fanno* [2].
« Je suis allée lundi au bal du roi, où la
« duchesse de Gênes a fait les honneurs. Elle est
« rentrée dans les bonnes grâces du roi, et cet
« étonnant mariage avec Rapallo est considéré

---

1. « Jusqu'à deux heures après minuit. »
2. « Que sais-je, tous les plaisirs que l'on peut inventer. »

« comme non avenu. Il est seulement *chevalier*
« *d'honneur*. On me l'a fait voir. Hélas ! lorsque
« la pauvre princesse a fait ainsi abnégation de
« sa position, elle a dû avoir un fort vertige.

« Je ne lui ai pas été présentée. On me dit que
« j'aurais dû prier M. de Talleyrand de faire au
« marquis de Brem la demande de cette faveur.
« J'avoue n'y avoir point songé.

« On m'avait placée sur une banquette près du
« trône où je m'ennuyais depuis deux heures,
« car personne n'osait venir me parler, jusqu'au
« moment où le général Cialdini (qui ne me plaît
« pas beaucoup) est venu me faire sa cour.

« Le roi et lui ont ensuite parlé de moi, mais
« je ne sais ce qu'ils ont dit.

« Notre nouveau ministre est charmant, spiri-
« tuel et très élégant. J'ai aussi été charmée du
« retour de M. de Rayneval.

« Tout le corps diplomatique escortera le roi
« à Milan ; il y donnera deux bals et le maréchal
« Vaillant au moins un.

« On me presse beaucoup d'accompagner cette
« foule brillante, mais je refuse. Au définitif, ce
« sera une grande corvée. J'ai payé mon tribut
« en donnant un bal que je qualifierai de superbe,
« et je suis enchantée du pays et de la société.

« Plusieurs veulent absolument m'entraîner
« l'hiver prochain à Rome, dans l'espoir que la
« nouvelle et belle politique de notre Empereur
« aura bien tout changé dans cette ville.

« Halte-là! qu'allais-je dire?... Je connais vos
« opinions là-dessus. Sachez bien cependant que
« la jeunesse de l'Italie centrale est aux genoux
« de Napoléon n'espérant qu'en lui; il pourra
« donc faire prévaloir sa politique, assuré à l'a-
« vance qu'elle aura le dessus.

« M. de Cavour nous a donné un bal; il a par
« parenthèse été charmant pour moi; les hon-
« neurs étaient faits par la marquise Alfieri,
« *votre amie,* n'est-ce pas???

« Que vous dirai-je encore, bal des jeunes gens,
« bal chez le gouverneur marquis Dadda dont la
« femme, princesse Pio, est ravissante et à moi-
« tié espagnole; bal chez la marquise Doria, etc.,
« etc., etc.

« Le clou a été le bal masqué du théâtre Scribe :
« une ravissante Vénitienne, la comtesse Ghe-
« rardi, en était la reine. Douze jeunes gens des
« plus aimables, officiers d'artillerie pour la plu-
« part, sont arrivés en pierrots blancs avec force
« culbutes et tours de force. Voici, si cela peut être
« un souvenir pour vous, le nom de ces clowns

« séduisants : prince E. Ruspoli, Marquis Arco-
« nati, comtes Riccardi, Bianconcini, Nagliate,
« Bidasio, Fabrellar, Chiesi, prince Galitzin, etc.

« Pour le Corso du lundi et du mardi gras,
« nous avions loué le grand balcon à l'hôtel de
« la Grande-Bretagne ; il s'y est livré une affreuse
« bataille de *coriandoli*.

« Enfin le carnaval a été enterré *con fracasso*
« *immenso*.

« Et maintenant on est fatigué, on tousse ; c'est
« l'heure des réflexions sérieuses. Ici les têtes
« s'échauffent sous la poudre, et l'on croit sincère-
« ment à la guerre. Il règne une activité fébrile
« pour former une armée de 150,000 hommes.
« Les classes de 30, 31, 32 et 33 sont rappelées ;
« dans l'artillerie, il y a un immense surcroît de
« travail ; on fond des canons rayés perfectionnés
« sur le modèle des nôtres. Ces jeunes gens, qui
« font encore la *Scuola*, n'ont pas un instant de
« liberté dans le jour. Le discours de l'Empereur
« n'a pas plu ici... En effet, il était fort mys-
« térieux ! Quel est donc le mot du Sphinx ? »

X***.

Ces préparatifs visaient l'Autriche en apparence; au fond, c'était contre Naples et Rome que le Piémont armait.

Alors le Saint-Père, pris entre les menaces des uns et l'inaction non moins dangereuse des autres, a pensé qu'il ferait bien de réorganiser son armée.

Il est poussé dans cette voie par Mgr de Mérode, prélat actif autant qu'énergique, mais ennemi déclaré de l'occupation française [1]. Le cardinal Antonelli, qui s'arrange au contraire fort bien de nous, pense que l'action diplomatique et la force morale valent mieux que le hasard des batailles; aussi défend-il l'opinion opposée, envisageant, non sans inquiétude, la question financière qui va se compliquer.

L'armée romaine n'avait primitivement d'autre fonction que de maintenir l'ordre dans les provinces, en réprimant le brigandage et en assurant le service des places.

En 1855, il y eut déjà une modification assez importante introduite dans son recrutement. Jusqu'alors, la noblesse s'était tenue absolument à l'écart, au point de vue militaire, une épaulette proposée eût fait l'effet d'un affront. A ce moment,

---

1. Ce que Mgr de Mérode voyait d'un mauvais œil, c'étaient surtout les progrès de la révolution, tolérée, sinon encouragée par le gouvernement français.

l'École des cadets reçut une quarantaine d'élèves appartenant aux classes élevées, qui jadis n'avaient consenti à servir que dans la garde noble.

Nous vîmes, pour la première fois, vers la même époque, entrer dans Rome, à la grande joie de la population, une partie du régiment suisse sous les ordres de M. Schmith. Il vint prendre ses quartiers aux casernes de Ravenne et de Cimarra; le reste occupait Spolète, Foligno, Pérouse, etc.

Ces troupes sont au service du pape depuis 1831; originairement composées de gens du canton d'Altorf, elles ont successivement ouvert leurs rangs à des volontaires de toute nationalité. Au moment de la réorganisation, le colonel de Sonnenberg succéda à M. Mayer dans le commandement de la garde suisse.

Le Saint-Père, ne conservant aucune illusion sur l'appui qu'il avait à attendre de la France, sachant, d'autre part, qu'il ne pouvait compter ni sur le peuple indolent de Rome, déjà catéchisé à outrance par les révolutionnaires, ni sur une noblesse apathique qui doit cependant aux papes sa situation et sa fortune, fit appel aux fidèles de la chrétienté.

Sa voix remua les masses; de tous les points du monde lui arrivèrent les secours.

Non seulement le denier de Saint-Pierre lui apporta l'or des catholiques, mais un grand nombre de volontaires vinrent offrir leur épée et leur vie.

La France se distingua particulièrement. A côté des noms les plus humbles, on put voir ceux du livre d'or de la noblesse; si bien que le général Cuggia, en lisant plus tard la liste, s'écria, dit-on : « Mais c'est un carnet d'invitation à la cour de Louis XIV. »

Le général de Lamoricière en a pris le commandement supérieur; il est arrivé à Rome, plein d'espoir. « L'armée romaine, dit-il, est un coursier
« qui ne connaît ni la bride ni le frein, mais qu'un
« dressage rendra promptement docile et propre
« à fournir une bonne carrière. »

Le général X*** m'écrivait à ce sujet :

« Rome, le 2 août 1860.

« Ce matin seulement, mon cher ami, j'ai vu
« M. de Ribiers.
« Son fils est à Ancône, engagé dans les volon-
« taires pontificaux. Ce sont 40 à 50 jeunes gen-
« tilshommes, servant à leurs frais sous les or-
« dres de MM. de Bourbon-Busset et de Rotalier.
« Un de mes jeunes cousins, M. de Puységur,
« s'est joint à eux.

« M. de Lamoricière est à Ancône. Il y a réuni
« une vingtaine de mille hommes répartis entre
« Spolète, Foligno, Pesaro, Terni. Il les organise,
« les discipline, les forme, les entraîne; mais il
« a bien du mal. Il y a des régiments indigènes,
« des Bavarois, des Autrichiens, des Irlandais,
« des volontaires pontificaux, tous Français; un
« bataillon de « franco-belges » et un petit corps
« de Bretons, sous les ordres de Charette et de Ca-
« thelineau. Quelle diversité d'éléments, quelle
« peine il doit avoir à classer cette mosaïque!

« Puis, quand il en arrive d'un côté il en part
« de l'autre. Les journaux exagèrent; mais un
« certain nombre d'Italiens, séduits par les agents
« garibaldiens, désertent. J'en ai eu la preuve.

« Il y a trois jours, j'étais à la chancellerie de
« l'ambassade, jouant aux dominos avec la Ro-
« chefoucauld, quand un soldat romain se pré-
« sente, demandant au premier secrétaire, M. de
« Cadore, de lui donner les moyens de rejoindre
« Garibaldi, disant qu'il savait bien qu'on ne
« pouvait pas l'aider officiellement, mais que, si
« l'on voulait, on pouvait officieusement faciliter
« son départ et celui d'une douzaine de ses ca-
« marades. Comme vous le pensez bien, Cadore
« le mit à la porte; mais vous jugerez par là de

« l'esprit des régiments indigènes et de la bonne
« réputation de notre pays.

« Quand « il *signor Garibaldi* » sera arrivé à
« Naples, où il est attendu tous les jours, les États
« pontificaux formeront une île enveloppée de
« tous les côtés par la révolution. Comment peut-
« on rêver d'y maintenir l'ordre. Ce n'est pas
« M. de Lamoricière qui l'empêchera ni nous
« non plus! Nous avons des ordres répétés de ne
« nous occuper que de conserver la vie du pape
« à Rome *exclusivement*. Voilà à quoi notre rôle
« doit strictement se borner.

« Jugez quelle va être notre position quand, aux
« environs de Rome, nous verrons de toutes parts
« flotter l'étendard garibaldien!

« L'ami qui vous écrit aura d'ici à 8 jours
« une fameuse commission. Le général de Goyon,
« au moment où il vient d'être élevé à la dignité
« de grand-croix et de recevoir pour les siens et
« la division des faveurs nombreuses (le tout
« accompagné des lettres les plus flatteuses)... est
« décidément rappelé!!!

« Est-ce la fraction extra-libérale du ministère
« ou de l'entourage de l'Empereur qui a obtenu
« ce rappel? Je l'ignore. L'ambassadeur, re-
« venu le 5 juillet, en a apporté la nouvelle en

« se défendant absolument d'y avoir concouru.

« D'autre part, le général affirme n'avoir rien
« reçu; il a fait, dit-il, une demande de congé...
« et attend la réponse. Cependant, il a annoncé
« son départ pour dimanche 5 août. L'ambassa-
« deur assure qu'il ne sera pas remplacé et que
« je resterai seul ici. L'Empereur le lui a affirmé.

« Tout ce que je sais, c'est que je ne suis pas
« sur la liste des généraux de division au 15 août.

« Enfin, si je reste seul et que j'arrive à m'en
« tirer, le reste viendra, il faut l'espérer.

« Dieu est grand...

« On a envoyé les chasseurs à Cività, je ne sais
« pas pourquoi, puisqu'il n'est plus question de
« notre départ.

« Les fortifications sont finies, les habitants ont
« payé; mais il reste à savoir au profit de qui elles
« auront été faites.

« Le général a invité le Saint-Père à leur inau-
« guration. Il s'y est rendu en grande pompe par
« le nouveau chemin de fer.

« Le duc Massimo, le général C.....a, M. de
« C.....s [1], etc., l'accompagnaient ainsi que l'ad-
« ministrateur en chef M. Gueyraud. Le pape a

1. Texte peu lisible, probablement Gal Cardova et M. de Corcelles.

« trouvé quelque consolation dans l'accueil cha-
« leureux de la population. Il a donné au général
« de Goyon son portrait sur pierre dure enrichi
« de pierreries.

« Au Vatican, on est toujours raide comme
« barre de platine. L'état dans lequel se trouve
« le malheureux roi de Naples, après ses conces-
« sions, ne semble pas fait pour engager le pape
« a en accorder.

« Tomber pour tomber, il pense qu'il vaut
« mieux succomber ferme dans ses principes
« que se suicider en donnant la partie aux ad-
« versaires.

« Qu'ils aient l'odieux de la destruction, mais
« il ne se démolira pas de ses propres mains.

« Tel est, dit-on, le langage; je le comprends.
« Mais je n'ai vu ni le pape ni le cardinal en au-
« dience depuis longtemps. Je vous rapporte des
« échos; mes auteurs sont Nos Seigneurs Bastide
« et de la Tour-d'Auvergne.

« Je ne vous parle pas de la fameuse affaire des
« décorations, je sais qu'on vous l'a racontée. Elle
« n'est pas faite pour détendre la corde entre le
« général et le duc.

« Cet antagonisme est déplorable et rend tout
« impossible. Voilà trois ans et demi qu'il dure.

« L'Empereur l'a su dès le début. Il l'a laissé se
« développer et s'envenimer; on dit qu'il avait
« ses *raisons*. Par cette phrase obscure, on légi-
« time tout.

 « Vous avez eu, heureux homme, la chance de
« passer à travers tout cela sans égratignure.
« Vous êtes resté bien avec tous, et l'un comme
« l'autre, je dois le dire, vous aime et vous
« désire. Pour moi, craignant avant tout d'être
« pris à partie, j'évite de rencontrer seul à seul
« aussi bien le duc que le général. Pauvre cru-
« che de terre, j'ai très peur, je l'avoue, d'être
« brisé entre ces deux pots de fer!! »

X***

J'avais, en effet, reçu d'un ami romain les détails de cette aventure que j'aurais volontiers passé sous silence, si cet antagonisme perpétuel n'appartenait désormais à l'histoire, et si je n'avais, comme le général X***, la certitude que cette situation était voulue et fomentée avec soin pour paralyser l'action de deux hommes de cœur, que j'aime et respecte, et dont j'ai été en situation maintes fois d'apprécier le dévouement sincère à la cause pontificale.

Voici ce qui était arrivé.

A la fin de juillet 1860, le général de Goyon reçut de la grande chancellerie de la Légion d'honneur les insignes de grand-officier, avec mission de les remettre au duc de Gramont.

Comment la chose était-elle formulée? Je l'ignore.

Le général écrivit aussitôt au duc pour lui annoncer cette bonne nouvelle et lui demander de fixer un jour pour que la réception eût lieu chez lui, en tenue, avec tout le cérémonial usité dans la circonstance.

L'ambassadeur, froissé d'un procédé qui sortait des usages diplomatiques, se cantonna dans sa situation et répondit que, représentant la personne même du souverain, il ne pouvait quitter son palais pour adopter une demeure particulière; que la cérémonie aurait dû se faire chez lui, et que le règlement de la tenue rentrait dans ses attributions.

Il déclina donc l'offre du général et par dépêche en informa le ministre.

Ce qui donna à cette affaire un caractère fâcheux, c'est que toute l'ordonnance de la cérémonie était réglée pour la prestation du serment, l'armée convoquée, banquet, etc.

La résistance de l'ambassadeur mit tout à néant et les insignes reprirent le chemin de Paris.

L'incident fit grand bruit; il était contraire à la tradition. Les insignes auraient dû être transmis par le grand chancelier au ministre des affaires étrangères, qui les fait d'ordinaire passer *directement* à l'ambassadeur (*sans réception*).

Pourquoi cette dérogation aux usages? Elle devait créer des susceptibilités. Qui avait pressé sur la volonté du duc de Malakof pour l'amener à donner sans le savoir ces instructions dangereuses? Est-il téméraire de penser que le parti italien, si bien représenté au palais royal, voyant l'armée pontificale se réorganiser sous la protection au moins tacite de la France, voulut par ce nouveau pétard essayer de mettre le feu aux poudres, et semer des germes de discorde au sein même de la puissance protectrice.

Il ne réussit que trop bien. La guerre civile était déclarée. Peut-être importe-t-il de se souvenir que ces événements se passaient précisément quelques semaines avant Castelfidardo!

CHAPITRE XVI

Rapports entre les armées françaises et pontificales. — Essais de brouilles. — Un fatal malentendu. — Lettres du général X***. — Les Garibaldiens occupent Naples. — Garibaldi menace Rome. — La société à Rome. — Retour du général de Goyon. — Hésitations. — Castelfidardo. — Inutile démarche du consul d'Ancône près du général Cialdini. — Lettre du lieutenant-colonel B***. — Arrivée des troupes de renfort. — Réception qui leur est faite. — L'armée pontificale. — Présentation au pape. — Mot de Pie IX. — Réception du cardinal Antonelli, désarmement d'un corps napolitain. — Lettre du général X***. — Graves résolutions du pape. — Il songe à quitter Rome. — Menées du prince Napoléon. — Arrivée à Rome du roi et de la reine de Naples, manifestation exagérée. — Lettre du marquis de S***. — Le roi et la reine au Quirinal. — M. de Goyon et le général Cialdini. — Le pape et les Bretons. — Le marquis de Lavalette succède au duc de Gramont. — Lettre du général Dumont. — Rome sous Napoléon Iᵉʳ et Rome de de nos jours. — Conclusion.

Pendant que les révolutionnaires parisiens travaillaient si bien en faveur de leurs corréligionnaires d'Italie, la secte romaine ne perdait pas son temps. Les insultes pleuvaient sur les volontaires pontificaux dont l'organisation les faisait déraisonner de rage. Lorsque le prince Napoléon les traitait à Paris de mercenaires, Cavour (ce parrain de Garibaldi) avait l'audace de dénoncer ce qu'il appelait les « hordes papales. »

L'armée française était loin d'avoir les sympathies, mais on affectait de la traiter avec une déférence toute récente et de l'opposer aux nouveaux venus. La presse inventait mille calomnies. J'ai lu la lettre d'un ancien officier de mon régiment, qui avait un de ses cousins dans les rangs du bataillon franco-belge. L'ayant rencontré, près du cercle militaire, il l'y fit entrer avec lui. Ce jeune homme reçut des officiers français, cela va sans dire, l'accueil le meilleur et le plus courtois. Deux jours après, les journaux inventaient je ne sais quelle histoire de différend, d'insulte et de duel entre les deux cousins. C'était stupide ; mais cela produisait son effet.

On finissait, dans certains cas, par monter la tête des troupiers, qui ne demandaient cependant qu'à vivre en bonne intelligence avec leurs voisins et compatriotes.

Lorsqu'un désaccord survenait, la bonté et la mansuétude du Saint-Père avaient vite raison des esprits les plus récalcitrants.

Je me souviens d'un fait qui se passa quelques années plus tard mais que je rapporte ici, car j'avais connu jadis le triste héros de cette aventure, dont il est inutile de rappeler le nom. Il avait d'ailleurs compris sa faute et la bonté du Saint-Père avait pénétré son cœur.

Dans une petite ville de la campagne romaine où se trouvait le bataillon de cet officier, je ne sais quel hasard amena en même temps un détachement de zouaves pontificaux.

Un malentendu fit enfreindre par la troupe papale la consigne donnée aux soldats français. C'était une erreur facile à éclaircir et à rectifier; que se passa-t-il dans la tête de l'officier?

Je ne puis attribuer qu'à un moment d'aberration sa conduite dans la circonstance. Sans demander ni attendre une explication, on fit feu par son ordre sur les soldats du pape.

Il y eut mort d'homme. L'affaire, en raison des difficultés qu'elle aurait pu faire surgir, fut autant que possible étouffée; on voulut bien la considérer comme le résultat d'une échauffourée entre soldats.

Sur la demande du Saint-Père lui-même, il n'y eut pas de répression.

Quelque temps après, l'officier, fort penaud,

se trouva dans une cérémonie, commander le piquet d'honneur sur le passage de Pie IX. Celui-ci, avec son regard vif et pénétrant, reconnaît le coupable; tout-à-coup tournant brusquement sur les talons, il marche droit à l'officier, qui volontiers serait rentré sous terre. Alors d'une voix plaintive en même temps que paternelle : « Saul, Saul, lui dit-il, pourquoi me persécu-
« tes-tu ? »

Puis il partit, en le bénissant; ce fut toute sa vengeance.

* *

Rien, à mon avis, ne peint mieux la situation de Rome à ce moment, sa société, notre corps d'occupation, notre diplomatie impuissante, que les lettres de mon spirituel et excellent ami, le général X***. Elles sont trop intéressantes pour que je les veuille omettre. Voici ce qu'il m'écrivait au lendemain de ma nomination de commandeur.

« Rome, 8 septembre 1860.

« Mon cher ami,

« L'Empereur a été très galant pour vous, et je
« lui en sais bon gré...

« Vous voilà carré maintenant... Je me réjouis
« de vos succès présents et à venir; quant à
« moi, je suis toujours dans les oubliés, mais j'ai
« patience et philosophie. Il faut une forte dose
« de ces vertus quand on est seul, comme je le
« suis en ce moment, dans le grand palais S....,
« avec Garibaldi en perspective et pas un mot
« du ministre sur notre singulière situation.

« Sommes-nous inviolables pour lui, ou de-
« vons-nous nous prémunir contre ses attaques ?
« On sait comment nous sommes organisés;
« sans ambulances, avec une artillerie dont les
« chevaux meurent de vieillesse tous les jours.
« On sait que nous sommes bridés par les ordres
« les plus précis de ne pas sortir de Rome, ni de
« Cività-Vecchia; et cependant Garibaldi veut
« avaler les États du pape. Il lui est indispensa-
« ble d'y venir pour joindre Naples au Piémont.
« Il l'a répété vingt fois, « Rome est sa troisième
« étape ! » Rome est la capitale forcée de l'Italie
« unitaire! Ce système de *non-intervention*, pro-
« clamé par l'Empereur, sera-t-il suivi jusque
« dans ses dernières conséquences ?

« Sommes-nous destinés à voir, du haut du fort
« Saint-Ange, avec nos longues-vues, Garibaldi
« se frotter aux régiments du général de Lamori-

« cière, s'il n'en séduit d'avance ou n'en achète
« la moitié comme il l'a fait pour les armées
« napolitaines.

« Le voilà à Naples depuis hier! Ses procla-
« mations vont fondre ici comme grêle!

« Ah! nos Mazziniens triomphent et ils ont rai-
« son. Bénévent et Ponte-Corvo, enclavés dans
« les États napolitains, ont proclamé leur révolu-
« tion; les délégats sont revenus hier ici l'oreille
« fort basse. Celui de Frosinone n'est pas à la
« noce; il écrit qu'il va être attaqué. On dirige
« quelques compagnies sur ce point. Mgr de
« Mérode y a couru cette nuit. On présume que
« M. de Lamoricière y accourra aussi; mais que
« peut faire cette petite troupe contre l'armée Ga-
« ribaldo-Napolitaine? Tout ce corps, je le crains
« bien, sera obligé de s'enfermer à Ancône. Nous
« sommes à la veille de bien tristes événements!!

« Le 62me m'est arrivé, il est très bien com-
« mandé par le colonel Aimard; on m'a parlé du
« 57me, mais son départ ne paraît pas certain, au
« moins pour le moment. On m'écrit que ces
« régiments sont envoyés pour relever les deux
« autres. Ce ne serait donc pas pour former un
« noyau imposant de résistance à Rome?

« Les lettres du ministre ne me parlent jamais

« que de donner un ferme et solide appui au
« Saint-Père à *Rome*, de réprimer tout mouve-
« ment à l'intérieur de la ville; il n'a jamais
« parlé de l'extérieur, et cependant il va en venir
« à l'extérieur, des ennemis acharnés du Saint-
« Père. Comment semble-t-on ne pas le prévoir ?
« Enfin ce mystère se dévoilera probablement
« bientôt. Voici un télégramme de Cività-Vec-
« chia, m'annonçant l'entrée dans le port de la
« corvette *La Mouette*, apportant des dépêches à
« notre ambassadeur. Demain nous saurons de
« quoi il retourne. En voilà assez sur ce sujet.

« Le général de Goyon est parti[1], et on n'en-
« voie pas de renforts.

« Le colonel Lloyd a pris le commandement de
« la place avec ses avantages; pour moi, je n'ai
« pas voulu troquer mon palais si clair et si gai
« contre le palais Ruspoli si sombre et si noir. Je
« suis resté ici. J'ai gardé ma voiture, mon vieux
« cocher, je ne ferai ni pompe ni étalage. D'a-
« bord ce n'est pas dans mes goûts; et puis je n'ai
« pas cent mille francs de traitement. Je vivoterai
« à la douce, tenant comme il convient mon rang

---

1. On pensait que le pape écrirait à l'Empereur pour demander le maintien du général, mais le Saint-Père est décidé à ne plus rien demander.

« dans la division, lui donnant quelques bons dî-
« ners; mais pour les Romains, cardinaux, etc.,
« *niente.* » Ce qui pourra m'arriver de pire, c'est
« de ne pas devenir « *patrice romain* ».

« Je m'en consolerai, me contentant de mon
« pauvre vieil écusson tel qu'il est.

« Le duc de Gramont vous envoie aussi ses fé-
« licitations. Je l'ai vu hier; il est à Frascati où il
« renaît, car il a été bien malade; l'ennui de
« tous ces événements n'y est sans doute pas
« étranger.

« Tout le monde est absent pour une raison ou
« pour une autre. La Providence est vraiment
« bien prévoyante; sachant que cette révolution
« va faire périr beaucoup de monde, elle étend
« sa bénédiction sur toutes les femmes; depuis
« un an c'est une véritable épidémie.

« Rome est vide, c'est encore plus que jamais
« le désert... que l'on ne quitte cependant pas
« sans regrets, si j'en juge par le désespoir de ce
« pauvre L. R***, qui part décidément pour Wa-
« shington.

« Les Salviati, Ruspoli, Pallavicini, del Drago
« sont à la campagne, à Albano, à Frascati ou à
« Spolète chez les Campello.

« Vous savez que toute la famille Borghèse est

« en France; ils sont partis vingt-neuf person-
« nes. Le prince est en Angleterre pour un grand
« procès, dit-on. On lui dispute l'héritage de sa
« femme, la mère de la duchesse de Sora. Voilà
« je pense un paquet de nouvelles telles que vous
« les désirez. »

X***

Que peut-il sortir de toutes ces hésitations, si ce n'est le triomphe final de la Révolution. Le malheureux pontife, abandonné de tous, sujets et amis, reste désarmé en présence d'ennemis sans conscience et sans honneur. Nous qui avons séjourné à Rome et vu les choses de près, nous partageons l'indignation si bien exprimée dans une nouvelle lettre du général X***.

« Rome, 20 septembre 1860.

« Mon cher Général,

« Vous m'avez écrit pour me féliciter de mon
« commandement des troupes d'occupation, mais
« hélas! il a duré ce que durent les roses, l'es-
« pace d'un matin; et quand votre lettre est ar-
« rivée, la rose était déjà changée en un triste

« et inutile *chardon*. Ainsi vont les choses de ce
« monde. Le général de Goyon est revenu au
« moment où on l'attendait le moins; mais il n'a
« rapporté ni plan, ni instructions définies, pré-
« cises; nous en avons eu la preuve le 18, jour
« même de son retour. Le pape lui a demandé
« d'envoyer un bataillon à Viterbe; il a été forcé
« de répondre : « Malheureusement mes instruc-
« tions me le DÉFENDENT. » Alors le Saint-Père a
« demandé « pourquoi on avait envoyé des ren-
« forts. »

« Aujourd'hui, grande et orageuse séance! On
« s'est décidé à envoyer trois cents hommes à
« Frascati, car on craint beaucoup Garibaldi.

« Ce matin, une dépêche de lord Elliot, ambas-
« sadeur d'Angleterre à Naples, prévient le géné-
« ral que, malgré toutes ses représentations, Ga-
« ribaldi est décidé à marcher sur Rome et à
« en faire le siège contre nous; il veut, dit-il,
« prendre d'abord Cività-Vecchia. Je me console
« de mon commandement éphémère en voyant
« la situation de ce pauvre M. de Goyon avec
« Rome à contenir, les Piémontais au nord et les
« Garibaldiens au sud. J'ignore ce que décidera
« Sa Majesté quand elle arrivera à Marseille au
« retour de ses *magnifiques fantasias*.

« Ce qu'il faut c'est un maréchal, avec 30,000
« hommes, si l'on veut pouvoir se défendre
« dans toutes les directions.

« J'espère que d'ici quatre jours tout cet im-
« broglio sera dénoué. Vous jugez de quel esprit
« je dois être animé dans d'aussi graves con-
« jonctures; je maudis les idées révolutionnai-
« res, j'absous les pauvres, les meurt-de-faim,
« les prolétaires, même la canaille qui, n'ayant
« rien à perdre, a tout à gagner dans cette phase
« de la société; ceux que je voudrais voir échar-
« pés ce sont les hommes de notre origine, de
« notre caste qui, par amour du paradoxe, par
« sentimentale habitude, s'extasient sur les mal-
« heurs fort exagérés des classes pauvres et ne
« voient, dans il *signor Garibaldi,* que le re-
« dresseur de tous les torts, le vengeur de tou-
« tes les injustices sociales. Pauvres niais! Ils
« ne comprennent pas où cela nous conduira.

« Le Pape va, dit-on, s'en aller à Vienne; s'il veut
« partir nous ne pourrons l'en empêcher, et cela
« nous fera honneur de l'avoir remis sur son
« siége apostolique, gardé, pendant treize ans,
« pour être obligés de le laisser s'enfuir parce
« que nous refusons de nous opposer à l'enva-
« hissement de ses États.

« Il y a cinq jours, je lui ai présenté les of-
« ficiers du 62me. Quelle agitation! Quel trem-
« blement nerveux dans toute sa personne! Il
« nous a parlé avec une véhémence contenue. On
« sentait qu'il aurait bien voulu s'énoncer clai-
« rement contre le peu d'aide qu'il trouvait en
« nous, mais son calme et sa prudence ne l'ont
« pas abandonné. Il est certain que nous lui lais-
« serons voler tous ses États sans dire un mot.
« Dans peu de jours, nous serons affamés dans
« Rome; la misère sera au comble, les banque-
« routes tombent comme grêle, les boutiques se
« ferment, c'est une désolation générale; les
« octrois ne donnent rien; enfin c'est le prélude
« de la dissolution du pays.

« Tout cela c'est notre faute, nous en avons
« été malheureusement la cause première, il faut
« bien le reconnaître.

« Ah, mon pauvre ami, quel triste mais vrai
« tableau, après l'état florissant où vous avez
« laissé ce beau pays!!! »

Or, pendant que notre corps d'occupation attendait anxieux des ordres qui n'arrivaient ja-

mais, cinq mille six cents soldats pontificaux se faisaient écharper à Castelfidardo par 45,000 Italiens [1]. Ce n'était plus le condottiere Garibaldi, mais l'armée entière italienne qui, au mépris des traités, envahissait les États du Pape, insultant ainsi notre drapeau.

Le 2 octobre, le duc de Gramont, espérant être approuvé, prit sur lui d'envoyer le consul d'Ancône au devant de Cialdini pour essayer d'arrêter sa marche; il voulait profiter de l'inquiétude de l'Empereur, causée par une réponse énigmatique du Pape au général de Goyon. « Général, aurait répondu le Saint-Père, consulté sur les conséquences des événements, le monde est grand. » Cette phrase, apportée à Paris par M. de Cadore, avait été très commentée.

Cialdini reçut fort poliment le consul, mais n'arrêta point sa marche. Le siège d'Ancône où Lamoricière fut bombardé par terre et par mer, attendant un secours qui ne vint jamais, mit le sceau à notre honte.

---

1. Sur ces cinq mille hommes, il y avait 300 zouaves ou Franco-Belges, qui se battirent héroïquement avec un bataillon d'Irlandais et quelques Autrichiens; le reste des régiments étrangers lâcha pied et la cavalerie entière tourna bride. Pimodan tomba frappé de la main d'un traître.

De jeunes volontaires, français pour la plupart, étaient écrasés sous le nombre, aux yeux d'une division française qui regardait l'arme au bras.

Puis, étrange contraste, singulière anomalie, le lendemain du jour où (quand un mot pouvait tout empêcher), on laissait tout faire, un remords prenait le gouvernement et des renforts étaient envoyés.

Voici la lettre d'un jeune lieutenant-colonel, qui jette une vraie lumière sur les points obscurs de cette douloureuse époque.

« Rome, le 6 novembre 1860.

« Le terrain sur lequel nous marchons, mon
« général, n'est pas absolument facile; il n'eût
« pas été correct d'en parler à un homme sérieux
« au lendemain du retour, après une si longue
« absence. De là mon retard...

« Notre voyage de Lyon à Toulon s'est bien
« passé; l'embarquement a été laborieux, et
« l'ascension du bord, sac au dos, pénible pour
« nos troupiers. Puis il a fallu empiler 1,400 mal-
« heureux, là où il y avait place pour 800 à peine.
« Ce n'était que le commencement, nous devions

« en voir bien d'autres sur le sol de la belle
« Italie.

« A Cività, encombrement partout, aucune
« instruction, aucun ordre; les soldats empilés
« dans les corridors, les hangards, presque sans
« nourriture; enfin après deux jours d'un pré-
« tendu repos, *sans sommeil,* on partait à mi-
« nuit.

« La voie ferrée, ayant été trouvée trop coû-
« teuse, nos pauvres soldats ont dû faire à pied
« les deux rudes étapes, que vous savez, par
« une chaleur torride. Notre marche ressem-
« blait assez à une déroute, et il fallait s'armer
« d'une rude patience pour en supporter la vue...
« et les propos.

« Heureusement ces hommes sont des Fran-
« çais, et il faut leur passer bien des choses à cer-
« tains moments; ce sont bien les fils de ceux
« dont on a dit : « Ils grognaient, mais ils mar-
« chaient toujours. »

« Notre entrée à Rome s'est opérée au milieu
« d'un grand concours de population, nulle hos-
« tilité, nul enthousiasme; simplement de la
« curiosité. Le parti italien est convaincu que
« l'Empereur veut faire et fait ses affaires.
« Quant au parti opposé, il a le droit de nous haïr

« mais non de nous le dire. Je m'explique fort
« bien ce propos du Saint-Père, qui m'a été ré-
« pété le jour même par un témoin haut placé
« auquel il a été tenu : « Que viennent-ils faire
« ici en tel nombre? Si c'est pour me rendre mon
« temporel, ils ne sont pas assez nombreux; si
« c'est pour me garder, ils le sont trop. » C'est
« bien vrai; mais pouvons-nous faire mieux et
« autrement? Qui s'en chargerait?...

« Je ne vous dirai pas, mon général, les émo-
« tions particulières que j'ai ressenties en ren-
« trant enfin dans notre Rome chérie. Elles ont
« été bien douces et bien tristes. Sept années ne
« changent rien aux palais, aux ruines, aux ha-
« bitudes, à tout ce qui est matière, mais comme
« il en est autrement des choses et des person-
« nes, même parmi celles que l'on a le plus ai-
« mées. Quand on retrouve la glace où l'on avait
« laissé la flamme, c'est à se demander s'il n'eût
« pas été mieux de vivre sur ses souvenirs plu-
« tôt que de les retrouver morts ou presque
« éteints.

« Aussi, après deux ou trois leçons de ce
« genre, me suis-je décidé à rester sous ma tente
« attendant les événements et les occasions de
« reprendre les si charmantes relations d'autre-

« fois. Alors nous étions des amis pour tous ;
« aujourd'hui tous nous ménagent, mais nul ne
« nous aime.

« Les *Codini,* ceux qui regrettent ce qui s'en
« va, ce qui s'en va si grand train, ne nous par-
« donnent pas d'avoir donné le branle et vaincu
« à Solferino. Ceux qui de RÉPUBLICAINS sont de-
« venus ITALIENS (et ils sont nombreux) ne veu-
« lent pas comprendre que nous les arrêtions en
« si beau chemin ; ils nous voudraient bien loin.
« Les salons nous sont devenus difficiles. Der-
« nièrement une dame s'excusait de ne m'avoir
« point invité à venir dans sa loge « parce que,
« disait-elle, il s'y trouverait un de ses amis qui
« *n'aime* PLUS *l'armée française.* » Je me suis donc
« tenu pour averti, je n'ai été nulle part ou à
« peu près, et il me devient impossible de vous
« parler de ces aimables hôtes d'antan ; sou-
« venirs si chers à tous les deux. Notre ambas-
« sade d'autrefois n'est plus. Gramont est souf-
« frant et ennuyé ; s'il reçoit, ce ne sera que fort
« tard. Le plus charmant ornement de celle-ci,
« la jeune marquise de Cadore, se meurt en ce
« moment. Les Torlonia n'existent plus ! Les
« Massimo, Regnono, Chigi, Canino, ne don-
« nent plus signe de vie. Les Borghèse ne reçoi-

« vent et ne recevront pas; un uniforme français
« leur serait actuellement odieux, c'est tout sim-
« ple : pas un étranger, partout la misère, les
« plaintes. Hier un marchand me disait avec fu-
« reur : « Si vous ne chassez pas les prêtres
« nous sommes perdus. » L'imbécile ne voit pas
« pourquoi son magasin reste vide.

« Rome est rempli d'uniformes étrangers, en-
« combré de soldats de toute arme. Quelques
« dragons (du moins ce qui reste de ce beau ré-
« giment que vous avez connu et dont une
« grande partie a passé à l'ennemi); des zouaves
« tout en gris qui sont copiés sur les nôtres; des
« Irlandais en bleu et vert; des chasseurs qu'on
« confond presque avec les chasseurs français;
« des officiers en très grand nombre, en trop
« grand nombre; des généraux qu'il est difficile
« de distinguer des nôtres. Parmi eux j'ai reconnu
« notre ancien ami le commandant Zappi!! Tou-
« tes ces épaulettes, tous ces uniformes peuplent
« les rues, manœuvrent sur les places, et lor-
« gnent les femmes qui s'amusent et sourient…

« Des choses passons aux personnes. Toute la
« division étant arrivée, le général en chef a
« réuni les officiers pour les présenter à Sa Sain-
« teté au Quirinal. Après un discours que je

« passe, on a fait la théorie de la présentation,
« de la bénédiction des commandements « genou
« terre », etc., etc..................
.............Tout cela fut d'ailleurs exécuté
« ponctuellement, sauf la partie qui concernait
« la bénédiction papale, laquelle ne fut ni *offerte,*
« ni *demandée,* ni *donnée.*

« Après avoir traversé la ville, nous montâ-
« mes au Quirinal où le pape se fit longtemps
« attendre. On comptait sur un discours, et
« l'esprit français y voyait déjà une réponse
« au fameux manifeste de Garibaldi. Il n'en fut
« rien. Le pape parut enfin, presque seul, en
« blanc, bien changé, bien maigri, mais sou-
« riant avec l'air bon et grand que vous lui con-
« naissez.

« Le commandement se fait, tous fléchissent
« le genou et se relèvent; le général nous pré-
« sente, proteste en quelques mots de notre dé-
« vouement et l'on attend dans un profond si-
« lence. Alors le Saint-Père sourit, hésite, puis
« se frottant doucement les mains, prononce ces
« paroles : « Eh bien, mon cher général, nous al-
« lons commencer la petite manœuvre. » La pe-
« tite manœuvre était le baisement de l'anneau.
« Il se fit dans le plus grand ordre, mais tous

« nous avions compris l'ironie bien inoffensive
« en face de cette armée impassible.

« Quand le dernier officier fut passé, le pape
« demanda à M. de Goyon :

— « Combien ces messieurs étaient-ils ? »

— « Environ 300, Très Saint-Père. »

— « Eh! bien, je prierai le bon Dieu qu'ils
« soient pour ma cause les 300 soldats de Gé-
« déon. »

« Telle fut notre réception, sans rien retran-
« cher ni rien ajouter. Je dois cependant dire que
« je tiens de l'ambassadeur lui-même, qu'il avait
« été convenu et stipulé que le Saint-Père ne fe-
« rait aucun discours. Son adresse habituelle lui
« permit, sans sortir des conventions, d'arriver
« à se faire comprendre.

« Le cardinal Antonelli nous reçut le lende-
« main. Le premier ministre a peu changé; la
« bouche seule semble vieillie; il nous accueil-
« lit cordialement en nous serrant les mains,
« puis l'on s'assit; la conversation fut longue et
« intéressante; on parla du présent et du passé
« et il fut facile de deviner au milieu des circon-
« locutions italiennes, la pensée du premier mi-
« nistre; elle pouvait se traduire ainsi : « Les
« Baraguay-d'Hilliers, Montréal, Gémeau étaient

« des hommes rudes, durs même ; mais ils avaient
« un plan et allaient droit au but.

« Effectivement, une volonté très ferme pour-
« rait seule quelque chose en ce moment ; d'au-
« tre part ne créerait-elle pas un grand em-
« barras... peut-être même un danger ?

« *Post-scriptum.* Aujourd'hui, deux heures, les
« choses ont un peu changé ; un corps napoli-
« tain de 1,200 hommes, dont 4 régiments de ca-
« valerie, a été coupé de Gaëte par les Piémon-
« tais et a demandé refuge sur le territoire du
« pape.

« Le cardinal a acquiescé, mais à la condition
« que ce corps mettrait bas les armes. Un capi-
« taine d'état-major et votre ancien 40me sont
« partis pour faire exécuter cette clause. Il fau-
« dra garder, payer et nourrir tous ces hommes,
« mais on se rattrappera sur les canons, les ar-
« mes et surtout les chevaux. Je vais avoir l'oc-
« casion de me montrer... !

« Enfin c'est un progrès. Il y a trois jours, le
« roi de Naples envoyait dépêches sur dépêches
« et aides de camp sur aides de camp, pour sup-
» plier l'ambassadeur de couvrir Gaëte du côté du
« nord et empêcher les Piémontais de l'y bloquer
« complètement. Le duc de Gramont a dû s'y re-

« fuser, quand déjà l'ordre était donné de faire
« partir notre brigade...

« Avec ce système et ces hésitations, il n'y a
« plus rien à espérer. L'Italie se fera, l'Italie est
« faite. Il est trop tard pour l'empêcher.

« Telles sont, mon général, mes dernières
« nouvelles. Je m'arrête, j'ai peur d'avoir écrit
« une brochure, et de fait j'en aurais les maté-
« riaux. Puissent ceux que j'ai indiqués ici vous
« servir dans vos études, et être jugés dignes de
« se réunir à ceux que vous avez déjà rassem-
« blés. »

B**.

J'aime beaucoup le lieutenant-colonel B*** ; c'est un officier de valeur, de mérite et de grand avenir. J'ai recueilli la majeure partie de son long et intéressant journal ; mais je me hâte d'ajouter que je suis loin d'envisager les choses comme lui et de croire qu'il n'y a plus qu'à laisser marcher la révolution. L'Italie se fera, si nous la laissons se faire ; que l'Empereur dise un mot, un seul, et je suis certain que les énergies et les dévouements ne manqueront pas plus qu'au temps des Baraguay-d'Hilliers, Gémeau et Montréal. Le danger n'existera pas ; je connais assez les Italiens pour savoir qu'ils céderaient devant un mot catégorique.

Mais au lieu de parler ferme aux Piémontais, l'on songe à leur confier la garde de Rome. Voici l'opinion à ce sujet du général X** :

« Rome, le 5 mars 1861.

« Je cherche en vain, mon cher ami, à vous
« apprendre quelque nouvelle. Il y a peu à racon-
« ter; l'attente, l'anxiété sont dans tous les es-
« prits, tant au Vatican que dans le parti soi-
« disant populaire. L'adresse du Sénat n'a pas
« satisfait le clan piémontais; il attend mieux du
« vote de la Chambre; je ne sais si ses vœux se-
« ront exaucés. Vous concevez que le Vatican, ju-
« geant d'après tout ce qui s'est déjà passé, con-
« serve peu d'espoir sur le pouvoir temporel. Si
« les Piémontais arrivent pour nous remplacer
« (et c'est dans un temps donné ce qui est assez
« présumable), je me demande ce que fera le
« Saint-Père. Il sacrifiera ses répugnances au parti
« qui lui semblera le moins préjudiciable aux in-
« térêts de l'Église catholique. Qu'y a-t-il de plus
« dangereux à ce point de point de vue, quitter
« Rome ou y rester ? Je ne puis avoir d'opinion,
« et je sais que les cardinaux sont partagés sur

« la question. Du reste, le Pape a repris toute sa
« sérénité depuis qu'il n'a plus à s'occuper de
« chercher des appuis chez les hommes. Il n'a
« rien à espérer que de Dieu et avec cette puis-
« sance, il n'a pas besoin de faire écrire des no-
« tes, des memorandum et autres fadaises di-
« plomatiques. Tout en ce genre a été épuisé
« avec les souverains de la terre; avec Dieu, il
« n'a plus besoin de ministres; pas plus de Mé-
« rode que d'Antonelli; et comme il lui parle en
« particulier, sans secours ni intermédiaire, il
« est redevenu absolument calme et tranquille.
« C'est ce qu'il m'a dit dimanche dernier...

« Vous lisez toutes les billevesées mises en
« avant pour essayer d'arranger le maintien
« d'une souveraineté temporelle au pape avec la
« nécessité de donner Rome pour capitale à l'I-
« talie; voilà qu'on met en avant le Vatican et
« son jardin pour unique royaume à conserver au
« Saint-Père. C'est ce qu'ont indiqué depuis long-
« temps les brochures *La question Romaine, le*
« *Pape et le Congrès*. Le prince Napoléon est
« le grand promoteur de cette belle proposition;
« il prétend que la topographie de la ville l'indi-
« que formellement : sur la rive droite Rome
« catholique, sur la rive gauche Rome italienne.

« Le pape au Vatican, Victor-Emmanuel au Qui-
« rinal, se regardant par-dessus le Tibre! On a
« parcouru du chemin depuis Villafranca!! Ce
« sera une copie des institutions japonaises.
« Dans ce pays, type de civilisation, il y a
« un empereur et près de lui une sorte d'empe-
« reur religieux cadenassé et verrouillé dans un
« palais.

« Je ne croyais pas qu'on serait allé aussi loin
« chercher un modèle. Enfin si cette sottise a
« lieu, je fais des vœux ardents pour ne pas en
« être témoin...

« Vous avez su que le général de Goyon et moi
« avons reçu le roi de Naples à son arrivée ici, la
« nuit. Quel triste spectacle c'était, mon cher
« ami, et quelle chute imméritée, que celle d'un
« bon et charmant prince de 23 ans. La jeune
« reine est admirable de courage et de dignité;
« elle toussait beaucoup en entrant au Quirinal;
« elle avait tant souffert dans sa casemate. Je ne
« puis vous dire la sympathie qu'ils inspirent,
« même dans l'armée française où l'esprit est...
« ce que vous savez.

« Ils sont reçus au Quirinal par le Saint-Père,
« qui veut reconnaître par là l'hospitalité d'au-
« trefois à Gaëte.

« Hier, j'ai emmené ma brigade camper et manœuvrer à deux heures de Rome; le roi et la reine y sont venus incognito. Ils ont suivi les manœuvres avec beaucoup de soin. La reine s'est approchée, au repos, de la musique du 25mo; ils ont distribué des cigares et fait jouer la tarentelle qui est un air napolitain.

« Vous avez vu dans les journaux un récit bien falsifié d'une prétendue manifestation au Corso, le jour de la prise de Gaëte; c'était une souris dont on a fait un éléphant. En réalité, il n'y avait presque rien; quelques chandelles ont tenté de se montrer à trois ou quatre fenêtres; il y avait un assez grand nombre de personnes au Corso, mais que deux patrouilles ont dispersées immédiatement. y étais, j'ai vu de mes yeux et j'ai été stupéfait, en lisant les journaux, de l'importance donnée à ce petit mouvement.

« Tous ces récits étaient contraires à la vérité, je suis bien aise que vous le sachiez.

« On a détaché le commandant Lepage avec le 20mo bataillon de chasseurs; il occupe Frosinone, Terracine, Ceprano sur la frontière de Naples. Le général s'est empressé de faire saisir ces points, quand il a su que les Piémontais voulaient s'y établir. La division Geraudon occupe

« Viterbe, Acquapendente, Montefiascone, Cività-
« Castellana, Corneto, Cività-Vecchia, Tivoli,
« Frascati, Genzano, Velletri, Valmontone. Le
« général Michelet est détaché à Albano. C'est
« bien, mais après! »

X***.

. . . .

Mon excellent ami a bien raison; après, il en sera comme avant. Comment arrêter la révolution aux portes de Rome, quand on l'a regardée complaisamment à Naples. Si l'on en croit certains récits de voyageurs, Naples ne serait pas si enthousiasmé de son nouveau sort et de son nouveau souverain. On a placardé partout des portraits de Victor-Emmanuel, et les femmes du peuple ne se gênent pas, paraît-il, pour lui montrer le poing et le traiter de la belle façon, en regrettant tout haut « il bellissimo nostro re francesco. » Il faut que l'on ait été bien indulgent, pour laisser réussir une révolution qui n'a pas les femmes pour elle. Pour le moment, les princes dépossédés sont à Rome; un de mes amis complète ainsi le récit du général X*** :

« Je sais que vous n'avez eu qu'un récit succint
« de l'arrivée du roi et de la reine de Naples.

« Le Pape avait envoyé au-devant d'eux à Al-
« bano messeigneurs Boromeo et Arese, accom-
« pagnés du grand-écuyer Sacchetti.

« Les camériers et le grand-maître ont reçu
« leurs Majestés, le comte de Caserte et le comte
« de Trani, à la porte San Giovano. Au Quiri-
« nal, les cardinaux, les généraux français, la
« reine-mère, le comte et la comtesse de Trapani
« attendaient. Le 16 février, vers une heure du
« matin, leurs Majestés arrivèrent; la réception
« fut émouvante. La jeune reine, ayant voulu
« monter pour voir le dernier né de la reine-
« mère qui dormait dans son berceau, tout à
« coup le feu prit aux rideaux; mais la reine,
« avec une grande présence d'esprit, enleva ce
« bel enfant dans ses bras le préservant de toute
« atteinte. L'incendie fut éteint et les Napolitains,
« qui ne sont pas à moitié superstitieux se dé-
« clarèrent ravis, considérant le feu comme un
« présage de bonheur.

« Le lendemain, la reine Marie-Christine vint
« au Quirinal et, quand le Saint-Père arriva, il
« trouva rois, reines, princes et princesses pros-
« ternés au seuil du grand escalier; il les releva
« paternellement, et monta les degrés au bras du
« roi; sous le balcon, le peuple poussait des cris

« et des acclamations; mais le roi ne voulut
« point y paraître.

« D'ailleurs le pape, depuis qu'il est menacé
« dans son pouvoir, ne veut plus recevoir qu'au
« Quirinal; plus la situation s'aggrave plus il
« reprend sa sérénité. Il en est autrement du
« général et de l'ambassadeur qui ne savent plus
« où donner de la tête. Au mois de décembre
« dernier, le général avait fait occuper Viterbe et
« fait rétablir le pouvoir pontifical dans tout le
« voisinage, sauf à Orvieto; huit jours après, les
« Piémontais étaient rentrés partout. A Acqua-
« pendente, les Piémontais enlèvent trente gen-
« darmes pontificaux à notre barbe. M. de Goyon
« furieux fait rentrer ses troupes dans la ville et
« réclame les gendarmes; ils sont rendus, mais
« sans armes ni chevaux et dans un état pitoya-
« ble. Cialdini, toujours poli, couvre de fleurs
« l'armée française et n'en fait qu'à sa tête. A
« l'intérieur, la situation n'est pas meilleure; on
« cherche à mettre en hostilité les troupes fran-
« çaises et les volontaires pontificaux. On dit que
« depuis Castelfidardo, le pape ne veut plus être
« gardé que par les Bretons et méprise l'armée
« d'occupation qu'il ne laissera plus pénétrer
« près de lui. Le Saint-Père informé, y a fait

« allusion devant l'ambassadeur lui-même, il y
« a quelques jours. Recevant les officiers : « Vous
« êtes donc Bretons, » leur a t-il-dit; et comme
« ils restaient surpris : « Comment seriez-vous
« entrés sans cela, ajouta-t-il, si ce que l'on me
« fait dire est vrai. »

« Pour tout couronner, on a détaché un certain
« Passaglia, moine plus ou moins défroqué, qui
« agite les populations de la campagne en se
« servant de son caractère sacerdotal. Quelle dé-
« bâcle se prépare, et que vous êtes heureux
« d'être loin de ce triste pays. »

Comte de X***.

*
* *

Effectivement, les choses prennent une inquiétante tournure. Le 27 mai 1861, un vote des Chambres piémontaises, au mépris de tous les traités, a proclamé Rome capitale.

Le ministère Thouvenel travaille ouvertement à ce qu'on appelle « *la réconciliation de Rome et de Turin* ». Le duc de Gramont, réduit à l'impuissance absolue, cède sa place au marquis de Lavalette. Celui-ci, de manières et de formes irréprochables, est connu comme un adversaire du

Saint-Siège; ce sont donc les affaires du Piémont qu'il va poursuivre à Rome. Dès le premier moment, il héritera des embarras de son prédécesseur, et les querelles entre le pouvoir militaire et le pouvoir civil vont recommencer.

« Rome, le 16 avril 1862.

« Nous sommes toujours ici dans une situation
« fort tendue, m'écrit le général D***. Le conflit
« Goyon-Lavalette, semble tourner à l'avantage
« du premier, qui a reçu des témoignages mérités
« de la satisfaction de l'Empereur; l'épée a triom-
« phé de la diplomatie. On dit que l'ambassa-
« deur ne veut pas revenir à moins que l'Empe-
« reur ne l'y oblige[1]. Avec tout cela, les affaires
« n'avancent guère. Il est vrai qu'une question
« comme celle-là est bien difficile à résoudre.
« Après tous les efforts imaginables, Napoléon Ier
« ne s'est-il pas vu forcé de renvoyer le pape
« à Rome...?

« J'ai confiance dans la sagesse de Napoléon III,
« et j'espère autant de sa haute raison que de sa

---

1. « Quand on occupe un poste important à Rome, m'écrivait un de mes amis, il faut savoir *avaler la couleuvre*, c'est le tour tantôt de l'un, tantôt de l'autre; impossible en outre de faire la grimace, le plat étant servi de la main même de l'Empereur. »

« volonté pour arriver, en un temps donné, à
« l'arrangement de choses dignes et possibles. »

D.

Je voudrais pouvoir partager encore la confiance qui perce dans les lignes si franches de mon excellent camarade le général Dumont ; cette confiance, hélas ! je ne l'ai plus.

J'ai eu la foi et l'espoir, il ne me reste guère aujourd'hui que la crainte.

Certes, la parole de Dieu demeure et son Église ne faillira pas ; mais qui sait ce que dureront ses épreuves et jusqu'où peut aller le pouvoir de ses ennemis.

Au temps de la plus cruelle persécution, le Saint-Siège a trouvé dans ses fidèles l'énergie et le dévouement ; aujourd'hui, l'indifférence et la mollesse des bons m'inquiète plus que l'audace des révolutionnaires.

En 1809, lorsque l'empereur Napoléon, tenant le monde sous son sceptre de fer, fit enlever brutalement de sa capitale le saint pape Pie VII, le peuple de Rome tout entier souffrit et voulut manifester sa douleur.

Aux portes de toutes les églises, on trouva

gravés, comme par miracle, ces trois vers du Dante, que la population vint en masse lire et méditer :

> *Veggio*. . . . .
> *E nel vicario suo Christo esser catto*.
> *Veggiolo un' altra volta esser deriso;*
> *Veggio rinnovelar l' aceto e' l fele.*
> . . . .

Si les Piémontais viennent un jour, par la tolérance ou la permission de la France, arracher de son siège le vénéré Pie IX, la société romaine, qui n'aura peut-être rien fait pour chasser le pape, ne fera certes rien pour le défendre. Un Cialdini mettra sa botte sur la Ville éternelle et ce peuple asservi la baisera comme il baise aujourd'hui la mule du Saint Pontife.

Race dégénérée, race expirante, tu mérites bien qu'on réédite en entier et cette fois contre toi, l'anathème de ton propre poète :

« Pour que le mal arrivé et le mal futur soient
« encore surpassés; je vois les lis entrer dans
« Agnani. Je vois le Christ prisonnier dans la
« personne de son vicaire; je le vois, une autre
« fois, tourné en dérision.

« Je vois renouveler la scène du vinaigre et du
« fiel. Je vois qu'il meurt entre deux larrons

« vivants. Je vois un nouveau Pilate que ce sup-
« plice ne rassasie pas; il porte dans le temple
« ses désirs cupides.

« O mon souverain Maître, quand serai-je assez
« heureux pour être témoin de la vengeance
« cachée dans tes vues secrètes, et qui satisfera
« ta justice et ta colère[1] ? »

1. Perchè men paia il mal futuro o'l fatto,
Veggio in Agnani entrar lo fiordaliso,
E nel vicario suo Christo esser catto.
Veggiolo un' altra volta esser deriso;
Veggio rinnovelar l' aceto e' l fele;
E tra nuovi ladroni esser anciso.
Veggio' l nuovo Pilato si crudele,
Che ciò nol sazia, ma senza decreto
Porta nel tempio le cupide vele.
O Signor mio, quando sarò io lieto
A veder la vendetta, che nascosa,
Fa dolce l' ira tua nel tuo segreto?

(*Divina Commedia*. Il Purgatorio. Canto XX.)

ÉPILOGUE

Ici s'arrêtent les notes du général de Baillien-court sur l'Italie.

Il a suivi jusqu'alors les événements avec l'intérêt du souvenir et l'espoir du retour. Chaque fois qu'il est question d'envoyer des renforts à Rome, sa demande est vite prête. Les nombreuses lettres échangées avec son chef, le comte de Goyon, prouvent qu'il est attendu et demandé. Un jour même, il se croit certain de succéder à son ami, le général X***, qui vient recevoir en France la troisième étoile si bien due à ses services et à son mérite.

Dernière déception. C'est l'instant où, tiraillé entre deux courants, le gouvernement impérial incline décidément à gauche, écoutant les perfides conseils du prince Napoléon.

Non seulement on n'enverra pas de renforts,

non seulement on ne grossira pas le nombre des officiers généraux dévoués au Saint-Père, mais on joue sous main le général en chef. Rome sera abandonnée aux entreprises piémontaises ; la fatale convention de septembre est signée[1].

L'armée rentre en France et le général de Bailliencourt, déçu de tout espoir, accepte un commandement dans la Garde impériale.

D'autres préoccupations l'assiègent alors. L'horizon politique se rembrunit, la Prusse et l'Autriche sont aux prises, une nouvelle unité en sortira plus dangereuse encore que la première. Voilà le moment choisi par le prince Napoléon pour l'antipatriotique discours qui, à l'indignation de la France militaire, salue l'aurore de Sadowa[2].

L'esprit public se révolte enfin. La Chambre,

---

1. Convention en date du 15 septembre 1864, remettant à Victor-Emmanuel la protection des États du pape et stipulant l'évacuation dans le délai de deux ans.

2. Quelques jours avant Sadowa, les journaux reproduisaient un discours prononcé au palais royal, *inter pocula*. En voici quelques extraits : « On aurait dû s'allier franche« ment à la Prusse et à l'Italie. Le drapeau de la Révolution « doit être déployé. Le premier obstacle à vaincre est l'Au« triche catholique. La France doit soutenir la Prusse, patrie « du grand Luther. Elle doit renverser le catholicisme à « Rome comme la Prusse le fera à Vienne. Dans deux mois, « nous entrerons en campagne contre l'Autriche avec la Prusse « et l'Italie... »

dans sa mémorable séance du 4 décembre 1867, acclame M. Thiers, défenseur du pouvoir temporel [1] et, pour la dernière fois, la France voit ses armes triompher à Montana.

Victoire tardive, triomphe éphémère! Chacun comprend que c'est une halte et non pas une solution. De puissants groupements se préparent à nos frontières. Le « jamais » de M. Rouher est un mot; la dernière parole doit être au canon.

Pénétré de ces pensées et de l'approche d'une lutte sans merci, le général de Bailliencourt travaille fiévreusement à la réorganisation de la 20ᵐᵉ division militaire, au commandement de laquelle la confiance de l'Empereur vient de l'appeler.

C'est à Grenoble, le 30 novembre 1869, qu'il tombe, victime d'une mort prématurée, quelques mois seulement avant le déchaînement de l'orage qu'il a vu s'amonceler et dont il a souvent signalé les prodromes.

Heureux de n'avoir pas vu sombrer dans la même tourmente, indissolublement liés dans le

---

[1]. C'est au cours de cette séance, que M. Thiers prononça contre Victor-Emmanuel son éloquent réquisitoire resté célèbre pour ses légendaires paroles : « La maison de Savoie « chasse au faucon avec Garibaldi, etc... »

désastre comme ils auraient dû l'être dans la défense, tout ce qu'il respectait et tout ce qu'il aimait : Rome et la France, la papauté et le drapeau, ces deux cultes auxquels il avait voué sa vie.

PIÈCES JUSTIFICATIVES

NOTE A.

Procès-verbal de décoration du drapeau.

Le 10, à midi, le deuxième régiment de zouaves attendait le maréchal de Mac-Mahon qui arrive avec son état-major et fait former le carré; il fait un discours dans lequel il annonce la distinction dont le drapeau va être l'objet : « L'Empereur voulant, » dit-il, « conserver les habitudes du premier empire. »

Le drapeau s'était avancé, le duc de Magenta se découvre devant lui et ajoute avec une émotion visible : « Aigle du 2me zouaves, sois fière de tes soldats, au nom de l'Empereur et d'après les pouvoirs qui me sont dévolus, je te donne la croix de la Légion d'honneur. »

Les cris de Vive l'Empereur!.. Vive de Maréchal! couvrirent ces dernières paroles; alors le drapeau s'inclina et la croix d'honneur fut attachée à l'aigle par le ruban rouge.

Cette cérémonie solennelle s'accomplit à Brescia, et laissa dans le cœur de ceux qui y assistèrent une impression ineffaçable.

NOTE B.

Lettre du général Regnaud de Saint-Jean-d'Angely.

Novare, 2 juin 1859.

Je suis arrivé à Novare, hier.... Selon toutes probabilités, nous y passerons la journée; depuis cinq jours que nous marchons, ce sera le premier temps de repos, les troupes en avaient besoin; nos étapes ne sont pas longues par la distance à franchir, mais elles le sont excessivement par la durée des marches résultant de l'encombrement. . . . .

Onze heures pour faire 5 lieues, sur une route magnifique; mais que de temps d'arrêt, pour passer les gués de rivière, les ponts rompus et plus que tout, les encombrements de colonnes dont les unes s'arrêtent pour prendre un repos nécessaire, tandis que celles qui sont derrière et reposées, voudraient marcher. Les corps de Niel et de Mac-Mahon étaient devant moi; ils m'ont causé bien des ennuis pendant cette longue journée; mais chacun marchait en son rang de bataille et la plainte n'était pas en droit de se formuler. Les Alpes nous ont tenu fidèle compagnie, pendant tout ce trajet de Verceil à Novare. Le temps était pur, le soleil radieux et brûlant; quels étonnants effets de perspective donne la montagne, le mont Rosa, la plus haute cime des Alpes après le mont Blanc, n'en est dépassée que de 200 mètres; elle semblait nous toucher bien qu'elle fût à plus de trente lieues de nous!

Nous sommes entrés dans Novare en marchant sur les talons des Autrichiens... Quelques coups de fusil insignifiants ont été tirés à la sortie de la ville dont la population entière est venue au-devant de nous, saluant avec une sorte de frénésie *lori liberatori*.

Je suis logé chez une marquise. . . . . qui habite un de ces vastes et magnifiques palais comme on n'en trouve qu'à Rome, Gênes ou Venise; splendeurs d'un autre âge, à peine entrevues de nos jours!.. Mais quelles étoffes!.. dorures, et surtout quelles tapisseries!

. . . .

NOTE B bis.

Lettre du général comte Regnaud de Saint-Jean-d'Angely.

Trecate, le 4 juin 1859.

J'ai quitté Novare pour venir coucher à Trecate. Dans une heure j'aurai passé le Tessin au pont de Buffalora, que l'ennemi a impertinemment fait sauter. En suivant sur la carte [1], tu verras que je suis à cheval sur la grande route de Milan; ma première lettre sera datée de Lombardie et probablement de Magenta où je vais prendre position. J'y trouverai le corps de Mac-Mahon, qui passe momentanément sous mon commandement; ce que nous ne trouvons pas ce sont les Autrichiens, qui se retirent de toutes parts, nous laissant leurs canons souvent sans les défendre : nous en avons déjà vingt entre les mains; leur plan de campagne est tout à fait incompréhensible et leurs rapports! . . . . Ainsi, ils ne craignent pas d'avancer qu'à l'affaire de Montebello, nous avions qua-

1. Cette lettre est adressée à sa femme.

rante mille hommes en ligne; la vérité exacte est que nous n'avions que six mille hommes sur le terrain...
..... Si nous avions eu, je ne dis pas quarante mais douze ou vingt mille hommes, tout le corps de Stadion tombait entre nos mains.

NOTE B *ter*.

*Ordre de l'Empereur
au général Regnaud de Saint-Jean-d'Angely.*

Novare, le 2 juin 1859.

Général,

Vous allez tenir prêtes à partir pour Turbigo, qui est à 4 lieues d'ici, la division de voltigeurs de la garde, avec les deux compagnies du génie et deux batteries à pied. Le général Camou viendra prendre mes ordres à onze heures.

Sur ce, je prie Dieu qu'il vous ait en sa sainte garde.

NAPOLÉON.

Écrit de la main de l'Empereur (très vite); papier aux armes de Savoie portant en tête :

*L'Intendente generale
della divisione administrativa,
di Novara.*

NOTE C.

Lettre du général Haillot à M. Aubert[1].

Ministère de la guerre, 27 mai 1874.

Je m'empresse, Monsieur, de répondre à la question que vous voulez bien me poser.

Le 4 juin, à la bataille de Magenta, les deux maisons de la rive gauche du Naviglio n'ont pas été réoccupées par l'ennemi à la suite de l'évacuation partielle de la maison principale; ce qui peut donner lieu à quelques incertitudes à cet égard, c'est l'extrême proximité à laquelle les Autrichiens étaient parvenus dans leur grand retour offensif, et peut-être aussi la présence dans cette construction et ses dépendances, d'un certain nombre de blessés et de prisonniers autrichiens.

Lt C^{ol} Haillot.

NOTE D.

Situation de l'armée française à la veille de Magenta.

Le général Niel reçut l'ordre d'exécuter dans la matinée du 3 juin une forte reconnaissance avec trois brigades de son corps. Ces troupes s'entassèrent sur la route de Mortara se dirigeant sur Vespolate, Terdobliate et Fornaco. Elles apprirent bientôt, ce que l'on avait si grand intérêt

1. Le général Haillot était alors officier d'ordonnance du maréchal Regnaud de Saint-Jean d'Angely.

à savoir, que l'arrière garde autrichienne se repliait sur le Tessin après avoir couvert la retraite de la deuxième armée. Il était acquis que Giulay se concentrait sur ce cours d'eau. Mais était-ce sur la rive droite ou sur la rive gauche? Dans ce doute, l'Empereur se conduisait encore de manière à parer à toutes les éventualités. Il poursuivit l'opération du passage du Tessin; mais afin de ne pas être pris au dépourvu dans le cas d'une attaque par la rive droite, il laissa intacte devant Novare le centre de sa ligne de bataille formée des 1er, 3me et 4me corps, et ce fut avec sa gauche (2me corps) et sa réserve (Garde impériale) qu'il dut allonger sa ligne, pour s'emparer des ponts de passage du Tessin.

En conséquence, il se hâta de prescrire au général de Mac-Mahon de porter sur Turbigo ses deux divisions, et au général Regnaud de Saint-Jean-d'Angely de diriger la première division d'infanterie de la garde (Mellinet) sur Trecate et San Martino.

La division Espinasse reçut l'ordre de rallier le 2me corps à Turbigo, aussitôt qu'elle aurait été relevée dans ses positions par les grenadiers de la garde.

Le 2me corps et la garde avaient donc pour mission de s'emparer des passages du Tessin sur les deux points de Turbigo et de San Martino, pendant que le reste de l'armée, en observation à Novare, attendrait le choc des troupes autrichiennes.

Le Tessin est franchi sans difficulté et vers deux heures et demie, le général de Mac-Mahon, qui vient de traverser Turbigo, se porte en avant, de sa personne, pour exécuter une reconnaissance.

Du haut du clocher de Robecchetto, d'où il jette un coup d'œil sur l'ensemble du terrain, le commandant du 2me corps ne tarde pas à apercevoir des troupes autrichiennes qui pressent le pas et ne sont déjà plus qu'à quelques centaines de mètres de distance. Saisissant toute l'importance de la possession de ce village, en arrière duquel il avait projeté d'établir ses bivouacs, il se hâte de regagner Turbigo où il donne des ordres pour faire avancer rapidement celles de ses troupes qui sont arrivées. Les tirailleurs algériens viennent d'entrer dans le village de Turbigo. Le général leur fait prendre vivement la direction de Robecchetto, ils doivent devancer l'ennemi et l'en déloger.

Robecchetto, situé à deux kilomètres à l'est de Turbigo, est assis, à la sortie du défilé, sur un vaste plateau qui domine de 15 à 20 mètres la vallée du Tessin. L'occupation de cette position était indispensable tant pour couvrir les bivouacs que pour assurer l'exécution du mouvement ultérieur du 2me corps sur Buffalora et Magenta.

En ce moment, l'Empereur, qui venait de visiter le grand pont de San Martino, arrive à Turbigo; il examine la situation et donne au général Camou et à sa division de la Garde l'ordre de se porter sur les débouchés du canal au sud de Turbigo; puis il attend les événements.

(Extraits des notes inédites sur la campagne d'Italie, recueillies par M. AUBERT).

NOTE E.

Première lettre du général Regnaud de Saint-Jean d'Angely, à sa femme, après Magenta.

Pont-du-Tessin, 5 juin 1859.

Nous nous sommes battus hier toute la journée. Les rôles étaient renversés, et c'est la division Mellinet qui était d'avant-garde, complètement seule; Camou ayant été malheureusement détaché loin de nous, nous avons rencontré l'ennemi en force considérable de l'autre côté du Tessin, et notre entrée en Lombardie a été rude et sanglante. Pendant quatre heures, j'ai dû disputer le Tessin à un corps de 25 ou 30 mille hommes.

Je n'avais presque pas de canons et peu de cavalerie. Nous avons chassé l'ennemi de positions qui semblaient inexpugnables; nous les en avons décidés à fuir; j'ai fait 1,200 prisonniers, mais les avantages ont été chèrement payés : le général Clerc est tué, Wimpffen légèrement blessé à la joue. Le commandant de Bellefond, des zouaves, gravement blessé, et bien d'autres. Je n'ai pas encore le chiffre des pertes réunies, elles sont sérieuses. Personne de mon état-major n'a été touché et c'est miracle, car pendant plusieurs heures nous avons été sous un feu des plus vifs; toutes mes faibles réserves étaient engagées, mes cartouches brûlées, quand le corps de Niel est venu à mon aide, il était temps!...

Mellinet a été de la plus brillante valeur; enfin le corps de Canrobert est venu sur le tard finir et compléter la journée.

Mac-Mahon a eu un sanglant et brillant combat; sur notre gauche, l'ennemi en désordre s'est réfugié sur Pavie. Si nous avions eu de la cavalerie à lancer sur ses traces, nous aurions eu un immense succès; tel qu'il est, il est très glorieux..... J'écris sur mes genoux, assis sur une pierre.

A.

NOTE F.

États de service de M. le maréchal comte Regnaud de Saint-Jean-d'Angely.

Le maréchal comte Regnaud de Saint-Jean-d'Angely, né à Paris, le 30 juillet, élève de l'école de cavalerie de Saint-Germain, fit la campagne de Russie comme sous-lieutenant au 8me chasseurs.

Lieutenant au 8mo hussards en 1813, se distingue à Leipzick, passe dans l'état-major, successivement aide de camp des généraux Foré et Corbineau, se fait remarquer dans la campagne de 1814, spécialement au siège de Reims.

Capitaine à vingt ans, 15 mars 1814, est officier d'ordonnance de l'empereur Napoléon Ier pendant les Cent jours, reçoit son brevet de chef d'escadron à Waterloo et rentre dans ses foyers pendant dix ans.

Reprend la carrière des armes en 1825, combattant pour la liberté menacée des Hellènes, aux côtés du général Fabvier et du colonel Bourbaki, et réorganise la cavalerie grecque.

En 1828, suit l'expédition de Morée, volontaire attaché à l'état-major du maréchal Maison. Le 11 septembre 1830, nommé lieutenant-colonel du 1er chasseurs (devenu 1er lanciers), puis colonel, fait la campagne de Belgique avec ce régiment (1831 à 1833).

Général de brigade, le 18 décembre 1841.

Général de division, le 10 juillet 1848.

Le 15 avril 1849, est investi du commandement des troupes de terre du corps expéditionnaire de la Méditerranée, et prend part à l'expédition de Rome.

Membre du Corps législatif pour le département de la Charente, est nommé ministre de la guerre en 1851.

Sénateur le 25 janvier 1852, secrétaire, puis vice-président de la haute Assemblée.

Le 1er mai 1854, le général Regnaud, placé à la tête de la garde impériale, s'embarque pour la Crimée le 16 avril 1855 avec la 2me brigade de corps d'armée de réserve.

Le 1er novembre 1855, est nommé commandant en chef de la Garde impériale ; le 8 avril 1856 et en septembre 1857, major général du camp de Châlons. 1859, campagne d'Italie à la tête de la Garde impériale, est fait maréchal de France le 5 juin 1859, revient à Paris conservant son commandement, membre du conseil général de la Charente : Grand-croix de la Légion d'honneur 28 décembre 1855, officier du Sauveur, ordre de Grèce ; décoré de la médaille militaire, 13 juin 1852. Médaillé de Sainte-Hélène. Grand-croix de l'ordre du Bain [Grande-Bretagne] (1856), de l'ordre pontifical de Pie IX (1849), de l'ordre de Nicham-Iftikhar (1847), Grand-croix du Medjidié de Turquie, et Grand-croix de l'ordre suprême de l'Annonciade de Piémont. Le maréchal comte Regnaud de Saint-Jean-d'Angely a fait les campagnes de Russie, de Saxe, de France, de Belgique, de Rome, de Crimée et d'Italie.

NOTE G.

Lettre du général Regnaud de Saint-Jean-d'Angely, après Montebello.

Alexandrie, 22 mai 1859.

Le sang français a coulé hier pour la première fois. La division Forey, partie de Paris la première, a été la première engagée et attaquée sur le champ de bataille de

Montebello. Elle a dignement entamé la campagne par une action d'éclat des plus énergiques. Les Autrichiens étaient au nombre de seize à dix-huit mille ; non seulement Forey a défendu sa position, mais il a poussé l'ennemi pendant trois quarts d'heure en lui faisant éprouver des pertes sensibles. Les nôtres ont particulièrement porté sur les officiers supérieurs, plusieurs ont été atteints. Le pauvre général Beuret de l'infanterie a été tué !..............
... Si la division Bazaine, qui était en seconde ligne, avait pu arriver à temps, cette première affaire aurait eu les plus brillants résultats. Pendant que nous complétons notre organisation à Alexandrie, que les différents corps prennent la place que leur assigne le plan de campagne, l'Empereur se multiplie et déploie la plus grande activité, allant chaque jour d'un corps à un autre, s'assurer que tout marche au gré de ses désirs. Dieu veuille que cette fatigue, à laquelle il n'était pas habitué, n'altère pas sa santé.

NOTE H.

États de service de M. le maréchal comte de Mac-Mahon, duc de Magenta.

Le maréchal comte de Mac-Mahon, duc de Magenta, né le 13 juin 1808, élève de l'école de Saint-Cyr, puis de l'école d'état-major, sous-lieutenant le 1er octobre 1827, lieutenant le 20 avril 1831, aide de camp du général Achard, assiste au siège d'Anvers.

Nommé capitaine le 20 décembre 1833, il devient aide de camp successivement des généraux Bellair, Bro, de Damrémont, de Houdetot, Changarnier.

Chef d'escadrons le 28 octobre 1840, il passe au commandement du 10ᵐᵉ bataillon de chasseurs à pied.

Lieutenant-colonel de la deuxième légion étrangère le 31 décembre 1842, colonel le 24 avril 1845, général de brigade le 12 juin 1848, devient gouverneur de la province d'Oran par intérim le 15 février 1850, puis de la division de Constantine le 17 mars 1852, est maintenu dans cette situation en devenant général de division le 10 juillet 1852.

De 1852 à 1854, remplit en outre les fonctions d'inspecteur général d'infanterie. Il rend les plus brillants services en Kabylie et part pour la Crimée; entre le premier dans Malakoff, le 8 septembre 1855, et s'y maintient malgré les efforts désespérés des ennemis. Le général de Mac-Mahon est nommé sénateur au retour de Crimée.

Le 13 avril 1857, il fait la dernière expédition de Kabylie et reçoit la médaille militaire.

Depuis le mois de septembre 1858, gouverneur des forces de terre et de mer de l'Algérie, il est appelé à la tête du deuxième corps de l'armée d'Italie en 1859.

Chevalier de la Légion d'honneur en 1831, officier en 1837, commandeur en 1849, grand-officier en 1853, grand-croix en 1875, reçoit la même année les grands-croix du Bain, du Medjidié, de Nicham.

Duc de Magenta, maréchal de France en 1859 et grand'-croix des Saint-Maurice et Lazare. Écrasé à Reichoffen, où son illustration s'accrut comme son héroïsme, dans la défaite, il est blessé à Sedan.

Réorganisant l'armée de Versailles, le maréchal reprend Paris sur la Commune; ce dernier service et la loyauté de l'héroïque soldat vaut au duc de Magenta la présidence de la République.

NOTE I.

États de service de M. le maréchal Canrobert.

Le maréchal Certain Canrobert, né en 1809, sort de Saint-Cyr dans les premiers rangs (en 1828) comme sous-lieutenant; lieutenant en 1832, s'embarque pour l'Afrique en 1835, prend part à l'expédition de Mascara, à la prise de Tlemcen, aux combats de Sidi-Yacoub, de la Tafna, de la Sikkak.

Capitaine en 1837, reçoit la première blessure sur la brèche du siége de Constantine, à côté du vaillant colonel Combes mortellement frappé, et dont la dernière parole est un éloge pour le jeune Canrobert : « Souvenez-vous, » dit-il au maréchal Vallée, « qu'il y a beaucoup d'avenir dans cet officier. »

Nommé chevalier de la Légion d'honneur, l'ardent militaire organise pour la légion étrangère un bataillon composé des bandes carlistes refoulées en France, et l'emmène en Algérie.

A la suite des combats de la Mouzaïa, etc., etc. . . . nommé en 1842 commandant d'un bataillon de chasseurs, il tient tête aux Kabyles, étouffe leur révolte comme lieutenant-colonel 1845. Colonel de la deuxième légion étrangère (1847), il passe aux zouaves. C'est avec cet héroïque régiment qu'il monte à l'assaut de la Zaatcha. Commandeur de la Légion d'honneur, général de brigade en 1850.

Général de division en 1853, part pour l'Orient, organisant le camp de Gallipoli, avec l'esprit remarquable d'administrateur qui lui est propre.

Élevé au commandement en chef de l'armée à la mort

du maréchal de Saint-Arnaud, le général Canrobert accomplit pendant une année l'œuvre difficile de former et consolider le moral d'une armée à 800 lieues de la patrie, décimée par les épidémies et les rigueurs de l'hiver. Au mois de mai, le général Pélissier trouva des troupes intactes, aguerries, et le général Canrobert peut dire qu'il a eu la gloire de préparer la prise de Sébastopol et le succès des alliés.

Nommé maréchal de France le 18 mars 1856, il fait la guerre d'Italie et commande un corps d'armée en 1870, de la façon la plus brillante.

NOTE J.
Ordre de l'Empereur au maréchal Regnaud de Saint-Jean-d'Angely.

ARMÉE D'ITALIE,
SERVICE DU MAJOR GÉNÉRAL.

Au grand quartier général,

A Montechiari, le 23 juin 1859.

L'Empereur au maréchal Regnaud de Saint-Jean-d'Angely commandant la Garde impériale à Montechiari.

« Maréchal,

« La garde impériale, son artillerie, sa cavalerie se porteront à Castiglione qu'occupe aujourd'hui le maréchal de Mac-Mahon. Vous saurez de lui l'heure à laquelle, en se portant en avant, à Cavriana, il aura évacué les positions qu'il occupe, afin de régler en conséquence le mouvement de vos colonnes.

Le quartier impérial s'établira demain à Castiglione.

Le 1er corps se portera à Solferino, d'où le maréchal Baraguay-d'Hilliers se mettra en rapport avec le roi, dont l'armée occupe Pozzolengo.

Le 3me corps occupera Medole. Le 4me corps occupera Guidizzolo, ayant à sa gauche les deux divisions de cavalerie Devaux et Partouneaux. Les corps marcheront militairement; les bagages resteront parqués jusqu'à ce que les corps qui suivent la même route aient défilé. Ils passeront ensuite à leur tour.

Sur ce, je prie Dieu qu'il vous ait en sa sainte garde.

NAPOLÉON.

La cavalerie et l'artillerie de la garde bivouaqueront dans la plaine au-dessous de Castiglione, en avant, entre les routes de Castiglione à Goïto et Castiglione à Medole.

La chaleur étant très grande, les troupes partiront à deux heures du matin, les chemins seront bien reconnus d'avance.

NOTE K.

Lettre de Monsieur le maréchal comte Regnaud de Saint-Jean-d'Angely.

Cavriana, le 25 juin 1859.

Tes pressentiments étaient vrais; nous avons rencontré, hier 24, toute l'armée autrichienne fortifiée dans une série de positions plus fortes les unes que les autres. L'affaire a duré toute la journée; pour mon compte, je suis resté seize heures à cheval d'une filée et le ventre vide. L'ennemi a été battu, positions perdues, drapeaux, canons, dans des proportions encore inconnues. Aucun des miens, ni moi n'avons été blessés.

Niel est maréchal !...

NOTE L.

Un ordre du jour du commandant en chef de la Garde dit en rappelant la belle conduite des voltigeurs de la brigade Manèque :

« Je ne puis mieux faire que de mettre à l'ordre de la Garde la lettre par laquelle M. le général Forey exprime, en termes d'une noble simplicité, combien il est heureux de reconnaître et de publier l'aide que la Garde impériale lui a donnée, dans un moment où il était engagé contre des forces très supérieures qui rendaient sa position critique :

« Monsieur le Maréchal,

« Au plus fort de la bataille de Solferino, après que l'Empereur m'eut donné l'ordre de tourner la position reconnue par la gauche, la seule brigade de ma division dont je disposais a été décimée par la mitraille et la mousqueterie ; j'ai dû demander à l'Empereur des renforts, et Sa Majesté m'a envoyé aussitôt la brigade Manèque de la division Camou. Cette troupe énergique et vigoureusement commandée m'a prêté un concours si efficace, que j'ai dû le consigner dans un rapport sur les opérations de la journée ! Voici en quels termes :

« Je ne saurais trop me louer en cette circonstance de la conduite de la brigade de la Garde que Sa Majesté a bien voulu me confier. Par sa bravoure et sa solidité, elle a noblement montré qu'elle était digne du nom qu'elle porte et de la confiance de l'Empereur. Je laisse à son chef immédiat le soin de faire valoir ses droits à des récompenses, mais je croirais manquer à un devoir, si je ne lui rendais dans ce rapport toute la justice qui lui est due.

« Permettez-moi, Monsieur le Maréchal, de prier votre Excellence de vouloir bien ne pas laisser ignorer au général Manèque et à ses troupes ce que j'ai exprimé sur leur compte.

« Je crois devoir également recommander particulièrement à votre bienveillance le nommé Montellier, 3me compagnie du bataillon de chasseurs, qui a pris un drapeau de concert avec un grenadier du 74me et un fusilier du 21me. »

Signé : FOREY.

NOTE M.

Ordre du jour du maréchal Regnaud de Saint-Jean-d'Angely.

SOLDATS DE LA GARDE,

Vous avez pris une part glorieuse à la bataille de Solferino. La division Camou a eu la première brigade engagée dès sept heures du matin, le bataillon de chasseurs à pied, les 1er et 2me régiments de voltigeurs sous les ordres du général Manèque, ont enlevé des positions redoutables, vigoureusement défendues; de nombreux prisonniers, treize canons, un drapeau, sont les trophées de ce brillant combat.

L'artillerie de la garde, soutenue par la division de grenadiers, a rendu les plus grands services; pleine d'entrain et d'élan elle s'est mise en batterie sur des crêtes presque inaccessibles, a éteint le feu de l'ennemi, détruit ses abris et précipité sa retraite.

A Magenta, le 4 juin, la division Mollinet s'est emparée sous un feu meurtrier de Ponte-Nuovo, et elle a défendu avec la plus grande énergie une position attaquée par des forces très supérieures. Les grenadiers, les zouaves ont fait fuir à la baïonnette les colonnes ennemies et les ont forcées à la retraite, après des pertes énormes.

Les voltigeurs et chasseurs de la garde ont montré qu'ils étaient les dignes frères des grenadiers et des zouaves de Magenta.

Le maréchal commandant en chef ne pouvait avoir de récompense plus précieuse que d'être maintenu à la tête de telles troupes, quand l'Empereur l'a élevé à la dignité de maréchal de France.

SOLDATS DE LA GARDE,

L'armée vous apprécie, elle a vu ce que vous saviez faire sur le champ de bataille, et elle est fière de la Garde impériale, comme la grande armée l'était de la vieille garde.

Signé : REGNAUD DE SAINT-JEAN-D'ANGELY.

NOTE N.

Description de la tente de l'Empereur.

On a beaucoup parlé de la tente de l'Empereur; je crois opportun d'en faire la description :

Elle était en coutil bleu et blanc doublé, avec un sommet orné de deux petits pavois, deux mâts seulement soutenaient une envergure de cinq mètres de tour environ. L'intérieur, disposé en trois compartiments formait salon, chambre à coucher et cabinet de toilette, le tout séparé par des portières. La disposition de la tenture établissait de petites ouvertures servant à la ventilation.

Un mobilier très simple consistait en petites tables; comme sièges, des pliants. A quelques-uns de ces objets se rattachaient d'illustres souvenirs : le lit de fer avait servi à Napoléon Ier dans presque toutes les campagnes, également un nécessaire en argent.

Ce qu'il y avait de remarquable dans cette tente, faite au moment de la guerre de Crimée, c'est que la charpente, comme les meubles, se montait et se démontait avec une extrême facilité, s'enfermant dans des étuis de petit volume et d'un poids léger.

(Extrait des notes inédites sur la campagne d'Italie, réunies par M. Aubert).

NOTE O.

Cavriana, 25 juin 1859.

L'Empereur au maréchal Regnaud de Saint-Jean-d'Angely, commandant la Garde impériale à Cavriana.

« Maréchal,

« Le quartier impérial, la Garde impériale restent aujourd'hui à Cavriana.

« Le 1er corps se porte à Pozzolengo.

« Le 2me reste auprès de Cavriana.

« Le 3me se porte : deux divisions à Solferino. La 3me avec les divisions Partouneaux et Desvaux à Guidizzolo.

« Le 4me corps à Volta.

« Donnez des ordres pour qu'une batterie à cheval marche toujours avec votre division de cavalerie. Je donne les ordres les plus formels pour que le soldat ne soit jamais séparé de son sac. Je connais votre opinion à cet égard.

« Sur ce, maréchal, je prie Dieu qu'il vous ait en sa sainte garde.

NAPOLÉON.

(Écrit de la main de l'Empereur.)

NOTE P.

Procès-verbal de l'élévation au Patriciat de la ville de Viterbe du lieutenant-colonel Blanchard.

S. P. Q. V.

Le gonfalonier et le Sénat de la
très excellente ville de Viterbe,
Métropole du patrimoine de Saint-Pierre,
en Étrurie,

à Georges-Eugène Blanchard.

Bien que par la distinction des contrées et la variété des climats, le Créateur ait partagé les hommes comme en plusieurs familles et sociétés diverses, en sorte qu'il ait, pour ainsi dire, arrêté d'avance et fixé pour chacun ses avantages et ses inconvénients, son génie, ses richesses et ses destinées propres; néanmoins nous avons appris qu'il a laissé à tous comme un commun héritage, le droit de rendre honneur au mérite et à la vertu, de nourrir l'espérance des biens qu'ils procurent et d'être fiers de leur éclat.

Et il n'en pouvait être autrement, car il est de notre nature d'éprouver le besoin de telle ou telle distinction, source nécessaire d'émulation pour l'intelligence humaine et destinée à récompenser ses efforts. Un tel appui n'était point inutile à ses nobles élans vers le bien et l'honnête, qu'il faut seul regarder comme le but de la vie humaine et le flambeau qui l'éclaire.

C'est pourquoi, bien qu'ils paraissent étrangers et inconnus aux autres, différents de patrie, de génie, de langage et mœurs, tous les hommes n'en sont pas moins unis comme par les liens d'une commune alliance en ce qui regarde le culte dû à la vertu, les avantages qui en reviennent et les joies dont elle est la source.

Que si jamais parmi nous on a senti et reconnu la vérité de ces principes, c'est surtout lorsque placé à la tête des forces françaises et préposé à l'occupation militaire de notre cité, vous nous avez laissé apercevoir en vous ces dons éclatants du courage et de l'intelligence qui doivent briller surtout en ceux à la sagesse et à la foi desquels sont confiés les affaires d'un pays. Nous ne vous avons donc point regardé comme un étranger, un hôte d'un jour, qu'un hasard seul nous fit connaître; mais comme un d'entre nous, un homme à qui comme un parent, un tuteur, un ami pouvaient être confié les charges de nos intérêts privés et publics.

. . . .

... Les huit administrateurs ont obtenu de très indulgent et très excellent prince le souverain pontife Pie IX, que vous seriez inscrit au nombre de leurs concitoyens et agrégé à l'ordre très illustre de la noblesse de la ville...

Ainsi donc Georges-Eugène Blanchard, d'Huningue, lieutenant-colonel du 59ᵐᵉ régiment d'Infanterie française, nous vous proclamons notre concitoyen et noble de la ville de Viterbe............................
. . . .

Donné à Viterbe, en la salle de nos séances, le 1ᵉʳ mars 1851.
. . . .

TABLE DES MATIÈRES

Pages.

AVANT-PROPOS.. 1

PREMIÈRE PARTIE.

LA GUERRE. — LA LOMBARDIE.

CHAPITRE PREMIER

Napoléon à Valence. — Départ pour la guerre d'Italie. — Passage du Mont-Cenis. — Champ de bataille de Magenta. — Le général Espinasse. — Le général Giulay. — Récit de la bataille. — Héroïsme du général Regnaud de Saint-Jean-d'Angely de la Garde impériale. — Mouvement décisif du général de Mac-Mahon. — Magenta est enlevé. — Retour offensif des Autrichiens. — Succès définitifs. — Le maréchal Canrobert. — Le général de Mac-Mahon est fait maréchal de France. — Le général Regnaud de Saint-Jean-d'Angely reçoit aussi le bâton de maréchal. — Entrée dans la Lombardie... 1

CHAPITRE II

Arrivée à Milan. — Aspect de la ville, la population. — État d'esprit des Lombards. — Villafranca. — La paix.

— Proclamation de l'Empereur, comment elle est accueillie. — Les Barabbi. — Entrée du roi Victor-Emmanuel à Milan. — Réception royale. — Portrait du roi. — Conversation singulière. — Impressions des généraux français. — Comparaison. — Rapport du maréchal Regnaud de Saint-Jean-d'Angely. — Le comte de Cavour traverse Milan. — Son entrevue avec le roi après Villafranca 25

CHAPITRE III

Proclamation de l'Empereur. — Le colonel de Cambriels et les habitants de Brescia. — Les Bonaparte. — Napoléon à Ham. — Son caractère, ses aspirations. — La perte d'un aigle. — Enfance du prince Louis. — Le cachot du capucin. — L'évasion. — Mes relations avec Badinguet. — Napoléon III à Milan. — Entrée triomphale — Physionomie de l'Empereur. — Le baron Larrey à Solférino. — Le commandant Ragon et le 5me corps. — Comment les Italiens comprennent une guerre d'indépendance. — Revirements de l'Angleterre. — Aimables procédés des Lombards 43

CHAPITRE IV

Banquet des souverains. — Le marquis de Lajatico et la révolution de Florence. — Andryane, son passé, sa situation. — Froide réception qu'il reçoit de l'Empereur. — Souvenirs du maréchal de Castellane. — Sa carrière, son caractère, comment il gouvernait la ville de Lyon. — Anecdotes. — Illuminations de Milan. — Le palais Gonfalonieri. — Un martyr du patriotisme. — Rencontre imprévue, changement de direction. — Ordre de départ. — Un mystérieux portrait.. 65

DEUXIÈME PARTIE.

LA PAIX. — LE PIÉMONT. — LES DUCHÉS

CHAPITRE V

Arrivée à Turin. — M. de Cavour, son origine, sa jeunesse. — Mot de Victor-Emmanuel, son entrée au ministère. — Premières attaques contre Rome, souscription contre l'Autriche. — La Savoie défend la cause catholique. — Cavour en France, son entrevue avec M. de Rothschild. — Visite à Plombières. — La guerre est déclarée. — Agitations dans les duchés. — Entrée de l'Empereur et du roi Victor-Emmanuel à Turin. — Le marquis Alfieri. — Départ de l'Empereur. — Le palais Alfieri. — Divergences d'opinion avec la marquise. — Visite au général de Sonnaz et au général Della Rocca. — Le comte de Stackelberg. — Présentation des officiers au roi. — Propos du roi............. 91

CHAPITRE VI

L'état et la situation de la société piémontaise. — Les palais de Turin. — La cour et le roi. — Caractère de Victor-Emmanuel. — Son indifférence pour l'étiquette. — L'influence de la comtesse Mirafiori. — Anecdotes. — Rosine à la cour. — Passion du roi pour la chasse, sa bravoure. — Hauts faits de la maison de Savoie. — Victor-Emmanuel et les zouaves à Palestro. — La duchesse de Caumont La Force et son salon. — Société diplomatique. — La campagne de Turin. — La Lombardie et ses aspirations. — Divergences de mœurs, de caractères et de langage. — Remarques de Pie IX. — Anecdotes. — Considérations politiques.............. 111

CHAPITRE VII

M. Thiers chez la duchesse Colonna. — Ses craintes sur la situation. — Son opinion sur la question romaine. — Dissentiments entre le roi et Cavour, leurs causes. — Anecdote. — Scènes violentes entre Victor-Emmanuel et son ministre. — Les hôpitaux de Turin et les blessés. — Le lieutenant-colonel Falcon et le colonel de Taxis. — Une sœur de charité. — Nomination au commandement supérieur. — Conversation d'outre-tombe. — La duchesse de Caumont La Force soigne les blessés. — Ses impressions. — Un étrange prisonnier... 131

CHAPITRE VIII

Voyage à Gênes avec le comte de Stackelberg. — Description de la ville. — Souvenir de Masséna. — Débarquement de l'empereur Napoléon. — Réception qui lui est faite. — État d'esprit de la population. — Rome est l'objectif de la politique. — Souvenir rétrospectif. — Une soirée chez le comte de Colloredo. — Pressentiments du pape Pie IX. — Visite à Alexandrie. — Le champ de bataille de Marengo. — La marche au canon de Desaix. — Comparaison avec la bataille de Magenta. — Mac-Mahon. — Regnaud de Saint-Jean-d'Angely. — Canrobert, ses démêlés avec Sainte-Beuve. — Accident de chemin de fer. — Les régiments d'infanterie de la garde traversent Turin............... 152

CHAPITRE IX

Le général de La Marmora, ministre de la guerre. — Son caractère, sa fermeté en présence de Garibaldi. — Son opinion sur le prince Napoléon. — Dissenti-

TABLE DES MATIÈRES.

ments du prince et de l'impératrice. — Un mariage manqué. — L'impératrice régente, nature de son influence. — Anecdote sur le prince impérial. — Le comte de Santa-Rosa. — Ses idées sur le pouvoir temporel. — Étrange moyen de conciliation. — Comment se préparent les révolutions. — Le comte de Rayneval, ambassadeur de France à Rome. — Son rapport sur la situation du pouvoir temporel. — Un voleur qui n'a rien volé. — Les conséquences d'une mauvaise action.. 172

CHAPITRE X

Passage de la cavalerie de la Garde. — Ovation qui lui est faite par les Turinois. — Récits de Solferino. — Retour offensif des Autrichiens. — Attaque du cimetière. — La Garde est engagée. — Le général de Ladmirault est blessé. — Mort héroïque du lieutenant-colonel Hémard. — Orage violent. — Propos des soldats. — Belle conduite de l'armée sarde. — Mort du général Auger. — L'Empereur sur le mont Fenile. — Son courage et son émotion. — Demande d'armistice. — L'entrée des troupes à Villafranca. — Revirement dans l'esprit des Turinois. — Fête du 15 août. — Invitation de la garde nationale. — Proclamation. — L'Empereur télégraphie de refuser. — *Te Deum* solennel. — Aventure originale.. 191

CHAPITRE XI

Réception chez le prince de La Tour-d'Auvergne. — M. Ratazzi, premier ministre. — Sir Hudson, ambassadeur d'Angleterre. — Son rapport. — Les colères qu'il excite. — Fureur de Victor-Emmanuel. — Le marquis d'Azeglio. — Son caractère, son passé. — Il est nommé gouverneur de Bologne, son inaction, ses remorts. — Excommunication pontificale. — Le duc de Gramont est mis en cause. — Ses lettres au marquis Pepoli. — Portrait de cet agitateur. — Il vient à Turin. L'Empereur refuse de le recevoir. — La mission du marquis de Reiset dans les duchés. — Préparatifs de départ. — Adieux du ministre de la guerre. — Son opinion sur la réorganisation militaire. — Encore le prince Napoléon. — Rentrée des troupes à Paris. — Proclamation de l'Empereur. — Impression. — Vue rétrospective sur Rome.................................. 210

TROISIÈME PARTIE.

L'OCCUPATION FRANÇAISE. — ROME.

CHAPITRE XII

Arrivée à Rome. — Impression générale. — Mot de Pie IX. — Présentation au cardinal Antonelli. — Présentation au Saint-Père. — Coup d'œil sur la situation. — Les diverses interventions françaises. — L'occupation d'Ancône en 1831. — Le siège de Rome en 1849. — Le général Baraguay-d'Hilliers et le pape. — Rentrée à Rome. — L'armée française, ses sentiments. — Embarras financiers. — Mot du cardinal Salla. — Le poignard italien et la proclamation du général Baraguay-d'Hilliers. — Le général de Rostolan, sa démission. — Le commandement passe au général Gémeau. — Le général de Montréal. — La société romaine. — Les Borghèse. — Un vieil africain. — La société diplomatique. — Recivimenti des cardinaux Donnet et Morlot. — Cérémonies religieuses. — La bénédiction Urbi et Orbi. — Un épisode original. — Respect des soldats français pour le Saint-Père 233

CHAPITRE XIII

Le roi de Bavière à Rome. — Illumination du Colisée. — Visite au *Météore*. — Complot contre les Français. — La guerre de Crimée. — Le choléra et le dévouement du Saint-Père. — Anecdotes. — Le brigandage dans les États pontificaux. — *Vendetta*, un de ses exploits. — La promulgation du dogme de l'Immaculée-Conception. — Mgr Sibour. — L'accident du couvent de Sainte-Agnès. — Portrait du pape. — Ses reparties. — Réponse à une grande dame romaine. — Tentative d'assassinat sur le cardinal Antonelli. — Visites princières dans la métropole. — L'empereur Maximilien. — Aventure d'un curé de province. — Le Saint-Père et les cardinaux. — Mot de Pie IX......... 258

CHAPITRE XIV

La prise de Sébastopol. — Rome illuminé. — La grande-duchesse Hélène de Russie. — Succès des musiques militaires. — *Te Deum* pour la naissance du prince impérial. — Le pape est le parrain du prince. — Envoi de la rose d'or. — Le congrès de Paris, intrigues du Piémont. — Le duc de Gramont, ambassadeur. — Accident de chasse. — Promenades à Albano et Castel-Gondolfo avec le général de Noué. — Viterbe. — Le colonel Blanchard réprime le brigandage. — Gasperone et Vendetta. — Épisodes. — La vierge de Velletri. — Le général comte de Goyon, commandant en chef. — Préparatifs de départ. — Dernière audience du Saint-Père. — Adieux au cardinal Antonelli. — Le grand cordon de Saint-Grégoire. — Lettre du prince B***. — Lettre du comte de B*** sur la situation. — Brouille avec l'Autriche. — La guerre est déclarée. — Révolution et troubles dans les Romagnes. — Adieux à la société de Turin. — Rentrée de ma brigade en France. — Passage du Mont-Cenis............................ 279

CHAPITRE XV

Retour à Lyon. — La situation après le traité de Zurich. — Application du principe de non-intervention. — Lettre du comte X***. — L'Empereur écrit au pape. — Lettre du comte de S***. — Une émeute à Rome. — Correspondance avec le général X***. — L'esprit de l'armée. — Turin. — L'état des esprits au début de l'année 1860. — Lettre de M⁻ᵉ X***. — La ville et la cour. — Réorganisation de l'armée pontificale. — Le général de Lamoricière à Rome. — Les volontaires pontificaux. — Cività-Vecchia fortifié. — Inauguration. — Inaction de la France. — Ses principales causes. — Lettre du général X***. — L'affaire des décorations... 310

CHAPITRE XVI

Rapports entre les armées françaises et pontificales. — Essais de brouille. — Un fatal malentendu. — Lettre du général X***. — Les Garibaldiens occupent Naples. — Garibaldi menace Rome. — Retour du général comte de Goyon. — Hésitations. — Castelfidardo. — Inutile démarche du consul d'Ancône près du général Cialdini. — Lettre du lieutenant-colonel B***. — Arrivée des troupes de renfort. — Quelle réception leur est faite. — L'armée pontificale. — Présentation au pape. — Mot de Pie IX. — Réception du cardinal Antonelli. — Désarmement d'un corps napolitain. — Lettre du général X***. — Graves résolutions du pape, il songe à quitter Rome. — Arrivée à Rome du roi et de la reine de Naples. — Manifestation exagérée. — Lettre du marquis de S***. — Le roi et la reine de Naples au Quirinal. — Le comte de Goyon et le général

TABLE DES MATIÈRES. 403

Cialdini. — Le pape et les Bretons. — Le marquis de Lavalette succède au duc de Gramont. — Lettre du général Dumont. — Rome sous Napoléon Ier et Rome de nos jours. — Conclusion 335
Épilogue 369
Pièces justificatives 373

www.ingramcontent.com/pod-product-compliance
Lightning Source LLC
Chambersburg PA
CBHW051829230426
43671CB00008B/891